技术赋能传统制造业转型升级的理论与政策

郭元源　池仁勇　陈利华　陈意银　著

科 学 出 版 社
北　京

内 容 简 介

当前，我国经济已进入新常态，经济增速、经济结构和发展动力正在发生深刻变革。随着新一代信息技术与制造业进入深度融合阶段，传统制造业亟须在新技术的持续赋能下向合理化和高级化演进。在此背景下，作者在总结近十多年来对产业经济和技术管理理论研究与实践探索的基础上，依托历年完成的国家级、省部级科研项目，针对传统制造业所面临的主要问题及发展障碍对改造提升的路径与政策体系进行系统设计和规划，提出了平台牵引型、共性技术推动型和科技中介催化型三大理论问题并以此回应三大升级路径，通过深入分析实践界当前发展的现状问题及其基本经验，提出新时代传统制造业转型升级过程的五大对策，以期为各级政府及职能部门制定相关政策提供理论支撑和决策参考。

本书适合从事经济管理相关工作的政府工作人员、相关领域学者及研究生参考阅读。

图书在版编目（CIP）数据

技术赋能传统制造业转型升级的理论与政策 / 郭元源等著. —北京：科学出版社，2023.5

ISBN 978-7-03-075498-1

Ⅰ. ①技… Ⅱ. ①郭… Ⅲ. ①制造工业－产业结构升级－研究－中国 Ⅳ. ①F426.4

中国版本图书馆 CIP 数据核字（2023）第 079368 号

责任编辑：陶　璇 / 责任校对：姜丽策

责任印制：张　伟 / 封面设计：蓝正设计

科学出版社 出版

北京东黄城根北街 16 号

邮政编码：100717

http://www.sciencep.com

北京捷迅佳彩印刷有限公司 印刷

科学出版社发行　各地新华书店经销

*

2023 年 5 月第　一　版　开本：720 × 1000　1/16

2023 年 5 月第一次印刷　印张：18

字数：350 000

定价：216.00 元

（如有印装质量问题，我社负责调换）

前言

制造业是我国经济发展的立国之本、兴国之器、强国之基。工业和信息化部2022年7月在“新时代工业和信息化发展”系列主题新闻发布会上表示，自2012年以来我国制造业增加值从16.98万亿元增加到2021年的31.4万亿元，至2023年已有31个大类、179个中类和609个小类，是全球产业门类最齐全、产业体系最完整的制造体系。我国制造业发展已然取得历史性成就、发生历史性变革，在全球价值链中规模优势不断巩固，体系完整优势更加凸显，世界制造大国的地位已不可否认。但与世界先进水平相比，我国传统制造业仍然大而不强，在自主创新能力、产业结构水平、信息化程度、质量效益等方面差距明显，转型升级和跨越发展的任务紧迫而艰巨。伴随经济下行压力的加大、全球制造业回流、成本陡增及通货膨胀等多重因素叠加，推动制造业高质量发展、促进制造业转型升级已然成为实现新旧动能转换的关键举措。因此，当前世界正经历百年未有之大变局的关键时期，如何推动我国传统制造业转型升级以实现高质量发展，成为理论界和实务界都十分关注的焦点话题。

随着社会步入以数字经济为代表的第四次工业革命，新一轮信息技术和制造业深度融合的新业态新模式不断涌现。以人工智能、云计算和大数据等数字技术为依托的工业生产方式转变、以数字平台为内核的交易形式与多主体互动模式创新及生产要素的网络化流通，均为传统制造业实现价值跃升提供了新思路。不难看出，传统制造业如何把握新一轮工业革命的历史契机，通过新兴技术赋能以突破当前面临的高端封锁与低端锁定的双重困境，成为我国从制造大国向制造强国迈进的重要着力点。对此，我国实施制造强国战略第一个十年的行动纲领《中国制造2025》重点强调，坚持走中国特色新型工业化道路，以促进制造业创新发展为主题，以提质增效为中心，以加快新一代信息技术与制造业深度融合为主线，以推进智能制造为主攻方向，以满足经济社会发展和国防建设对重大技术装备的需求为目标，强化工业基础能力，提高综合集成水平，完善多层次多类型人才培养体系，促进产业转型升级。从中央到地方，以技术赋能传统制造业转型升级的系统性工程已蔚然成风。

笔者所著的《技术赋能传统制造业转型升级的理论与政策》正是基于以上重要发展背景，旨在通过前沿理论研究、现行政策研究及实证分析研究等，对技术赋能如何推进我国传统制造业转型升级以实现高质量发展提出有效见解。本书前期针对我国传统制造业进行了长达10余年的实地跟踪调研，收集到了代表我国制造业发展最为前沿的长江三角洲地区的大量企业资料与数据，围绕技术赋能传统制造业转型升级进行了系统性的研究分析。本书基于时代背景及理论基础—理论演绎与经验分析—实践启示的逻辑展开，在当前全球数字经济方兴未艾和创新驱动制造业高质量发展时不可待的双重背景下，为我国传统制造业如何更好地利用新兴信息技术进行转型升级提供理论指导和实践见解。基于此，本书的学术价值和社会价值主要体现在以下几方面。

在理论贡献方面，本书提出了技术赋能传统制造业转型升级的一套较为系统的理论研究框架。首先，本书基于传统制造业转型升级的基础理论与宏观解读，提出了平台牵引型、共性技术推动型及科技中介催化型三大技术路径来赋能传统制造业转型升级，并相应提出政策意见和对策。其次，本书随后细粒展开了三大技术路径对传统制造业转型升级的具体理论研究，总结赋能机制及其作用规律。最后，本书围绕前文涌现的理论观点，为新时期促进传统制造业转型升级提出可操作化的对策建议。本书的前期阶段性研究已公开发表在《科研管理》、《科学学研究》、*Journal of Knowledge Management* 等国内外优秀期刊上。这些研究成果为本书系统梳理转型升级及技术赋能等相关研究奠定了扎实的学理基础。

第一，关于传统制造业转型升级的基础理论建构与宏观解读。本部分首先对新时期传统制造业转型升级的核心理论问题进行了系统阐述，并相应总结了一个包括平台牵引型、共性技术推动型及科技中介催化型三大核心技术路径的理论分析框架。其次，本部分详细总结了我国传统制造业转型升级面临的宏观政策环境，以及将国内外有关转型升级议题的先行经验进行了细致总结。最后，围绕新一轮数字技术的不同特征，通过对疫情期间传统制造企业的调查数据，论证了数字技术变革对传统制造企业组织韧性的影响机制。

第二，关于平台牵引型传统制造业转型升级的关键理论研究。本部分首先回顾了数字平台研究中关于多主体互动的学理基础。其次，聚焦传统制造企业自主构建平台的理论议题，以纵向单案例研究方法，剖析箱包制造行业龙头新秀集团构建相伴宝产业互联网平台的纵向过程。最后，基于传统制造企业的调研数据，通过实证分析方法全面论证了传统制造企业作为平台参与者在数字平台进行平台参与及互动演化的行为机制。

第三，关于共性技术推动型传统制造业转型升级的关键理论研究。本部分聚焦于共性技术在传统制造业应用领域的识别、渗透及供给机理的研究。其一，对共性技术的理论内涵进行了详尽的界定。其二，进一步聚焦于传统制造业领域，以轨道交通装备制造业为研究对象，分析轨道交通装备制造业的共性技术领域与其供给和渗透的成效。其三，针对共性技术极易引发市场失灵问题，以传统中小型制造企业为研究对象，进一步探讨这类企业在技术链的阶段定位和技术流中的功能定位对其在技术供给中的盲点的形成过程的影响。其四，立足于政策供给的角度，系统性论述科技创新政策的引导与介入如何推动共性技术的有效供给与扩散。

第四，关于科技中介催化型传统制造业转型升级的关键理论研究。本部分首先围绕能够推动区域技术的引入、转移和扩散的科技中介展开理论综述。其次，基于嵌入性研究对节点网络位置、节点功能及网络结构的综合考量，以传统制造集群为研究对象，全面剖析科技中介嵌入对传统制造集群的提升机制。最后，侧重考虑科技中介与传统制造集群间的互动过程，进一步从动态视角出发探讨科技中介的角色转换过程及其处于不同传统制造集群结构下对绩效的影响机制。

第五，关于新时期促进传统制造业转型升级的政策保障与对策。本部分在基于技术赋能传统制造业转型升级相关理论研究的基础上，通过对新时期我国传统制造业转型升级的实践调查和经验总结，提出经济发展实体化、制造企业精益化、产业集群高级化、融资机制多元化及公共服务精准化五大政策导向，并在产业及其政府层面提出了加快技术赋能传统制造业转型升级的可操作性的对策建议。

在应用价值方面，本书也产生了显著的社会影响和实践意义。在全面梳理、总结现有理论成果的基础上，本书围绕“中国制造 2025”等宏观顶层制度设计，针对业已到来的工业转型与信息技术革命的时代背景，将相关成果和观点有效转化为决策参考向有关部门提交，所形成的研究成果获省部级领导批示近 20 次，多个省级职能部门对建议进行了采纳应用。

本书也是国家社会科学基金重大项目（17ZDA088；19ZDA078）、国家社会科学基金一般项目（14CGL004；20BGL013）及浙江省哲学社会科学规划课题（19ZJQN10YB）的阶段性研究成果。在研究过程中得到了浙江省新型重点专业智库浙江工业大学中国中小企业研究院、浙江工业大学中小微企业转型升级协同创新中心及浙江工业大学管理学院的大力支持。全书由郭元源负责策划、组织、编撰和出版工作。参与本书各章节内容编写的主要团队成员包括郭元源、池仁勇、陈利华、陈意银、金陈飞、程聪、张衍芳等，感谢吴亮、秦武、李龙真、李若曦等对初稿进行的编撰和校对工作，郭元源、陈意银负责全书的统稿工作。

本书在研究和撰写过程中，得到了全国哲学社会科学工作办公室、浙江省经济和信息化委员会（以下简称经信委）、浙江省社会科学界联合会、浙江省科学技术厅等政府相关部门及机构的大力支持，为本书前期的实地调研、资料搜寻、数据完善等工作提供了强有力的帮助，在此笔者一并表达诚挚感谢。同时，还要感谢科学出版社编辑部及其专业团队的辛劳工作，他们为本书的出版付出了很多心血和努力，出版团队严谨的态度和专业的操作保证了本书的顺利刊出。

最后，尽管本书的内容凝结了笔者及团队10多年来关于我国传统制造业转型升级的研究成果，但由于数字经济时代背景下技术更新换代速度加快，可供传统制造业在转型升级过程中选择的技术方向日益革新，有越来越多的热点需要得到理论解释，再加上笔者能力有限，仍然有很多实践经验需要进一步通过研究进行廓清与总结。本书内容如有不足或者其他不妥之处，还请各位读者批评指正。

郭元源

2022年12月于小和山

目　录

第一篇　传统制造业转型升级的基础理论建构与宏观解读

第二篇　平台牵引型传统制造业转型升级的关键理论研究

第三篇　共性技术推动型传统制造业转型升级的关键理论研究

第四篇　科技中介催化型传统制造业转型升级的关键理论研究

第五篇　新时期促进传统制造业转型升级的政策保障与对策

第一篇

传统制造业转型升级的基础理论建构与宏观解读

我国传统制造产业正面临严峻挑战，国际环境变化加速产业局势重构，新冠疫情制约产业发展，共同加剧了传统制造业被“低端锁定”的风险。党的二十大明确指示坚持把发展经济的着力点放在实体经济上，推进新型工业化，加快建设制造强国、质量强国、航天强国、交通强国、网络强国、数字中国。实施产业基础再造工程和重大技术装备攻关工程，支持专精特新企业发展，推动制造业高端化、智能化、绿色化发展（习近平，2022）。在当前环境下，传统制造业由于受到人口红利削弱、自主研发能力落后、生产效率低等问题的限制，陷入转型升级焦虑。在这一过程中，关于如何高效有效指引传统制造业转型升级的问题在实践界与学术界引起了广泛的讨论。本篇的核心内容即围绕上述背景所涉及的理论研究与宏观解读进行总结，深入分析传统制造业转型升级的核心理论问题与政策环境，对国内外的先进案例进行梳理，并以疫情时期我国制造业的数据验证数字化技术变革给传统制造企业带来的显著提升作用。

第一章　转型升级的核心理论问题

一、传统制造业转型升级的概念界定

根据国务院印发的《工业转型升级规划（2011—2015 年）》，转型就是要通过转变工业发展方式，加快实现由传统工业化向新型工业化道路转变；升级就是要通过全面优化技术结构、组织结构、布局结构和行业结构，促进工业结构整体优化提升。这是当前被较为普遍接受的官方概念。

关于制造业转型升级的文献主要存在两种视角：产业价值链升级视角与产业结构调整视角。Porter（1985）通过价值链理论提出企业的价值创造是通过一系列活动构成的，包括生产、营销、运输和售后服务等基本活动，以及物料供应、技术、人力资源等支持活动。这些活动能够交互组合，构成了一个创造价值的动态过程，即企业的价值链。制造业升级的过程被视为沿着其价值链的前进过程，通过资源整合和技术创新在制造企业原始委托制造、原始设计制造及原始品牌制造等环节创造附加价值。21 世纪以来，由于国际分工体系的逐步形成及全球价值链理论的流行，文献开始将制造业转型升级视为制造企业从劳动密集型生产向资本和知识密集型生产转型的过程。中国制造业在改革开放后凭借丰裕的劳动力及土地资源等生产要素优势，逐渐发展为世界工厂，以从事组装与加工的方式嵌入全球价值链。但随着以数字技术为代表的产业变革的深入，为进一步巩固既有竞争优势，中国大量处于工业 2.0 和 3.0 阶段的传统制造企业准备开始向柔性制造、智能制造的高端制造转型升级，其中涉及从生产流程到商业模式多层面的转变。在转变过程中，除了作为直接驱动制造规模化精细化升级的智能制造技术外，组织形态、宏观政策及市场环境等要素也对传统制造企业起着重要作用。

二、传统制造业转型升级的制约因素

当今中国经济增长正处于新旧动能转换交替之际，一方面，传统制造业面临着产能过剩和有效需求不足的双重问题；另一方面，发达国家再工业化的战略及新兴经济体的崛起，从供求关系和全球价值链两个方面给传统制造业带来强烈冲击。面对业已到来的智能化浪潮，中国仍有大量的传统制造企业处于工业2.0和3.0阶段，面临着彻底淘汰、渐进式升级、颠覆式重构、制造业服务化的方向选择。目前来看，本书认为传统制造业转型升级受制的原因主要来自以下三方面。

（一）对于平台类新型组织形态方面的融入不足

传统制造模式是基于企业内部的层级来组织生产，以单个个体传统工厂为核心主体的经营模式。随着数字经济对中国社会经济、生产生活的重构，数字化正从第三产业向第一、第二产业方向蔓延，逐步渗透经济内核，互联网产业的发展阶段也正在从消费互联网走向产业互联网，数字经济的发展正在深入实体经济层面。在此局面下，通过在制造业全生产流程上将生产资源模块化、智能化、弹性化地与需求进行对接的新型生产模式和生产组织形态应运而生，其中平台类基础设施被誉为是21世纪最亮丽的商业形态，具有集约、高效、灵活等特点，在学界被视为传统制造企业参与数字升级的中心焦点。然而，就目前业界的应用情况来看，我国传统制造企业在平台方面的应用基础还比较薄弱，一方面，企业在组织层面的应用动力比较缺乏。由于平台关系是高度非对称的，很多传统制造企业作为平台参与者而言议价能力弱，与平台之间的合作常常浅尝辄止，难以为自身的转型升级寻求关键性的帮助，缺乏加入平台的动力。另一方面，这种新型商业模式还不够成熟，虽然制造业领域已经开始出现共享制造、协同生产、服务型制造等探索，但是商业模式还需要进一步优化，制造业具有细分行业多、产业链条长、利益分配机制复杂等特征，探索成熟的商业模式仍需时间。

（二）转型升级过程存在技术瓶颈

传统制造企业朝向智能化、高级化的升级过程，需要工业互联网、工业云、物联网等技术基础设施和软件设计能力等数字化能力的支撑。当前工业互联网基础设施发展尚不成熟，难以为制造业智能化、高级化发展提供有力技术支撑。传统制造业企业的基础技术设施和数字化支撑能力不足，制造业企业的信息化和数字化程度不一，存在企业数字化内网和外网支撑能力不足、企业内部设备标识化进程落后等问题。同时在企业内部的设备信息和信息系统的连接上还存在很多信息孤岛，导致制造资源数据难以实现集成和共享，影响了进一步的协同应用。在宏观层面，目前我国在技术供给体系整体上仍存在国家层面的发展战略缺乏统筹、部门间资源分散、过于追求短期市场利益、未形成良好的引导与支撑体系等问题，导致当前制造行业的技术支撑能力不够强，研发主体缺失，严重制约了传统制造企业的转型升级过程。

（三）转型升级过程的外部支持不足

我国传统制造业具有重资产的属性特征，其生产设备庞大，更新换代缓慢，长期得不到系统性改造。这就导致了传统制造业在转型升级的过程中难以有效地配置外部创新资源。随着技术复杂化程度和交叉融合趋势的日益加深，仅依靠个体企业有限内部资源的线性创新模式已逐渐被强调交换、互补、学习的网络式创新模式所取代。但很多时候传统制造业与外部科研、智力、中介等组织的合作关系并不深入，仅停留在浅层次状态。如何利用上述组织为自我转型升级提供必要的外部支持，进而有效地将技术、信息和资源等融合成一股高效的推力，是当前传统制造业转型升级的理论难题之一。

三、传统制造业转型升级的主要技术路径

随着大数据、人工智能、5G网络等技术的快速发展，新一代信息技术与制造业进入了深度融合阶段。在此局面下，传统制造企业以促进新一代信息技术的应用为主线，往往选择走技术驱动、内生增长的可持续发展轨道（李毅中，2010）。这意味着传统制造业的发展方式向数智化转型，价值链向高附加值升级，其产业结构在新技术的持续赋能下向合理化和高级化演进。在当前以智能制造为主攻方向推动产业模式和企业形态根本性转变的背景下，学界开始认识到传

统制造业转型升级过程在组织载体、公共产品及角色互动三方面呈现出与以往不同的特点：一是数字平台作为新一代商业组织形态，正逐渐成为支持传统制造业拥抱数字化，实现数字技术连接及融合的重要组织载体；二是在多方资源协同整合下所形成的共性技术正成为产业结构升级的重要推动力量；三是突变环境使得传统企业线性创新模式已逐渐被强调互动与学习的网络式创新模式所取代，科技中介作为其中的关键媒介能够对网络中的角色互动产生积极的引导作用。因此，在此局面下，本书认为制造业转型按技术的不同驱动力可分为三种类型：第一种是以平台牵引力为主导的制造业转型，即通过参与或自建平台的方式促进不同创新主体之间的价值共创从而推动企业升级；第二种是以共性技术推动的制造业转型，即通过技术转移与扩散推动企业网络的整体升级；第三种是以科技中介等结构要素为主导的制造业转型，即科技创新主体提供社会化、专业化服务以推动制造业转型。

（一）平台牵引型

传统制造企业可以基于以下两种思路实现转型升级，一方面，企业可以通过对工业互联网与相关数字技术进行综合性运用并搭建平台，进而从传统制造企业转变为平台型企业。另一方面，传统制造企业也可以参与第三方既有的平台，这种借力平台对自身进行赋能的举措，被认为是推进数字化转型的一条理想路径。在平台化过程中，持续的技术创新是制造企业获取平台的核心要素并重塑竞争优势的关键之举，而平台化的推进又在促使企业不断吸收外界主体力量开展技术共享与互补式技术创新的同时，利用互联网的高效对接能力降低创新协作的时间与交易成本。作为工业集成化与数字标准化的产物，工业互联网平台既能将产业链上下游协同起来服务于新技术的培育，也能把复杂的生产流程模块化进而促进创新链的高效对接。再者，平台化还能够通过形成超模块化的组织结构为内部的大规模创新提供支持。

（二）共性技术推动型

共性技术具有基础性、开放性、外部性、关联性等特点，属于准公共物品，对产学研用的有机耦合、技术学科的交叉融合、基于产业链的资源协同整合具有重要的基础性作用。具体而言，首先，传统制造企业由于较大的组织惯例，其创新主体性不足，往往处于技术研发及其应用的盲点位置。共性技术能够为制造产业内或产业间的多个企业提供技术平台，在避免重复开发资源浪费的同时，有利于企业间形成技术网络，促进知识流动。其次，在数字时代传统制造企业面对新技术研发及相应的组织变革的巨额成本和风险往往望而却步。通过共性技术的有效供给，传统制造企业能够以相对较低成本解决技术问题，从而避免小而全的组织缺陷，结合市场化的创新资源整合，对尽快突破产业整体低水平能力过剩、高水平能力不足的发展瓶颈起到重要的推动作用。最后，在共性技术易于获取的前提下，传统制造企业将专注于自身特点的凝练与发展，在产业内逐渐形成更为合理的专业分工机制，优化产业结构，促使传统制造企业突破组织管理，实现从制造转向创造的跃迁。因此，共性技术是产业技术跨越、结构升级、新业态培育的重要推动力量，其供给的有效性往往是促进传统制造业转型升级成功的关键因素。

（三）科技中介催化型

加快转型升级的核心推动力是技术，完善配套服务体系是提升技术赋能有效性的保障，科技中介机构则是这一体系中的关键一环，具有协调、沟通和互动作用。一方面，科技中介为传统制造企业进行技术搜寻节约成本。由于市场失灵，技术持有者与需求者间存在严重的逆向选择与信息不对称。科技中介通过掌握各类创新主体与市场之间的知识流动和技术转移的数据，有效消除信息不对称并减少成果转化过程的风险，从而促进技术向现实生产力的转化。另一方面，科技中介有利于打通传统制造企业产学研合作节点。科研机构和企业分属于技术研发和产品市场两个系统，当前两者不同体系的自我循环尚未完全打破，常常难以有机结合。科技中介作为专业化的服务机构，能够发挥牵线搭桥的中介职能，在产学研合作过程中精确制导，从根源上提高技术赋能的转化率和有效性。

本章提出了传统制造业转型升级的三大理论问题，并回应三大升级路径，基本阐述了本书的逻辑框架。后文将依托于这一逻辑框架，细致剖析平台牵引型、共性技术推动型与科技中介催化型传统企业转型升级过程中的影响因素、效用与情境应用，对传统制造业转型升级的理论问题进行系统性整理和剖析。本书的逻辑框架如图 1-1 所示。

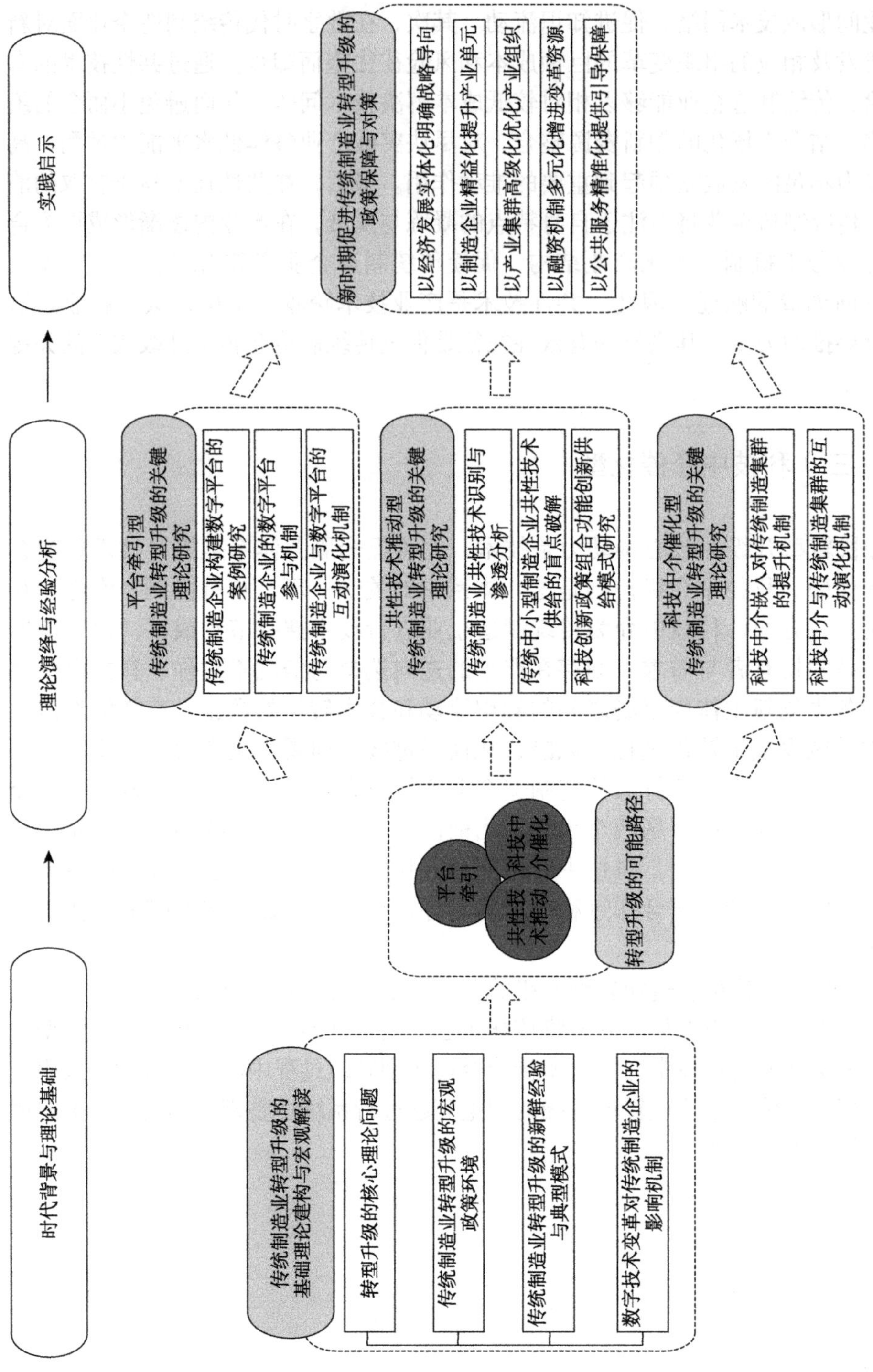
时代背景与理论基础
理论演绎与经验分析
实践启示
传统制造业转型升级的基础理论建构与宏观解读
转型升级的核心理论问题
传统制造业转型升级的宏观政策环境
传统制造业转型升级的新鲜经验与典型模式
数字技术变革对传统制造企业的影响机制
转型升级的可能路径
平台牵引
共性技术推动
科技中介催化
平台牵引型传统制造业转型升级的关键理论研究
传统制造企业构建数字平台的案例研究
传统制造企业的数字平台参与机制
传统制造企业与数字平台的互动演化机制
共性技术推动型传统制造业转型升级的关键理论研究
传统制造业共性技术识别与渗透分析
传统中小型制造企业共性技术供给的盲点破解
科技创新政策组合功能创新供给模式研究
科技中介催化型传统制造业转型升级的关键理论研究
科技中介嵌入对传统制造集群的提升机制
科技中介与传统制造集群的互动演化机制
新时期促进传统制造业转型升级的政策保障与对策
以经济发展实体化明确战略导向
以制造企业精益化提升产业单元
以产业集群高级化优化产业组织
以融资机制多元化增进变革资源
以公共服务精准化提供引导保障

图 1-1 本书的逻辑框架

第二章　传统制造业转型升级的宏观政策环境

一、转型升级1.0："十三五"规划时期：2016~2020年

习近平总书记在2015年中央财经领导小组第十一次会议中指出要"在适度扩大总需求的同时，着力加强供给侧结构性改革，着力提高供给体系质量和效率，增强经济持续增长动力"①。这一关键论断对在新一轮技术与产业革命下我国传统制造业朝向形态更高级、分工更优化、结构更合理的产业业态发展有重要启示意义。伴随着《中华人民共和国国民经济和社会发展第十三个五年规划纲要》的战略布局，我国传统制造业在供给侧结构性改革深入推进的同时迎来快速增长，在绿色化、高端化、智能化建设方面初具成效。

"十三五"期间，国务院常务会议多次提及有关制造业转型升级的相关要求（表2-1），致力于两化融合（即信息化和工业化的高层次深度结合），引导大数据、人工智能、互联网等新型数字技术对传统制造业进行长效供给。2016年1月27日，国务院常务会议上提出要推动《中国制造2025》与"互联网+"融合发展，加快构筑自动控制与感知技术、工业云与智能服务平台、工业互联网等制造业新基础，培育制造业新模式、新业态、新产品。

---

① 何为结构性改革？该如何推进——解读中央财经领导小组第十一次会议. http://cpc.people.com.cn/n/2015/1111/c64387-27803380.html，2015-11-11.

表 2-1 “十三五”规划期间国务院常务会议的重要决定

时间	内容摘要	相关会议内容
2016年1月27日	决定推动《中国制造2025》与“互联网+”融合发展	坚持市场导向，围绕“中国制造+互联网”的基本思路推动中国制造迈向中高端。以推进现代制造为抓手，培育制造业新模式、新业态、新产品；抓紧发布配套实施指南、行动计划或专项规划，促进多方协同；设立“中国制造2025”专项资金，启动一批重大标志性项目和技改工程；加强标准建设，面向市场多样化需求制造消费者和客户需要的高质量中高端产品
2016年4月6日	决定实施《装备制造业标准化和质量提升规划》引领中国制造升级	通过了《装备制造业标准化和质量提升规划》，实施工业基础和智能制造、绿色制造标准化和质量提升工程，加快关键技术标准研制，力争到2020年使重点领域国际标准转化率从目前的70%以上提高到90%以上
2016年5月4日	部署推动制造业与互联网深度融合加快中国制造转型升级	推动互联网与制造业深度融合：支持制造企业深化工业云、大数据等应用，鼓励地方建设“双创”示范基地；发展个性化定制、服务型制造等新模式；推动中小企业制造资源与数字平台对接，打造集成一体化新生态；放宽市场准入，加大地方政策扶持
2016年5月11日	部署促进消费品工业增品种提品质创品牌	立足大众消费品生产推进品质革命，推动中国制造加快走向精品制造；推动中华老字号传承升级，支持企业培育新品牌；实施创新驱动发展战略，强化装备制造、信息技术、生物制药、汽车、新材料等高端制造业关键领域创新
2016年7月20日	通过“十三五”国家科技创新专项规划，以创新型国家建设引领和支撑升级发展	高效利用第五代移动通信、智能机器人等重大产业技术开发，推进颠覆性技术创新，培育新动能，带动传统产业改造升级，使科技进步贡献率达到60%
2016年8月24日	部署促进消费品标准和质量提升，增加中国制造有效供给满足消费升级需求	围绕一般消费品领域，建立政府主导制定标准与市场自主制定标准协同发展、协调配套的新型标准体系；紧扣消费品质量安全要素，加快制定一批强制性国家标准；引导企业增强质量、品牌和营销意识，实施精细化质量管理；把消费品标准与质量提升和装备制造升级紧密结合，以消费市场向中高端发展引导带动装备制造企业主动提高设备产品的性能、功能和工艺水平
2017年5月17日	部署以试点示范推进《中国制造2025》深入实施，促进制造业转型升级	打造示范方阵，促进整个制造业向智能化、绿色化和服务型升级。以高端装备、短板装备和智能装备为切入点，狠抓关键核心技术攻关，加快突破瓶颈制约，集中支持重点领域创新发展和传统产业改造提升急需装备的工程化、产业化；加快建设工业互联网云平台和基于互联网的开放式“双创”平台，积极支持企业融通发展；因地制宜建设中国制造2025试点示范城市（群）和智能制造示范区支持在政策和制度创新上先行先试
2017年7月19日	部署创建“中国制造2025”国家级示范区，加快制造业转型升级	在东中西部选择部分城市或城市群建设国家级示范区，聚焦创新体制机制、深化开放合作、破解制造业发展瓶颈，打造先进制造工业云平台。同时，将目前已在国家自主创新示范区等实施的有关政策扩展到示范区，并对内外资企业一视同仁
2017年10月30日	通过《国务院关于深化“互联网+先进制造业”发展工业互联网的指导意见》促进实体经济振兴加快转型升级	营造有利于工业互联网蓬勃发展的环境，放宽融合性产品和服务准入限制，扩大市场主体平等进入范围；推动工业企业内网、外网建设。支持有能力的企业发展大型工业云平台，实现企业内部及产业上下游、跨领域各类生产设备与信息系统的广泛互联互通；加大政府对基础网络建设的支持，到2020年基本完成面向先进制造业的下一代互联网升级改造和配套管理能力建设

续表

时间	内容摘要	相关会议内容
2019 年 7 月 17 日	确定支持平台经济健康发展的措施，壮大优结构促升级增就业的新动能	适应产业升级需要加快工业互联网平台建设及应用，推进制造资源、数据等集成共享，发展智能制造和服务型制造

资料来源：根据中华人民共和国中央人民政府网资料整理所得

回首“十三五”，在国家到地方政府的一致行动下，传统制造业转型升级浪潮席卷全国，以智能制造为代表的新一轮科技革命和产业革命风起云涌。时任工业和信息化部王志军副部长于 2020 年 10 月 23 日国新办新闻发布会上从五个方面精确总结与概括了“十三五”期间我国制造业发展的主要成果，具体为综合实力再上台阶、创新能力显著提高、产业结构持续优化、优质企业加快壮大、开放水平不断提升。

二、转型升级 2.0：后疫情时代的“十四五”建设

2020 年初，突如其来的新冠疫情改变了全球产业经济的运行状态，尤其是对工业、制造业等线下实体产业造成巨大影响，如需求疲软、劳动力短缺与供应阻断带来的问题持续影响传统制造业的发展，由生产异常波动在供应链上引起的连锁反应使得许多制造企业遭到重创。但同时，新冠疫情催生系列的问题也同样倒逼传统制造业加速转型升级的步伐。随着疫情的缓解与经济的逐渐复苏，我国传统制造业“危中有机”，正在迎来新的发展空间。为突破疫情催生的百年大变局，自疫情暴发以来，国家积极鼓励传统制造业转型升级，助力制造企业“逆势上扬”，提出了一揽子意见及其相关政策，特别是在《中华人民共和国国民经济和社会发展第十四个五年规划和 2035 年远景目标纲要》中明确指出要“充分发挥海量数据和丰富应用场景优势，促进数字技术与实体经济深度融合，赋能传统产业转型升级，催生新产业新业态新模式，壮大经济发展新引擎”。自此，伴随着后疫情时代的“十四五”规划的提出，我国传统制造业转型升级进程步入 2.0 时代。

2020 年 1 月 3 日，李克强总理在国务院常务会议上明确要确定促进制造业稳增长的措施，以稳定经济发展的基本盘，打响了后疫情时代“上云用数赋智”行动的第一枪[①]。该政策决定包括大力发展先进制造业，出台信息网络等新型基础设施投资支持政策，推进智能、绿色制造；确定以信息技术推进“服务+”，坚

① 国务院常务会议. https://www.gov.cn/guowuyuan/cwhy/20200103c01/index.htm，2020-01-03.

持包容审慎原则，支持发展众包、云外包、平台分包等新模式和服务型制造等新业态。该意见标志着国家层面有关政策逐步向实践化与实效化转变，助力传统制造业转型升级的政策覆盖面得到进一步的扩大。

在随后多次的国务院常务会议中提出扶持传统制造业转型升级工作的相关意见与政策（表 2-2），具体分为两方面：①减税纾困相关政策，于 2020 年 3 月 10 日，2021 年 3 月 24 日、3 月 31 日与 10 月 27 日等多次会议提及加大流动资金贷款支持、改革研发费用加计扣除清缴核算方式与减半征收所得税，进一步降低传统制造业在疫情时期的运营成本与税负；②数字基础设施相关建设，延拓转型升级 1.0 时代的数字赋能观点，该时期的政策加大了在加强数字技术创新应用、推进数字产业化与产业数字化转型等方面的利好，如一业带百业与组建创新联合体等机制方法。

表 2-2 “十四五”期间国务院常务会议的重要决定

时间	内容摘要	相关会议内容
2020 年 1 月 3 日	确定促进制造业稳增长的措施，稳定经济发展的基本盘	实施以制造业为重点的减税降费措施，降低用电成本和企业电信资费，全部放开规模以上工业企业参与电力市场化交易；实施差异化信贷政策，鼓励增加制造业中长期贷款，股权投资、债券融资等更多向制造业倾斜；大力发展先进制造业，出台信息网络等新型基础设施投资支持政策，推进智能、绿色制造，鼓励企业加大技术改造投入，运用先进适用技术升级传统产业；扩大制造业开放，清除影响制造业开放政策落地的各种障碍，完善规划、用地、用海、能耗等政策，鼓励支持中西部和东北地区更大力度承接产业转移和吸引外资
2020 年 3 月 10 日	部署进一步畅通产业链资金链，推动各环节协同复工复产	发挥国务院复工复产推进工作机制作用，加强统筹指导和协调服务，打通产业链、供应链堵点。以龙头企业带动配套企业，增强协同复工复产动能；通过增加国际货运航班等措施，维护国际供应链畅通；引导金融机构主动对接产业链核心企业，加大流动资金贷款支持，以预付款形式向上下游企业支付现金，降低上下游中小企业现金流压力和融资成本
2020 年 3 月 24 日	确定推动制造业和流通业在做好疫情防控同时积极有序复工复产的措施	维护产业链供应链稳定，及时协调解决制造业全产业链复工复产遇到的困难和问题，特别要保障在全球产业链中有重要影响的企业和关键产品生产出口；落实扶持中小微企业、个体工商户的已定政策措施。引导金融机构提高信用贷款、续贷和中长期贷款比重；针对外需订单萎缩态势，支持企业网上洽谈、网上办展，主动抓订单、促合作
2020 年 4 月 28 日	部署加快推进信息网络等新型基础设施建设，推动产业和消费升级	以“一业带百业”：推进信息网络等新型基础设施建设；瞄准产业升级和智能制造发展，引导各方合力建设工业互联网；推动通信与相关行业双向开放与合作，消除行业应用壁垒，为平台经济发展和行业开放融合营造良好环境，构建平台及其参与者互促共赢的生态
2021 年 3 月 24 日	部署实施提高制造业企业研发费用加计扣除比例等政策，激励企业创新促进产业升级	将制造业企业研发费用加计扣除比例由 75%提高至 100%，预计可在去年减税超过 3 600 亿元基础上，今年再为企业新增减税 800 亿元；改革研发费用加计扣除清缴核算方式，允许企业自主选择按半年享受加计扣除优惠，让企业尽早受惠；研究对科技研发服务企业、“双创”企业的税收支持政策

续表

时间	内容摘要	相关会议内容
2021年3月31日	部署推进减税降费落实和优化对小微企业与个体工商户等的减税政策	加大小微企业所得税优惠力度并将个体工商户纳入优惠政策范围；将小微企业、个体工商户等小规模纳税人增值税起征点，由现行月销售额10万元提高到15万元；将运输设备、电气机械、仪器仪表、医药、化学纤维等制造业企业纳入先进制造业企业增值税留抵退税政策范围，实行按月全额退还增量留抵税额
2021年6月22日	部署“十四五”时期纵深推进大众创业万众创新，更大激发市场活力促发展扩就业惠民生	深化“放管服”改革，破除不合理障碍，促进大中小企业融通创新，鼓励产业链中占主导地位的链主企业发挥引领支撑作用，建设集研发、孵化、投资等于一体的创业创新培育中心，促进更多专精特新、“小巨人”、制造业单项冠军等中小企业成长壮大
2021年10月27日	部署对制造业中小微企业等实施阶段性税收缓缴措施，进一步加大助企纾困力度	会议决定，对四季度制造业中小微企业实现的企业所得税和国内增值税、国内消费税及随其附征的城市建设维护税，以及个体工商户、个人独资和合伙企业缴纳的个人所得税实行阶段性税收缓缴
2021年12月15日	确定加大对制造业支持的政策举措，促进实体经济稳定发展	实施减税降费政策要向制造业倾斜，加大研发费用加计扣除、增值税留抵退税等政策力度，支持企业科技创新和传统产业改造升级；深化制造业领域“放管服”改革，实施涉企经营许可事项清单管理；发展先进制造业，鼓励企业牵头组建创新联合体，加快推动关键核心技术攻关；鼓励大企业带动更多中小企业融入供应链创新链，支持更多专精特新、“小巨人”企业成长
2022年2月15日	确定促进工业经济平稳增长和服务业特殊困难行业纾困发展的措施	加大工业、服务业所得税减免力度，延长制造业中小微企业缓税政策；引导加强金融服务。人民银行提供激励资金支持增加普惠小微贷款等，推动制造业中长期贷款较快增长；推进制造业强链补链和产业基础再造，加快新型基础设施建设、重点领域节能降碳技术改造等，扩大有效投资

资料来源：根据中华人民共和国中央人民政府网资料整理所得

三、推动传统制造业转型升级的宏观政策环境

当前，中国的制造业正处于由大到强的转变期，能否顺利实现从传统到高端化、智能化、绿色化的产业升级，由数量扩张向质量提升，相应的制度及其利好环境将具备重要的助推作用。2015年5月国务院出台的《中国制造2025》发展规划，为中国制造业的转型升级之路指明方向。随着制造领域新业态孵化的进程加速，为克服疫情多点散发、生产要素供给趋紧、大宗商品价格持续高位等带来的不利影响，各级政府采取了一系列工业稳增长的政策举措，在深化改革推动企业提质升级方面做了大量卓有成效的工作，包括采取减税降费、金融支持等保主体、稳投资、促消费等政策举措。总体来看，聚焦于制造强国和网络强国的建设目标，我国已然把工业稳增长摆在重要的战略位置，从科技创新、提升产业链关联性和厚植产业发展的环境等多方面入手，围绕《中国制造2025》及其相关政策

与以推进“大网移智云”为核心的“数字中国”政策两类主线展开，为推进传统制造业向数字化网络化智能化转型升级营造了良好的宏观政策环境（表 2-3）。具体政策着力点体现在如下三个方面。

表 2-3 推动传统制造业转型升级的重要政策

时间	政策	摘要内容
2015 年 5 月	《中国制造 2025》	主线是促进新一代信息技术和制造业融合，通过关键技术研发、设计能力培养、科技成果转化、创新体系完善、标准体系建设和知识产权运用 6 个方面政策，发展智能制造。每个方面都从顶层设计、平台建设、社会机构作用、激励机制发挥等层次提出要求，构建了包括创新能力、质量效益、两化融合、绿色发展 4 个方面的 12 个评价指标
2016 年 4 月	《智能制造试点示范 2016 专项行动实施方案》	将聚焦制造关键环节，在符合两化融合管理体系标准的企业中，在有条件、有基础的重点地区、行业，特别是新型工业化产业示范基地中，选择试点示范项目，分类开展 5 种新模式试点示范，遴选 60 个以上智能制造试点示范项目，并部署智能制造综合标准化体系建设
2016 年 12 月	《智能制造发展规划（2016-2020 年）》	提出智能制造领域具体发展指标，涵盖 12 项智能制造关键技术的市场满足率、数值分析和可视化仿真软件等 9 种核心支撑软件的细化发展方案
2017 年 7 月	《新一代人工智能发展规划》	规划通过构建开放协同的人工智能科技创新体系、培育高端高效的智能经济、建设安全便捷的智能社会、加强人工智能领域军民融合及搭建安全高效的智能化基础设施体系等手段构筑我国人工智能发展的先发优势，具体涵盖 14 项重点任务
2017 年 11 月	《高端智能再制造行动计划（2018—2020 年）》	为推动我国再制造产业向智能化高端化发展，计划制订包括加强高端智能再制造关键技术创新与产业化应用、推动智能化再制造装备研发与产业化应用、实施高端智能再制造示范工程等八项行动方案
2017 年 11 月	《国务院关于深化“互联网+先进制造业”发展工业互联网的指导意见》	指导意见对网络互联技术、标识解析技术、互联网协议等核心技术和区块链等新兴前沿技术这四类工业互联网关键技术提出创新要求，并提出深化这些技术的产业化应用，推动其与制造业技术机理进行集成创新，形成针对不同制造业场景的工业互联网解决方案
2017 年 11 月	《大数据产业发展规划（2016-2020 年）》	规划围绕“强化大数据产业创新发展能力”一个核心、“推动数据开放与共享、加强技术产品研发、深化应用创新”三大重点，提出 2020 年大数据产业发展目标及其细化发展目标，并以此制定 7 项重点任务、8 大重点工程及 5 项保障
2018 年 10 月	《国家智能制造标准体系建设指南》（2018 年版）	指南依据基础共性标准和关键技术标准，明确围绕新一代信息技术、高档数控机床和机器人、航空航天装备等十大重点领域，同时兼顾传统制造业转型升级的需求，提出优先在重点领域实现突破，并逐步覆盖智能制造全应用领域
2019 年 11 月	《“5G+工业互联网”512 工程推进方案》	方案明确了工业互联网作为未来 5G 技术落地的重要应用场景之一，在 5G 通信产业和应用场景爆发的初期更要做好夯实基础、探索路径和完善环境三大工作，打造 5 个产业公共服务平台，构建创新载体和公共服务能力，内网建设改造覆盖 10 个重点行业，形成至少 20 个典型工业应用场景，促进制造业数字化、网络化、智能化升级，推动经济高质量发展
2020 年 4 月	《工业和信息化部关于工业大数据发展的指导意见》	指导意见针对我国工业大数据现阶段的发展特点、主要问题和亟待取得突破的重点领域，共设置包含涉及数据汇聚、数据共享、数据应用、数据治理、数据安全、产业发展 6 个方面的 18 项重点任务，有序推动工业大数据发展，为更好地支撑企业在整体层面、在产业链维度推动全局性数字化转型奠定基础

续表

时间	政策	摘要内容
2020年10月	《“工业互联网+安全生产”行动计划（2021-2023年）》	以深入实施工业互联网创新发展战略和提升应急管理体系和能力现代化为主线，推动建设两个平台、一个中心：一个中心即培育“工业互联网+安全生产”集快速感知、实时监测、超前预警、联动处置、系统评估等新型能力体系于一体的协同创新中心，两个平台即工业互联网安全生产监管平台和数据支撑平台

资料来源：根据中央及其各部门具体政策文件整理

第一，围绕产业共性技术，强化产业链全链的基础设施建设，推动传统制造产业集群向创新型现代集群嬗变。《中国制造 2025》发展规划中明确提出要“突破一批重点领域关键共性技术，促进制造业数字化、网络化、智能化，走创新驱动的发展道路”，对于对产业整体竞争力提升有全局性影响、带动性强的关键共性技术进行重点扶持与推进。为此，国务院、工业和信息化部、发展改革委、国务院国有资产监督管理委员会等在内的多个部门均发布系列指南及其专项规划，对产业共性技术的研发、制造及其管理做出明确的要求与指示，如由国务院印发的《新一代人工智能发展规划》、工业和信息化部发布的《产业关键共性技术发展指南（2015 年）》、国务院国有资产监督管理委员会印发的《关于加快推进国有企业数字化转型工作的通知》等。

第二，构筑产业生态系统，建设多主体联动、开放融合、深度协同的产业生态。2015年，《中国制造2025》明确指出要“促进大企业与中小企业协调发展，进一步优化制造业布局”，并对此做出重要部署。其后，在国务院于2017年发布的《关于深化“互联网+先进制造业”发展工业互联网的指导意见》中便将“完善生态体系”作为主要任务，并提出了构建创新体系、应用生态、企业协同发展体系及区域协同发展体系等4方面工作思路。2021年，贯彻《中国制造2025》所提出的“建立优势互补、合作共赢的开放型产业生态体系”，工业和信息化部、科技部、财政部、商务部、国务院国有资产监督管理委员会、中国证券监督管理委员会六部委联合发布《关于加快培育发展制造业优质企业的指导意见》强调要“建设大中小企业融通发展平台载体，支持领航企业整合产业链资源，联合中小企业建设先进制造业集群、战略性新兴产业集群、创新型产业集群等。鼓励领航企业对上下游企业开放资源，开展供应链配套对接，与中小企业建立稳定合作关系，构建创新协同、产能共享、供应链互通的新型产业发展生态”。该指导意见聚焦于我国产业链仍然存在的基础不牢、水平不高等问题，通过推动传统制造业先进化与生态化发展，增强其产业链根植性和竞争力，为传统制造业“补短板、锻长板”提供保障。当前，全国范围内通过深入推进产业生态构建以实现制造业结构调整，促进传统制造业向中高端迈进的战略行动已蔚然成风。

第三，围绕绿色双碳的战略布局与疫情纾困的现实需求，赋予传统制造业转型升级的新意义。一方面，为实现“碳中和”与“碳达峰”的战略目标，我国建立与制造业减碳有关的治理规则体系，涵盖区域协同治理、碳排放规则治理与碳交易市场治理等方面；高度统筹能源与工业生产过程，建立绿色制造循环及其生产体系，通过完善绿色制造通用标准与评价办法、绿色公共服务与金融服务供给等实现政策支撑。另一方面，为缓解疫情带来的需求收缩、供给冲击、预期转弱等多重工业发展压力，我国提出以“上云用数赋智”行动助力传统制造业高质量发展。该思想于2020年2月的统筹推进新冠疫情防控和经济社会发展工作部署会议中首次提出，在后续的《中小企业数字化赋能专项行动方案》《关于有序推动工业通信业企业复工复产的指导意见》等专项政策中均有反映。与疫情前着重关注制造企业效能及其制造水平转型升级的政策逻辑不同，后疫情时代的政策进一步意识到数字新兴技术的发展对传统制造业韧性的显著作用。

第三章 传统制造业转型升级的新鲜经验与典型模式

一、传统制造业转型升级的国际比较与分析

（一）日本“世界工厂”的兴盛与衰落

在历经第二次世界大战后，日本的传统制造业起初以其物美价廉的“大而全”模式在全球竞争市场中占据优势地位，甚至给当时制造业的世界巨头美国带来了巨大的竞争压力，以至于其时常遭到贸易保护政策的压制。然而，由于缺失核心关键的突破性技术，再加之全球竞争市场中日益崛起的中国和韩国制造业，日本传统制造业的产业利润空间与价值链地位不断锐减，其依赖的成本和规模优势建立起的庞大制造份额逐渐被新兴经济体瓜分，从而陷入“失落的二十年”。

1. “世界工厂”转型升级的阶段过程

纵观日本传统制造业由盛至衰的发展历程，存在 3 个时期的阶段性变化过程。日本制造业转型升级的第一个阶段是第二次世界大战结束到 20 世纪 60 年代，日本完成了劳动密集型制造业的转型升级。第二次世界大战之后爆发的抗美援朝战争，使日本作为美国前沿战场的最近支援盟友，承担了大量美国军需物资的生产和加工任务，日本的制造业逐渐从战争中恢复。进入 50 年代，日本抓住美国纺织业、玩具生产、服装加工等中低端制造业转移的契机，迅速承接美国的相关产业，凭借其庞大的劳动力数量和低廉的劳动力成本，在全球劳动密集型产业竞争中迅速崛起。对此，日本制造业形成了以政府各部和经济界共同协作发展的工业建设局面。凭借日本综合商社遍及全球的独特的信息网络，国内外关于欧美技术和文化发展趋势的信息及第三世界发展的信息等资源得到了充分的整合，并

且所有收集到的新知识会及时提供给日本的研究机构和工业企业。在此局面下，日本制造业形成了知识的专业化集成及其应用系统，其转型升级过程在此阶段得以快速推进。

日本制造业转型升级的第二阶段是20世纪60年代到80年代后期，日本的制造业逐渐从劳动密集型向资本密集型转型，试图从价值链低端向上攀升，并取得极大成效。在此期间，日本凭借大规模的逆向工程、不断改善的技术水平及相对美国低廉的生产成本等优势，迅速在彩电、钢铁和汽车为代表的家电行业、重化工业与中高端装备制造业对美国的优势地位发起挑战。美国接连动用各项贸易保护措施遏制日本制造业的疯狂扩张，以及由此引致的美国相关制造业的市场占有率与利润空间的快速下滑，接连爆发了一系列贸易摩擦。然而，美国的这些措施并没有从根本上扭转日美之间的贸易逆差和日本制造业对美国相关产业生存空间的挤压。

日本制造业转型升级的第三阶段，20世纪80年代后期到90年代中期，日本希望在制造业的关键核心技术领域一举取得突破，登上制造业的价值链顶端，实现制造业由要素驱动到创新驱动的最重要转型升级，却最终遗憾败北。进入20世纪80年代，美日之间的制造业和贸易竞争日趋白热化，日本开始挑战美国自第二次世界大战后便占据绝对垄断地位的信息技术产业，希望掌握决定未来世界科技革命和产业变革的核心技术产业——以半导体为典型代表的电子信息产业。然而，日本的半导体产业在20世纪90年代中期之后却迅速走向衰落。这一结果导致在新一轮全球技术革命和产业变革中日本最终错过制造业全面转型升级的机会。在80年代后期，美国为进一步保护本国半导体产业，促迫日本签署了《日美半导体协定》，规定日本市场必须要保证美国芯片20%的占有率。同时，美国迅速调整策略，建立半导体制造技术科研联合体（Semiconductor Manufacturing Technology Research Consortium，SEMATECH），加大科技研发进度和基础研究投入力度，不断加速突破性技术的路径探索，最终经由一系列技术创新构建的核心技术突破路径重构了全球半导体产业版图。因此，当个人电脑时代来临之际，美国在微处理器、软件等核心技术上全面战胜日本，导致日本固守于生产可靠性高、寿命周期长的动态随机存储器（dynamic random access memory，DRAM）策略迅速失效，无法适应不断发生技术迭代的个人电脑时代对DRAM的新定位和新需求，市场占有率一路下降，最终无法成为芯片领域的领导者，导致制造业转型升级的进程被迫终止。

2. “世界工厂”衰落的经验教训

日本制造业在迈向价值链顶端的转型升级过程中遭遇挫折，具体来看，有如下三方面问题值得注意。

1）对过往经验的路径依赖导致产业变革滞缓

日本制造业遵循的是以传统大型企业为主的创新模式，如富士通、日本电气、日立、东芝和三菱等。这些大企业由于过于庞大的技术创新决策体系、过于保守的技术创新策略，具有较高的组织惯性，对探索新的技术、新的产业形态等变革举措产生不利影响。伴随着20世纪90年代后期世界产业格局变化由原先的标准化工业流程转向精益化的产品定制环节，日本传统制造业一体化的垂直分工模式对于这样的趋势并没有办法保持高度的敏锐性，从而导致整体产业变革滞缓。

2）对基础研究的过分忽视导致竞争优势缺乏持续性

日本制造业从劳动密集型向技术密集型产业的转型升级过程中，往往是来自于对成熟技术的引进与模仿，之后通过强大的学习能力、极强的成本管理方式和质量保障模式，在产品品质不变的情况下实现价格下降，从而有效抢占市场，进而实现某些制造业的蓬勃发展。但是由于基础研究力量的不足，其具有重大影响力的原创性成果较为匮乏，无法内生出引领技术发展方向的重大创新成果，只能亦步亦趋地紧随人后，无法完成制造业转型升级的最终任务。同时，日本的技术研发主要集中在由政府主导的产业联盟和技术联合体中，而大学在其中扮演的角色十分微弱，甚至可以说是缺失的。大学无法成为知识扩散的主阵地，也就不利于基础研究的深入推进，从而令日本始终缺乏具有颠覆现有技术路径的重大技术成果，从而不能真正成为世界制造业的领导。

3）对政府干预的过分迷信导致产业战略偏离轨道

长期以来，日本的政府干预在制造业转型升级中扮演了重要角色。日本政府以往干预产业转型所秉持的逻辑是将有潜力的特定产业或是技术提前作为未来战略产业进行扶持，提前下注，集中资金补贴进行转型升级。然而，能够攀上世界制造业价值链最高端机遇的突破性技术创新具有极高的不确定性，难以被现有认知所捕捉与识别，而必须是在多类型企业主体的竞争中被创造并推广的。日本传统制造业过分迷信存在有限认知局限问题的政府干预，使得大量投资仅聚焦于个别产业领域，难以形成多主体与多路径的技术推进格局，从而有极大概率错失突破性技术，导致在技术路径中失败，从而拖累其转型升级。

（二）美国区域制造集群的重振与繁荣

1. 旧金山湾区产业结构的“生态重构”

作为具有多核心结构的区域，由旧金山市、奥克兰市及圣何塞市三个核心城市组建的旧金山湾区在经济规模和增长速度方面均位列美国前列，成为美国社会经济与技术发展的创新中心，尤其是半导体产业的蓬勃发展为其带来了“硅谷”的世界级标签。然而，随着2008年英特尔宣布关闭其位于旧金山湾区的D2芯片厂，这一事件标志着主导旧金山湾区制造业发展的半导体产业开始逐渐转型。直至今日，旧金山湾区从伊始以国防产业、半导体、计算机、互联网等为发展核心的产业价值链，转向到如今的生物科技、清洁技术等新兴高技术产业发展，其整体产业结构进行了实质性的重组建构，通过各城市间的良好协同发展机制，创新科技制造体系，形成了以高新技术为引领的产业生态集群。

早期的旧金山湾区辖内的各个城市受囿于恶性化竞争的负外部性，其整体产业发展呈现同质化。因此，为有效协调区域内各城市的产业竞争问题，旧金山湾区委员会成立，并相继设立了湾区政府协会、海湾保护和开发委员会、大都市交通委员会和湾区空气质量控制局等专业服务机构。湾区委员会还制定了多个战略性的指导方案，以规划和协调旧金山湾区辖内的可持续发展问题。

同时，美国政府及其社会各机构为旧金山湾区定制了相应的公共政策保障和支持，特别是在重大科学技术的研发、定制与转化阶段。美国政府于1982年实施了小企业创新研究计划并设置了国家技术转让中心和联邦实验室，为旧金山湾区辖内科技成果转化提供有力支撑。转型升级期间，旧金山湾区内一共有25所国家级或州级的实验室得到了联邦政府的资助或美国科技部门的财政基金或政策支持。在大力度的服务支持下，前沿的技术和财力吸引了更多优秀的研究所、教育机构和人才来到湾区，继续推进技术创新与发展。此后，湾区展现出惊人的适应能力，其竞争力和生产力更胜以往。

这样的优势持续到20世纪90年代后期，随着全球化发展与技术进步，以及一系列发展中国家工业化进程加快，湾区内的产业经济受到来自各个国家的挑战。直到2008年金融危机，为重振工业发展，美国采取了包括出台大规模刺激计划、恢复金融系统的流动供给及协调各国承诺不施行贸易保护主义等一系列措施。美国政府还颁布了《制造业促进法案》等，提出先进制造业伙伴计划、美国制造业复兴计划等系列项目和计划。同时，湾区辖内也开始自主变革，自2012年起通过加速发展新兴技术及其应用朝着创新生态系统的方向转型。直至今日，旧金山湾区内产业经济在历经了工业的聚集分散、传统制造业及其配套服务业的协同演化，发展形成了以高端技术为核心的产业创新生态。在各方要素合力推动下，旧金山湾区辖内吸引并涌现了一大批具有世界级影响力的高科技公司，世界五百强公司中有30家总部坐落于湾区内，其中包括谷歌、苹果等科技巨头。湾区辖内也以这些公司为核心，集聚形成了各规模企业科研、技术与生产于一体的协同发展的产业集群。经历了一百七十年的发展转变，旧金山湾区最终形成了全美最大都市圈之一。

2. 匹兹堡钢铁产业的“锈带复兴”

20 世纪 70 年代，美国经历了第二次世界大战后最激烈的一次产业转型。随着石油危机与布雷顿森林体系的倒塌，美国传统的钢铁、汽车等制造业企业经历了来自全球范围内新兴经济体的竞争。五大湖周边的传统产业经历了大规模的破产、关停，被遗弃的工厂设备锈迹斑斑，形成了一条“锈带”。直到 80 年代中后期，美国产业经济开始进行大规模的结构性调整，其中匹兹堡是“锈带复兴”过程中最成功的城市案例。匹兹堡位于宾夕法尼亚州西南部，在 19 世纪中期就成为美国钢铁产业的中心。截至 19 世纪末，匹兹堡就已经能够满足美国全国三分之二的钢铁需求。从 20 世纪 70 年代开始，随着美国对钢铁需求的下滑及新兴市场如日韩的钢铁行业崛起，匹兹堡的钢铁产业陷入衰退的境地。20 世纪 90 年代开始，匹兹堡踏上了传统钢铁产业转型升级的实践道路。

在转型升级过程中，匹兹堡充分发挥旧时产业的历史积累优势，其产业链保留了大量与钢铁业配套的企业与特种钢材生产企业，这些产业的就业份额为城市的转型过程兜底，并在产业转型完成后持续充实地区经济。直至 2021 年，匹兹堡仍有大量的金属技术服务公司，为全美的钢铁生产厂商提供生产设备、工程服务咨询、零部件耗材等产品服务。产业转型过程中，政府的精准扶持也是一大原动力。当地政府向传统钢铁企业发放了一系列的低息贷款项目以缓解传统制造业因小规模、低资本而引发的退坡问题。

同时，匹兹堡传统钢铁产业转型升级过程还借助了匹兹堡大学与卡耐基梅隆大学研发体系的技术力量。例如，依托卡耐基梅隆大学计算机专业的全球领先学科优势，对当地企业高端技术产业化、高端制造业人才专业化起到重要促进作用的 MILL 19 研究中心由卡耐基梅隆大学、美国国防部与私人基金会共同创立。匹兹堡政府与匹兹堡大学于 2019 年共同设立 91 邻里创新园区，该园区的设计容纳了一个完整的端到端增材制造生态系统，并具有构成匹兹堡当地 3D 打印供应链的必要组件，为减少能源消耗、简化供应链提供有力支撑。

3. 底特律汽车制造的“涅槃重生”

作为全美最大的城市之一，底特律在 20 世纪时以汽车制造业闻名，是美国最为炙手可热的工业城市，更是美国东北地区的中心。福特、通用和克莱斯勒三大汽车公司的总部均设于此。正因如此，投资商也纷纷入驻底特律，为汽车产业带来了充裕的资金。然而，由于 20 世纪六七十年代的黑人民权运动、石油危机、汽车工业进入瓶颈期等原因，底特律的制造产业萎缩严重，城市发展严重衰退。2013 年，底特律市政府宣布破产，这也是 21 世纪美国最大的城市破产案。底特律在破产后经历了痛苦的转型与挣扎。近几年，其城市经济逐渐复苏，在城市建设与产业发展方面有了一些新变化。

密歇根州政府为助力发展新型制造业成立了密歇根战略基金，该项基金通过资金投入，不仅协助培育高端制造业企业人才、奖励落地企业工作岗位增长以实现经济转型，还为有转型需求的传统制造业提供职工培训、岗位保障等专项支持。此外，底特律周边地区作为美国汽车制造业的传统中心，尽管其汽车产业的生产部门一部分扎根于周边小城市，但研发、总部机构的庞大规模迫使底特律汽车产业需要集聚邻近创新资源以实现进步革新。因此当地政府通过市区活化改造、社区生产生活环境优化、商住综合体打造与企业租金减免等措施招引人才与企业投资，为经济注入新活力。

（三）德国"工业4.0"工业改革

在德国工业发展历程中，其制造业从技术模仿到自主创新，从追逐英美到跨域式发展再到自成体系；从规模至上到品质优先，再到工艺技术研发与密集型产品生产，建立了独一无二的德国制造模式，培育出强大的国际竞争力。

21世纪初期，德国为进一步打造制造业在世界价值链的竞争优势和推进数字化技术改造进程，其借势互联网、数字技术和云制造的汹涌浪潮，率先在全球范围内提出"工业4.0"。该概念最初出现于德国2010年颁布的《德国2020高技术战略》，该文件为"工业4.0"的提出与落地提供了先决条件。随后，德国政府牵头组建"工业4.0"研究小组，划分德国的制造业发展历程为"工业1.0"、"工业2.0"、"工业3.0"和基于互联网背景下的"工业4.0"。作为制造产业革命的德国"工业4.0"战略在社会各界人士的普遍认知中不仅以数字与智能技术及其网络基础设施为根基，也是一场传统制造业适应现代社会的自我革命。

追溯其发展历程，以打造信息物理系统为重点的德国"工业4.0"在聚焦于运用大数据等信息时代的最新技术的同时，也注重采用高效市场策略与供应商策略以推动制造业合作模式创新，其更加强调与中小企业的互惠合作，以新一代生产技术完善生态网络。在这一过程中，"工业4.0"首先一方面借助价值链、信息网络实现部门协调，另一方面整合企业间资源推动横向集成合作链。其次，为提高沟通、生产、制造环节效率，基于信息物理系统采集处理产品制造各环节数据。最后，依托于协同网络发展以实现制造产业的个性化定制服务和企业参与网络化的产业生产体系。最终企业不仅控制所有环节实现个性化生产，也降低交易成本促成生产运营无缝连接。

二、传统制造业转型升级的国内经验与启示

（一）广东："双十"战略推进数字化转型水平

广东省作为一个中小企业众多的工业大省，一直将提升战略性产业集群数字化水平作为推进传统制造业转型升级和持续健康发展的重要工作。2021 年 7 月 6 日，广东省人民政府印发了《广东省制造业数字化转型实施方案（2021—2025 年）》的通知，着力部署包括提升新一代电子信息、绿色石化、智能家电、汽车、先进材料、现代轻工纺织、软件与信息服务、超高清视频显示、生物医药与健康、现代农业与食品 10 个战略性支柱产业集群，以及半导体与集成电路、高端装备制造、智能机器人、区块链与量子信息、前沿新材料、新能源、激光与增材制造、数字创意、安全应急与环保、精密仪器设备 10 个战略性新兴产业集群的数字化转型及赋能重点方向。

广东省以"一企一策"推动龙头骨干企业打造标杆示范、"一行一策"推动中小型制造企业"上云上平台"、"一园一策"推动产业园和产业集聚区数字化转型、"一链一策"推动产业链供应链数字化升级等系列指导意见。同时，为进一步扶持由于资金不足、资源匮乏而数字化进程滞缓的中小型制造企业，广东省根据制造行业的特征差异化定制"上云上平台"产品目录，推动企业应用低成本、快部署、易运维的工业互联网解决方案，加快工业设备和业务系统"上云上平台"。采取"平台让一点、政府补一点、企业出一点"的方式，进一步降低企业"上云上平台"门槛和成本。随后，在广东政府印发的制造业数字化转型实施方案及若干政策措施中，明确提出到 2025 年力争推动 5 万家规模以上工业企业实施数字化转型，带动 100 万家企业"上云用云"。目前，在广东政府"双十"战略的政策推动下，以数字化改革为主线的转型升级模式已经渗透进广东传统制造产业的"神经末梢"。

（二）江苏："智改数转"唤醒传统产业

为将数字化技术创新作为驱动传统制造业升级的关键力量，江苏省实施制造业"智改数转"三年行动计划，以期通过智能化改造数字化转型，通过工业互联网创新、领军服务商培育、自主可控工业软件应用、智能硬件和装备攻坚等 10 大工程，辅以在资金、融资、人才等方面的政策支持，大力推进生产换线、机器换

人、企业上云等，加速制造业驶入数字化发展新赛道。自行动计划印发以来，江苏省聚焦先进制造业集群和重点产业链领域，每年提供12亿元专项资金，夯实工业互联网平台、工业软件、智能硬件和装备、网络设施及安全等基础支撑，为龙头骨干企业、中小企业、产业链供应链的转型升级与高质量发展提供政策保障。

在行动过程中，江苏省建立了一体化的推进机制，在成立专项行动领导小组与工作专班的基础上，将三年行动计划细化为50项具体任务并责任到部门；构建了省市联动、政企协同的推进方案，指导各设区市编制“智改数转”实施方案，将各项目标任务细化分解到具体县区，逐级形成工作路线图。根据不同类型企业实际，江苏省分类提出数字化转型的差异要求，通过以大带小和示范引领，推动全省传统制造业“智改数转”。同时，为更好加速省内制造产业在关键技术领域的突破性进程，江苏省超前谋划推进工业互联网平台和标识解析、数据中心、5G等新型信息基础设施建设，加强综合型、特色型、专业型工业互联网平台建设和应用，并通过培育产业数字化转型服务商，提供政策资金支持，强化人才、金融等要素支撑以建立全省统一的资源池，形成完整可持续的产业生态网络，为“智改数转”打下坚实基础。目前，在集一体化与长效化的推进格局与机制的助力下，江苏全省重点企业数字化研发设计工具普及率、关键工序数控化率均居全国前列，两化融合管理体系贯标工作核心指标、工业数据分类分级试点成果、工业互联网标识解析主要指标等均居全国首位，两化融合发展水平在 2015~2022 年保持全国前列。

（三）浙江：两化发展实现“三个全覆盖”

为加快构建现代科创体系和产业体系，浙江省着力实施数字经济“一号工程”升级版，将加快数字化改造“三个全覆盖”：到2025年，力争实现百亿以上产业集群工业互联网平台全覆盖、规模以上工业企业数字化改造全覆盖、细分行业中小企业数字化改造全覆盖。因此，近年来浙江省聚焦技术研发创新及应用，努力推动数字技术策源地建设，初步形成通信、计算机及网络、电子元器件及材料、信息机电、应用电子和软件与信息服务业等多个特色优势产业，数字产业创新步伐不断加快，营利能力稳步增强，结构不断优化，相继开展了如“万亩千亿”、“产业大脑”、“专精特新”及“未来工厂”等先进举措。为保障“三个全覆盖”战略目标的全面落成，浙江省开展了相关的“数字保育”行动。

2019 年 8 月，浙江省着力于建设省域空间治理数字化平台，以铸就传统制造业转型升级的公共服务设施。至 2022 年 4 月，该平台已实现全面上线，其中“多规合一”“浙里找地”“耕地智保”“不动产智治”等应用此前已陆续上线，在实战中体现了空间整体治理能力。同时，从2021年至今，浙江已谋划建设“浙江e行在线”民生“关键小事”智能速办等数字化改革重大应用127个，并积极拓展升级政府服务“政银合作”范围，为实现传统制造业转型升级从数字赋能到制度支持提供强大帮助。

面向未来的发展规划，浙江省锚定制造强省的建设目标，聚焦“415”产业集群和17个重点传统制造业行业，重点围绕中小企业集聚、产业规模超百亿元的产业集群，根据细分行业共性和企业个性需求，打造数字化改造“N+X”应用场景。相应地，根据“N+X”应用需求，由数字化总承包商牵头，联合生态合作伙伴，开发集成小而精、模块化、组合式、通用性的应用场景。在全链路数字化的赋能下，加强数据标准化建设，推动产业链、流通链数据协同，打造一批数字化车间、数字化工厂。

第四章　数字技术变革对传统制造企业的影响机制

目前发生的全球新冠疫情对世界经济发展造成猛烈冲击，在如今多变性（volatility）、不确定性（uncertainty）、复杂性（complexity）、模糊性（ambiguity）（VUCA）的环境中，传统制造企业不仅在本土市场面临停工停产的供应难题，更要面对国际市场阻断的贸易困境。因此，对于参与全球化进程的一些传统制造企业而言，其市场业务很有可能将面临国内、国外两种制度情境的约束，不仅在不同的市场区位要实现对资源和产品市场的战略部署，同时还需要在社会、法律与文化方面适应与契合各个市场区位的国家所发布的应急政策制度。这对传统制造企业在疫情形势下的组织能力产生了较高的要求，而组织韧性作为组织危机响应和调整应变的重要方面是传统制造企业需要具备的关键能力。因此，深化在VUCA情境下具有不同市场区位特征的组织韧性的研究对于传统制造企业十分必要。从现实发展来看，虽然全球疫情带来了社会的巨幅动荡，传统产业遭受重大冲击，但许多依托数字资源采集知识信息并以此驱动组织决策和战略行为的传统制造企业却在这种危机情境下化险为夷，表现出更好的危机响应和调整能力，从而很好地维持疫情前的绩效水平。因此，在数字时代，传统制造企业如何实现有效数字化变革成为企业赢得市场竞争优势、取得绩效的关键保障。基于此，本章重点讨论如下议题：数字时代的技术变革如何对不同市场区位特征的组织韧性产生作用，进而保证企业绩效。

一、研究假设与理论模型

（一）数字技术变革与组织韧性

危机管理文献强调，如果要了解企业组织对危机事件的行为反应，就必须从企业的特征进行考虑。因此，传统制造企业自身的决策视野将影响不同市场区位的应对能力。当企业面临危机事件时为追求效率最大化采用的技术是有选择性的，如疫情期间发生供应链阻断时，企业首要关注如何解决这个问题，势必会对提升供应链稳定性方面的技术给予高度的收集，此时对企业而言对于能够最直接作用于自身业务的技术便具有高度的依赖性。企业不会仅仅只接受自己所特为关注的技术，还会接受一些互补型的技术知识，这类数字技术可能在作用影响上与依赖型的有不同之处，但将这样的数字技术进行吸收可能会产生“1+1>2”的效果。例如，疫情之下当一些传统制造企业开始加入阿里云平台，应用其基于大数据的数字解决方案时，虽然这类技术并没有办法直接解决供应链阻断的问题，但也能进一步采取行动以缓解当前的困境。互补型使得企业可以通过知识转化的宽度来克服自身的弱点，从而在 VUCA 情境下产生新的价值。

因此，传统制造企业首先可以通过对互补型的数字应用，实现对原有知识结构的补充，增强传统企业内的知识流动，有助于拓宽企业整体应对在 VUCA 情境中的视野。一方面，多方位的数字化信息收集与转化有利于企业了解国际市场的动态风波，进一步使得企业能够综合把握海外业务的风险水平和资源情况，从而加强在国际市场的韧性表现。另一方面，当传统制造企业陷入危机事件时极有可能面临资金、人力与技术方面的问题，如在疫情期间，中国政府出台了许多国内市场的利好政策，此时互补型的数字技术变革将有助于传统制造企业多方位、多渠道地了解政策信息，为企业所遭遇的困境寻找出路，提高了市场的组织韧性。从组织学习的角度来看，互补型的数字技术变革有助于减少企业知识的冗余程度，提高传统制造企业在产品研发与优化上的竞争差异性与多样性，将进一步提高传统制造企业在不同市场竞争下的适应性。

在 VUCA 情境下，由于数字化信息的丰富性导致注意力的稀缺，此时如何度过危机实现生存发展才是传统制造企业最高优先级的战略方向。因此，依赖型的数字技术变革对传统制造企业原有知识结构有着再深化的作用，强化了对原有知识的积累，进而加深传统制造企业的认知深度，并通过削减重复活动和非必要成本的方式帮助企业在核心业务获取竞争力，提升在不同区位市场的适应力。在知识管理的视角中，相似性的信息吸收将显著提升传统制造企业知识结构的深度，挖掘原有项目中的内部溢出，从而对渐进性战略产生显著的影响。渐进性战略更加契合组织应对外界环境而产生的反应，能够增强对现有资源的高效运用，获得可预测的行为结果。无论是在制度距离较远的国际传统制造业市场还是在熟悉的国内传统制造业市场，在有限的资源约束情况下，依赖型的数字技术变革将有助于短期的市场决策，呈现了独特的效率优势。

不同特征的数字技术变革对于不同市场区位的传统制造企业组织韧性的影响有着统计学意义上的效果差异。新贸易理论指出，提升传统制造企业国际市场的外延边际需要依靠产品多样性，而国内市场的内延边际需要依靠纯粹的数量扩张。在组织学习的视角中，一方面传统制造企业为了实现产品多样化需要进行更多的探索式学习，在模糊性情境下实现对新知识的搜索、新市场的开拓等活动，因此相比于依赖型数字技术变革，互补型更有利于为组织带来知识宽度，为知识搜寻与市场开拓带来更多的机会。另一方面，依赖型数字技术变革带来了更多的知识相似性，这意味着组织知识的深度得到了提高，将有利于减少传统制造企业在知识转化过程中的整合成本及在经营研发方面所需要付出的精力。因此信息的相似性能够更好地帮助传统制造企业在VUCA情境中实现规模经济和范围经济，从而更高效地提升内延边际所需要的数量规模。在关于组织获取制度合法性的视角中，企业决策方案的多元化有利于克服传统制造企业在跨国经营时的制度差异阻碍，并且采用兼容并蓄的组织合法化方案有利于提升传统制造企业的制度适应力。在VUCA情境有限的注意力配置情况下，相较于互补型数字技术变革，依赖型变革过程呈现了低成本和高效率的特点，因此依赖型数字技术变革能够更为准确与高效地解决企业核心战略直接相关的诉求，形成国内市场中较强的组织适应力。

因此，我们提出如下假设：

$H_{4\text{-}1}$：在VUCA情境下，a. 互补型数字技术变革对国际市场韧性有正向影响；b. 互补型数字技术变革对国内市场韧性有正向影响；c. 依赖型数字技术变革对国际市场韧性有正向影响；d. 依赖型数字技术变革对国内市场韧性有正向影响；e. 在VUCA情境下，互补型数字技术变革对国际市场韧性的促进作用比依赖型更强；f. 在VUCA情境下，依赖型数字技术变革对国内市场韧性的促进作用比互补型更强。

（二）组织韧性的中介作用

以往研究的实证与经验证据支持了数字技术变革与企业绩效的相关关系及数字技术变革通过影响组织韧性对企业绩效的传导作用。Farjoun和Starbuck（2007）讨论有效的信息处理能够带来组织弹性，并加速业务全球化公司获取超越市场竞争的极限能力。Juttner和Maklan（2011）将危机管理与知识管理相结合，提供了在全球经济环境下金融危机对供应链弹性的案例分析，证明了供应链企业对额外的信息及风险相关的信息同时具有兴趣，并将弹性能力认为是企业为了维持市场区位中范围数量与异质性所做出的反应，而通过这些信息的及时转化获取可以提升组织的弹性能力，避免或限制不利事件对企业收入的影响。因此数字技术变革无疑能够创造企业应对市场环境变化的稳定性，进而促进组织绩效。

我们认为由于不同组织韧性的制度优势比较会让不同的中介路径存在系数差异，因此在 VUCA 情境下这些因素的路径传导表现应该有所不同。一般性的企业首先在国内经营，然后进入海外市场，对市场区位有着不同的心理与能力距离，因此可能会由于制度适应力的差异引起中介路径的间接效应差异。首先，作为一个国际市场的进入者，企业在国际市场战略决策时可能面临很多的障碍，如反映在文化、管制和市场差异方面的境外区位劣势，这需要消耗企业许多的精力与成本进行适应，而在 VUCA 情境下这样的负面效应容易被放大。企业在国内市场具有关系网络和文化嵌入的优势，数字技术变革能够培育更好的市场与政策感知力，因此在国内市场组织韧性的路径中具有更强的效能。其次，企业由于制度距离在国际市场与国内市场在决策、资源和认知方面存在经验上的差异。当危机事件发生时，组织的信息接收容量又是有限的，这意味着企业的战略决策无法完全顾及与考虑全局。此时，企业往往在丰富经验的市场中具有更加良好的应急反应，对于国内市场韧性的塑造过程会更加顺利。因此，我们提出如下假设：

$H_{4\text{-}2}$：在 VUCA 情境下，a. 国际市场韧性与国内市场韧性在互补型数字技术变革与企业绩效的关系中起中介作用；b. 国际市场韧性与国内市场韧性在依赖型数字技术变革与企业绩效的关系中起中介作用；c. 国内市场韧性对企业绩效的中介传导作用优于国际市场韧性的中介传导作用。

（三）外部支持的调节作用

我们认为使传统制造企业摆脱危机困境的因素还来源于组织外部的支持。在常态化情境的组织研究中外部支持常被解释为来自于政府的支持及来自于联盟伙伴或供应链的帮助。但 VUCA 情境的特殊性使得危机影响具有传染性，此时企业的合作伙伴们可能处于自顾不暇的状态，无法为企业提供良好的帮助。结合我们在疫情期间对中国企业的调研，企业对中国政府在疫情期间提出的各项政策与资源支持具有更高的“体感”，无疑也证明了以上观点。根据资源依赖理论，政府拥有大量企业发展必需但不具备的关键资源，因此 VUCA 情境下企业需要寻求一种能够稳定获得政府关键资源的途径，在本章中我们将其定义为外部支持。在疫情期间，政府支持不仅在政策层面影响企业的生存能力，也会直接参与企业经营并推动这一过程，如帮助企业制定应急规划、促进企业创新成果的商业化及引进人才等。因此，在 VUCA 情境下组织开展政治和社会认知的设计过程尤为重要。

外部支持在数字技术变革与组织韧性的四条路径中都具有积极影响。首先，互补型的数字技术变革为企业提供了原本组织所不了解的知识。在疫情这样的危机事件中企业通过外部支持可以尽早把握政府的战略意图和政策导向，能够修正企业在知识系统中对于陌生领域的理念认知，进而在市场中建立先动优势，促进组织韧性的能力培养。在 VUCA 情境下，外部支持可以通过多种途径提升企业组织韧性中的市场外延边际和内延边际表现，如提供风险资金及税收、融资、准入等方面的补贴优惠政策。因此，外部支持的特殊性为企业将广泛收集的信息知识转化为市场中的良好韧性表现提供可持续的辅助作用。同时，更高的外部支持一定程度上体现了组织在社会网络中的良好联结关系，能够加速企业对政策信息的获取并提高丰富性，因此有利于互补型数字技术变革对不同市场区位的组织韧性的转化过程。其次，在依赖型数字技术变革对组织韧性的作用路径中，外部支持能够通过影响组织的惯例创新以实现对培育不同市场区位韧性的促进作用。企业通过外部支持政策并且结合内部的现实情况不断调整工作流程，以达到 VUCA 情境下企业工作流程的契合模式，让企业在市场决策调整与战略响应方面更具灵活性。依赖型数字技术变革还体现了一种对原有价值的深化，在危机事件发生时能够帮助企业更容易了解在不同市场环境中的信息与政策变化。外部支持可以帮助企业在掌握信息后快速实现决策转变，使得企业在理念认知方面把握得更加精准深刻，因此我们假设：

$H_{4\text{-}3}$：在 VUCA 情境下，a. 外部支持促进了互补型数字技术变革与国际市场韧性的正相关关系；b. 外部支持促进了互补型数字技术变革与国内市场韧性的正相关关系；c. 外部支持促进了依赖型数字技术变革与国际市场韧性的正相关关系；d. 外部支持促进了依赖型数字技术变革与国内市场韧性的正相关关系。

由此，本章研究框架如图 4-1 所示。

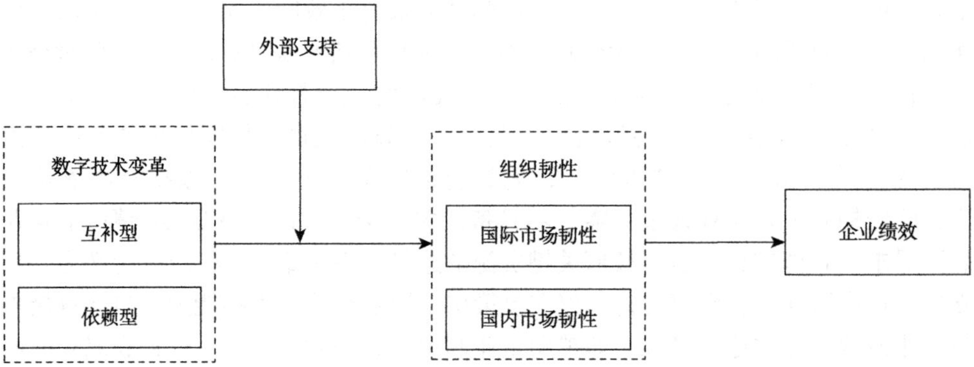

图 4-1 理论研究框架

二、研究方法与发现

（一）数据收集与处理

本章采用问卷调查的方式，围绕以上研究模型的变量测度都是根据现有成熟量表改编的，数据来源于中国浙江省范围内的中小企业，主要来自如下方式：①以电话沟通、邮件联系等方式向制造业企业发放问卷；②采取滚雪球抽样的方式，充分挖掘研究组、校友企业等各方面资源途径收集问卷。同时，为确保问卷质量，发放人员将在发放前确认填写者是否为企业中高层的管理人员，是否主要负责监督企业的日常运作，并向填写者重申填写要点，采用引导方式进行过滤填写。引导式的方式防止了受访企业的实际情况不符合研究主题的情况，在问卷页面中均使用了加粗、下划线等方式特别提示填写者。共发放 874 份问卷，在剔除缺失、重复等缺陷问卷与剔除了填写时间不满 5 分钟的问卷后，最终得到有效问卷 407 份，有效问卷回收率为 46.57%。

（二）变量测量

围绕图 4-1 理论研究框架所设计的问卷均根据现有的成熟量表改编。根据刘洋等（2020）研究，将数字技术变革定义为企业对数字技术的变革性应用，因此测量条目参考了 Guo 等（2023）的研究；本章构建一个以跨境要素为区分的组织韧性二维变量，测量方式参考了 Kantur 和 Say（2015）开发的量表，分别测量组织在不同交易市场中的鲁棒性、敏捷性和完整性，并结合双元制度约束的情境研究，修订之后有 4 个条目；外部支持变量的提出主要基于组织开展政治和社会认知的设计过程，具体测量参照并改编了 Xin 和 Pearce（1996）的量表，修订后共有 5 个项目；企业绩效借鉴的是杨震宁和赵红（2020）的研究量表，从企业在危机事件中的财务表现和市场表现两个方面测量，其中财务表现主要测量公司主营业务销售额增长、现金流增长和利润增长情况；市场表现主要测量公司市场份额增长和顾客满意度增长情况，总共有 5 个条目。同时，为进一步控制潜在变量对研究结果的影响，本章还控制了相关行业哑变量及企业层面的相关特征变量。

本章涉及核心变量的具体定义及其测量方式如表 4-1 所示。

表 4-1 核心变量测量

变量名称	变量含义	变量测量
互补型数字技术变革（CDTT）	企业期望应用多方位的数字技术赋能其生产管理过程	参考 Guo 等（2023）的研究法，围绕数字技术的协同性、可编辑性、可见性、持久性设计 7 级利克特量表，取 4 个题项的均值得到
依赖型数字技术变革（DDTT）	企业期望采用与其核心需求强关联的数字技术实现变革	
国内市场韧性（DMOR）	企业在本土市场中应对危机的弹性能力	参考 Kantur 和 Say（2015）的研究，以企业在危机中的鲁棒性、敏捷性和完整性度量，计算 4 个题项的均值得到
国际市场韧性（IMOR）	企业在跨境市场中应对危机的弹性能力	
企业绩效（ENPE）	企业在危机事件中的财务表现和市场表现	通过计算企业主营业务销售额增长、现金流增长和利润增长情况、市场份额增长和顾客满意度增长情况 5 个条目的平均值所得
外部支持（ETSP）	企业在危机过程中寻求政治和社会认知的外部帮助	根据 Xin 和 Pearce（1996）的研究，通过 5 个题项考察企业在外部获得政策性支持及社会性支持情况，计算条目均值所得

（三）数据分析与结果

1. 假设检验

我们首先对各变量方差膨胀因子进行诊断检验，在对所有变量进行中心化处理后各个变量的 VIF（variance inflation factor，方差膨胀系数）都低于 3 的经验值，并且容忍度都达到了 0.01 以上。在这项研究中，本章使用了 Stata 16.0 进行数据分析。对模型中存在的中介效应使用 5 000 次重复抽样的 Bootstrap 命令采取分析，经验研究中认为这项命令更好地反映了条件间接效应中样本分布的真实情况。在对不同中介链之间的检验中本章采用了似不相关回归（seemingly unrelated regression，SUR）算法来分析各间接效应是否存在显著差异。

结果表明（表 4-2），在中介效应的分析中，国内市场和国际市场的组织韧性在互补型的数字技术变革与企业绩效的关系中都起到了部分中介作用（95%水平上的置信区间不包含 0），并且在依赖型数字技术变革与企业绩效的关系中也有着同样的效果，因此 $H_{4\text{-}2a}$ 和 $H_{4\text{-}2b}$ 都得到了验证。对 $H_{4\text{-}1a}$、$H_{4\text{-}1b}$ 及 $H_{4\text{-}2c}$ 的分析检验各个模型的系数是否存在显著差异，本次研究采用了似不相关回归算法分析。首先为了诊断原来的各个中介模型的不同干扰项会存在同期效应，采用布伦斯–帕甘的独立检验，结果显示每个方程扰动项的检验 p 值将近等于 0.000，表示在 1%的统计水平上强烈拒绝各模型扰动项间无同期相关的原假设。SUEST 提供了显著的研究结果，显示 $H_{4\text{-}1a}$、$H_{4\text{-}1b}$ 及 $H_{4\text{-}2c}$ 得到了支持，即互补型与国内市场韧性对企业绩效的正相关关系强于与国际市场韧性对企业绩效的正相关关系，依赖型与国内市场韧性对企业绩效的正相关关系同样也强于与国际市场韧性对企业绩效的正相关关系，而互补型数字技术变革对国际市场韧性的促进作用显著大于依赖型数字技术变革的促进作用，依赖型数字技术变革对国内市场韧性的促进作用显著大于互补型数字技术变革的促进作用。在调节效应的检验中（表 4-3），再加入了自变量与调节变量的交互项后模型的 R^2 值都得到了极大的提升，回归结果显示假设都得到了支持。

表 4-2　中介效应检验

路径	直接效应	间接效应	[95% Conf. Interval]
CDTT→ENPE	0.283（0.029）		[0.229，0.342]
CDTT→DMOR→ENPE		0.032（0.009）	[0.018，0.052]
DDTT→ENPE	0.335（0.033）		[0.270，0.398]
DDTT→DMOR→ENPE		0.027（0.009）	[0.011，0.048]
CDTT→ENPE	0.263（0.028）		[0.208，0.318]
CDTT→IMOR→ENPE		0.053（0.014）	[0.029，0.084]
DDTT→ENPE	0.301（0.033）		[0.236，0.364]
DDTT→IMOR→ENPE		0.061（0.015）	[0.036，0.095]

表 4-3　调节效应检验

变量	DMOR					IMOR				
	M_1	M_2	M_3	M_4	M_5	M_6	M_7	M_8	M_9	M_{10}
TXI	0.475 （1.073）	0.594 （1.367）	0.461 （1.052）	0.531 （1.270）	0.469 （1.121）	0.300 （0.683）	0.437 （1.024）	0.273 （0.649）	0.303 （0.778）	0.311 （0.802）
RPI	0.484 （1.091）	0.477 （1.101）	0.440 （1.002）	0.284 （0.680）	0.247 （0.588）	0.073 （0.167）	0.066 （0.155）	−0.011 （−0.025）	−0.245 （−0.629）	−0.208 （−0.532）
MEM	0.579 （1.326）	0.645 （1.509）	0.573 （1.326）	0.513 （1.253）	0.496 （1.207）	0.434 （1.003）	0.510 （1.215）	0.422 （1.020）	0.307 （0.805）	0.346 （0.907）
EI	−0.042 （−0.400）	−0.067 （−0.642）	−0.022 （−0.206）	0.010 （0.096）	−0.006 （−0.059）	−0.052 （−0.490）	−0.080 （−0.780）	−0.012 （−0.118）	0.015 （0.155）	0.019 （0.200）
IR	−0.047 （−0.586）	−0.060 （−0.767）	−0.046 （−0.578）	−0.037 （−0.495）	−0.051 （−0.672）	−0.101 （−1.283）	−0.117 （−1.521）	−0.099 （−1.314）	−0.096 （−1.369）	−0.097 （−1.378）
DS	−0.114 （−1.048）	-0.205^{*} （−1.885）	−0.143 （−1.326）	-0.227^{**} （−2.181）	-0.201^{*} （−1.949）	0.009 （0.084）	−0.096 （−0.898）	−0.047 （−0.455）	−0.119 （−1.224）	−0.118 （−1.233）
TE	−0.015 （−0.094）	0.068 （0.429）	−0.003 （−0.019）	−0.049 （−0.321）	−0.058 （−0.379）	-0.311^{*} （−1.943）	−0.215 （−1.370）	-0.288^{*} （−1.877）	-0.374^{***} （−2.621）	-0.361^{**} （−2.549）
CDTT		0.225^{***} （4.318）		-0.458^{***} （−2.613）			0.261^{***} （5.088）		-0.565^{***} （−3.465）	
DDTT			0.173^{***} （3.073）		-0.341^{**} （−2.044）			0.330^{***} （6.136）		-0.367^{**} （−2.373）
ETSP				0.022 （0.122）	0.221 （1.174）				0.188 （1.129）	0.144 （0.827）
CDTT×ETSP				0.134^{***} （2.933）					0.149^{***} （3.495）	

续表

变量	DMOR					IMOR				
	M_1	M_2	M_3	M_4	M_5	M_6	M_7	M_8	M_9	M_{10}
DDTT×ETSP					0.084* （1.877）					0.127*** （3.060）
常数	0.096 （0.151）	0.088 （0.141）	0.080 （0.128）	0.378 （0.629）	0.463 （0.764）	1.209* （1.916）	1.199* （1.959）	1.179* （1.952）	1.668*** （2.978）	1.583*** （2.816）
观察值	407	407	407	407	407	407	407	407	407	407
R^2	0.013	0.057	0.036	0.146	0.136	0.031	0.090	0.115	0.259	0.256
调整后的 R^2	−0.004	0.038	0.017	0.124	0.114	0.014	0.072	0.097	0.241	0.237

***$p<0.01$，** $p<0.05$，* $p<0.1$

注：TXI、RPI与MEM为企业行业分类哑变量，其中TXI为轻纺工业、RPI为资源加工业、MEM为机械电子制造业；EI为企业收入、IR为企业创新投入水平、DS为发展阶段、TE为企业年龄

2. 稳健性检验

为了进一步证明数据结果是稳定的，本章使用 SPSS 软件 PROCESS 插件的 MODEL 4 功能验证中介效应与系数差异，同时使用回归方法及似不相关回归的联合估计检验数字技术变革对组织韧性的促进作用及外部支持的调节效应，从而验证研究结论是稳定的。在互补型数字技术变革对企业绩效的平行中介检验中，本章所假设的间接中介效应均能够成立，并且国内市场韧性的间接效应系数（beta=0.045）显著大于国际市场韧性（beta=0.015），$H_{4\text{-}1a}$、$H_{4\text{-}1b}$ 和$H_{4\text{-}2a}$ 仍稳健成立。依赖型数字技术变革对企业绩效的平行中介检验，同样也证明了 $H_{4\text{-}1c}$、$H_{4\text{-}1d}$ 和$H_{4\text{-}2b}$ 稳健成立。综上证明，$H_{4\text{-}2c}$ 的预期假设还是能在平行中介检验中稳健成立。在回归结果中，我们证明了互补型数字技术变革更有助于国际市场韧性的培育，而依赖型数字技术变革更有利于国内市场韧性的培育，因此 $H_{4\text{-}1e}$ 和 $H_{4\text{-}1f}$ 依旧稳健。在调节效应的分析中，稳健性检验结果和原来的结果保持一致，因此能够证明外部支持对数字技术变革与组织韧性的正向调节作用稳定成立。

三、结论与讨论

处于危机事件的企业应该关注些什么，并做些什么是管理者面临的一个关键问题。当今时代，在影响企业绩效的众多因素中，以数字技术变革赋能企业发展被认为是其中的关键核心。疫情时期尤为如此，部署有效的数字技术对于促进企

业响应危机至关重要。本章揭示了不同市场特征的组织韧性所具有的中介作用及不同特征的数字技术变革对组织韧性的促进作用存在显著差异，最终这些积极影响会作用于企业绩效上，帮助企业在 VUCA 情境中度过危机。在思考组织内数字技术变革对组织韧性能力的培育机制及企业绩效的传导效应时，本章结合危机情境考虑了来自组织外部的因素，即聚焦于企业外部支持所具有的调节影响。

具体来看，本章考虑了组织情境研究的综合模型，对现有文献产生了两方面的贡献：一方面，以适应 VUCA 情境的组织发展研究为契机，本章为知识管理与危机管理文献提供了研究的联结桥梁。基于对知识管理文献及危机管理文献的回顾，这为组织韧性及信息知识整合的细分维度提供了不同视角的区分。另一方面，结论揭示了不同市场特征的组织韧性所具有的中介作用及不同特征的信息知识整合对组织韧性的促进作用存在显著差异。基于 4 条传导路径之间不同效用的讨论，本章为解释数字技术变革与组织韧性之间的作用机制提供了更加细粒化的观点。

VUCA 事件带来了愈加复杂多变的运营环境，此时通过转型升级以塑造具有适应力的组织韧性是企业须考量的重点。企业可以通过互补型和依赖型的数字技术变革以强化其国际与国内市场中所需的组织韧性。具体来看，互补型的数字技术变革通过补充与拓宽企业的知识结构促进组织韧性，依赖型通过促进企业认知深度的提高而增强组织韧性。不同类型的数字技术变革对于组织在不同市场中韧性的作用存在相异的侧重点，互补型的数字技术变革更有利于国际市场韧性，而依赖型能够更有效地促进国内市场韧性。总而言之，本章充分证明了 VUCA 情境下不同类型数字技术变革的重要战略作用，为疫情时期传统制造业试图通过转型升级提升组织韧性以谋求可持续发展提供了可行路径，初步回答了传统制造业想转型又不知如何转型的焦虑问题。

在管理启示方面，本章强调了数字技术变革的必要性，当企业精力高度集中应对危机事件的时候，不仅要关注自身所依赖的信息，同时也需要关注一些可能与自身知识结构不直接相关但存在潜在作用的信息，避免产生企业战略视野的有限性。此外，管理者应关注不同市场区位的韧性表现，尤其是要提高对国内市场的关注度，并且要有针对性地运用互补型或依赖型数字技术变革以促进不同市场区位韧性能力的培养，最终对传统制造企业在 VUCA 情境中的绩效进行有效传导。同时本章结果表明，外部支持能够显著提高企业信息的数字技术变革对组织韧性的培育过程。因此，当企业面临危机事件时应该及时寻求政府等机构的外部帮助，以实现知识传导过程，这对于企业如何摆脱生存危机至关重要。

第二篇

平台牵引型传统制造业转型升级的关键理论研究

制造业处于我国经济发展的核心地位，对我国社会经济发展具有重要贡献。“十三五”期间，我国制造业增加值位居全球第一，产值和产能接近全球的三分之一，取得了傲人的成绩。当前互联网、云计算、大数据及人工智能等数字技术的高速发展，正在深刻影响当前制造业的核心面貌。传统制造业在技术赋能的作用下，由单纯的生产制造向更深层次的平台型组织业态升级，展现了强大活力。然而，从现实实践来看，上述的转型升级过程似乎并不理想，多数传统制造企业一味盲目引入数字技术和搭建平台却忽视过程适应性与一些核心要素，使得转型升级过程并不顺利，这些问题亟待理论指导与探索。由此，本篇具体从平台的视角讨论传统制造业的转型升级问题。

第五章　基础理论与文献综述

一、平台化的相关研究

作为数字创新的中心焦点，数字平台的出现被视作当今世界最为亮丽的商业景象（Yoo et al.，2012）。信息系统学者认为数字平台的本质内涵是严格遵循模块化体系的组织结构（Tiwana et al.，2010），具有自涌现的基因属性。具体而言，模块化的平台是将复杂系统开放并分解为功能独立且能自主运行的子系统以此消解复杂性（Simon，1962）。组织原有的价值链沿着结合点逐渐裂变成若干个模块单元，参与者从外部嵌入单元并通过界面接口的设计与衔接实现和其他模块的横向耦合。每个模块单元的外部参与者仅需遵循固定的标准，自身的融资、设计及其生产等环节便能够自主完成。如此一来，参与者持有模块对应的知识与技术就能嵌入模块单元，做到有价值的无知（陈永伟，2019）。对原有的复杂系统来说，模块化在保持系统完整性的同时，降低了系统的复杂性并实现系统的分布式价值创造，进而构建了动态分化的平台协作网络（王凤彬等，2019）。模块化被视为对技术密集型组织进行有效管理的常用方式（Sundgren，1999），并逐渐成为这类组织在技术、产品及产业设计方面的主导逻辑。因而，当前的模块化解构思想在相当程度上更侧重于复杂系统的实践与理论应用。

伴随着工业时代的逐渐落幕，数字化发展带来的新兴蓝海不仅成为当前实践界焕发经济活力的重要载体，并进而影响到当前的理论研究，聚焦数字现象背后的理论比对与挖掘现已成为学界研究的主导潮流。例如，在模块化文献中，早期研究者持镜像假设观点，认为组织系统与产品或技术模块化是同构性发展的，并提出平台模块的界面规则仅需标准统一即可实现跨模块即插即用的高效联结（Sanchez and Mahoney，1996）。然而，近年来平台研究围绕新兴实践开始质疑镜像假设，认为平台模块化并非简单的映射关系，其系统的价值链协调与各主体间的生态结构及其关系是平台生态治理过程中不同决策交织的行为结果（王凤彬等，2019）。这些成果为平台模块化的理论挖掘与现实解释力提供了指导性启示。但从研究进程来看，数字时代仍处于新兴发展阶段（刘洋等，2020），以新兴实践为参照展开的思辨性理论研究还有待深化。

二、平台内部竞争的相关研究

（一）平台参与者的环境感知

很多情况下，造成互补者生态脱嵌的原因并不是因为与同类互补者的竞争，而是因为在与平台主直接竞争的过程中难以存活。当具有技术相似性的产品进入互补市场后，平台主可能在价值交互过程中滥用其市场力量，造成互补者的生存恐慌（Rietveld and Eggers，2018）。例如，微软平台中诸多第三方浏览器与播放软件就是被微软自研的 IE 浏览器与 Windows Media Player 所淘汰；Twitter 在并购了 Periscope 程序后，同样也切断了 Meerkat 这类功能相似互补者的平台用户访问权。

早期关于平台主内部介入的研究认为，只有在有利可图的情况下，平台主才会选择与互补者进行竞争（Whinston，1990）。但另有研究发现平台主有着除价值捕获之外的动机，希望通过引入竞争来激励互补者进行创新，促进价值密集、净化生态种群并释放潜在的价值空间。虽然平台主内部介入倾斜了生态的天平，加剧了与互补者的利益分歧（Zhu and Liu，2018），进而导致平台主与互补者之间由合作关系走向竞争关系，但优胜劣汰所释放的价值空间同样也是不可忽视的。在既往研究中，共栖其实强调平台主与互补者之间竞争和合作关系同时存在，但并非互斥，而是一种共同发挥作用且相互影响的博弈过程，即双方因共同利益进行合作，将蛋糕做大，却又因价值重叠而争抢蛋糕（Bengtsson et al.，2016；杨震宁和赵红，2020），是一种威胁性与机会性共存的特殊环境。在此情况下，越处于生态中心位且具备越强产品迭代能力的互补者能够获取越大份额的蛋糕（Cennamo et al.，2018）。但受到有限资源禀赋和市场视野的制约，互补者可能无力争抢蛋糕，甚至还会失去原有份额，从而被市场淘汰。在既往研究中，平台学者通常使用共生、共创或共毁这三类概念作为界定生态系统内价值关系的构念（关新华和谢礼珊，2019），这三类概念在内涵上与共栖具有显著区别，并在应用场景、关系特征及可能结果上各有差异（表 5-1）。共栖环境对互补者绩效结果是偏利与偏害共存的（杜运周等，2021），其价值交互过程可能是共生、共创，也可能是共毁。因此，区别于上述概念，本篇从一个相对特殊的情境来讨论互补者的价值创造问题。

表 5-1　共栖及其相关概念对比

概念	内涵	聚焦重点	应用场景	关系特征		可能结果
共栖	竞争与合作相互共存的关系	演化过程	种群间	互补性	*	部分互利；中性共栖；部分竞争；掠夺竞争
				依赖性	*	
共生	依存并得益于对方的存在	演化过程	种群间	互补性	+++	完全互利
				依赖性	+++	
共创	参与互动获得了满意的结果	积极取向	种群内	互补性	+++	完全互利
				依赖性	++	
共毁	参与互动获得非满意的结果	消极取向	种群内	互补性	+	非完全互利或部分竞争
				依赖性	+++	

注：+代表对应的特征水平，*代表在现有文献中呈现复杂性结论

（二）平台合法性

近期平台研究基于合法性视角对平台生态的价值扩张机制进行分析，认为认知合法性与社会合法性是其中的关键要素，这为本篇所要讨论的互补者生存发展问题提供了一定的理论参考，具体而言：在认知合法性方面，Garud 等（2022）就 Uber 案例指出，平台生态系统具有制度复杂性，解决合法性问题是构建与获取生态网络效应的必由之路，其中认知合法性能够强化参与者的认可，进而构建网络效应。Taeuscher 和 Rothe（2021）基于最优区分理论强调平台的认可印记源于其构建的认知合法性，并认为过度以差异化手段追求竞争收益会使得平台组织失去对参与者的吸引力，因此平台组织需要在获取竞争收益与获得合法性两方面进行平衡。Khanagha 等（2020）以合法性视角刻画 Cisco 在现有平台生态中嵌入第三方生态的行为路径，以此解释由认知合法性构建的生态一致性对组织利益分歧的弥合作用。在平台研究中，认知合法性被视作参与者对平台战略行为的理解与认同，反映了互补者与平台主在价值交互上的认知一致性。对于互补者而言，这意味着其可以以何种姿态及意识形态在环境中发展（魏江和陈光沛，2021）。

在社会合法性方面，Garud 等（2022）也发现平台企业在进入市场时选择违反外部监管条例便可以为其带来超额的收益增长，即较低的社会合法性有利于生态整体谋利。实际上，共栖环境中的互补者可能存在同样的现象。内部介入意味着平台主具有“裁判员”与“运动员”双重身份，使得互补者既要受到平台主的生态监管，又要时刻提防互补产品被平台主模仿（Zhu and Liu，2018）。因此，互补者会针对平台主的双重身份进行演绎、扩张并形成晕轮，从而掩盖了自身对平台主除价值捕获外其他行为动机的认识。同时，平台主的价值入侵会给互补者

留下负面的刻板印象，使得互补者对平台主在互补市场内采取的系列行为形成认知偏差。在这种情况下，由于自身资源禀赋的缺乏与市场视野限制，再加之受到晕轮效应与刻板印象的影响，互补者可能会无视平台主的市场治理，造成自身社会合法性的特质变化（汪旭晖和张其林，2017），进而可能造成组织行为逻辑的动态权变（Hartnell et al.，2019）。由此可知，考察互补者的社会合法性变化可能是明晰共栖感知与互补价值之间关系机理的又一着力点。

三、平台关键利益相关者的相关研究

（一）平台生态系统与互补者

平台生态系统是由平台主和一组具有拓展其功能特征的可替换组件所组成的模块化架构。这些组件与功能由第三方的企业补充提供，也因此被称为互补者。互补者概念起源于竞合理论，在平台情境下通常指围绕平台核心为最终用户开发及提供互补性产品、技术和服务的第三方企业（Gawer，2014）。平台生态中将这种连接多个组织并且存在上述价值主张交互机制（Kapoor，2018）定义为组织中的组织，即元组织（Kretschmer et al.，2022）。基于元组织理论，互补者对构建平台性能具有重要驱动作用，即有利于提高平台适应性与整合性。平台适应性是指平台所有者在外部竞争环境下的竞争优势，而平台整合性是指平台所有者维持内部生态环境的稳定性，也因此有研究指出平台所有者为提升适应性会给予生态参与者更多的自由创新空间，为提升整合性会更关注以网络效应为核心导向的生态关系紧密耦合性。互补者在平台市场中提供的产品、技术及服务虽然在产权上是独立所有的，但其价值创造过程需要依赖于与平台所有者进行共同协作和互动，因此所形成的网络效应是双方共享的，呈现了介于组织与市场之间的混合的关系结构和独特的产权结构。

（二）互补者双元式创新

詹姆斯·马奇在1991年提出利用式与探索式的双元性概念，而后Tushman和O'Reilly（1996）认为渐进性变革与革命性变革的能力是企业双元创新能力的特征内涵，随后Tushman和Smith（2017）将这两种创新分别总结为利用式学习能力与探索式学习能力。本篇认为在平台竞争中互补者双元式创新需要构建与平台交互的整合性与适应性，即拓宽平台性能深度与宽度。为此，本篇延续既有研究论点对平台生态下的互补者创新能力进行解构，分为利用式创新能力与探索式创新能力，利用式创新能力即互补者对当前平台产品市场既有技术路线、资源利用方式的延续与改进，专注于提升平台整合性。探索式创新能力即互补者进行范式变革，对新知识、新技术、新市场的探索开拓能力，专注于提升平台适应性。一直以来，在传统平台研究中互补者被视为同质化、被动接受治理安排的个体（王节祥等，2021a）。然而，互补产品市场内的战略动态是复杂的，互补者的创新战略决策将影响平台产品市场甚至平台生态系统，因此平台情境下的互补者创新行为的影响机制值得进一步关注。

（三）互补者价值

随着互补者对平台性能的关键补充作用逐渐成为学界热议的话题，学者开始关注互补者的个体价值。学者认为互补者技术质量和网络效应对平台生态的适应性和整合性存在重要作用；Rietveld 和 Eggers（2018）近期发现互补产品的技术竞争力与平台的用户基础对构建互补者价值均至关重要。综上，本书认为对于互补者价值的研究不仅要从其对平台性能的补充作用出发，还应讨论嵌入平台后平台生态对互补者个体价值的塑造效应。因此，鉴于平台生态呈现介于组织与市场之间的混合关系结构和特殊产权结构，研究将互补者价值解构为个体价值（利己效应）和生态价值（利他效应），以区分互补者价值的不同属性。一方面，Tiwana 等（2010）提出平台生态能够支持互补者创新活动，以提升其个体性能，而后相继从互补者组织内外部视角对价值认知、组织结构、产品创新、市场反应和产品多元这五个方面进行解构说明。另一方面，更多的研究聚焦在平台生态如何依靠互补者补充自身性能，即所探讨的互补者生态价值。互补者会对平台生态市场的产业深度与宽度产生补充作用，并带来用户基数的变化影响；互补者对平台生态内部的作用更多地体现在对参与者种群基数、水平及稳态方面的效应。从价值传递的角度来看，以利己效应为要义的个体价值更多地发生在互补者创新链的前端与中段，即技术研发与成型阶段，而以利他效应为要义的生态价值更多地体现在互补者创新链的后端，即在平台市场中将创新成果进行市场化的过程。综上，本篇借鉴元组织理论框架与平台既往文献，以技术前沿性、市场竞争力、种群稀有性、产品效率度量互补者个体价值，以资源配置、用户基数、竞品排名及信息反馈度量互补者生态价值，进而界定互补者价值的关键维度，如表 5-2 所示。

表 5-2 互补价值关键构念识别表

构念	子构念	概念体系	特征识别
互补者价值	个体价值	技术前沿性	产品技术在同类企业中具有优势
		市场竞争力	产品技术在市场中占据竞争地位
		种群稀有性	同类互补者的稀缺程度
		产品效率	产品技术的研发生产效率
	生态价值	资源配置	互补者获取的资源配置情况
		用户基数	互补者拥有的最终用户数量
		竞品排名	在平台同类商品的市场排名情况
		信息反馈	互补者的数据交互能力

（四）平台嵌入关系

社会网络理论认为关系嵌入提供了一系列关系机制，能够通过契约或信任等异质因素改变企业与其他组织的交互行为逻辑（Gulati，1995）。因此关系嵌入被分为经济性关系嵌入与社会性关系嵌入，认为前者是合作双方通过物质、人力等有形成本产生的正式利益性联结，后者是合作双方在合作过程中积累形成的非正式情感性联结。平台生态作为一种具备异质性耦合特性的新型组织体系（Parker et al.，2017），其价值转移相较于传统的科层治理机制更具传动效率（王凤彬等，2019；Mcintyre et al.，2021）。一方面，互补者为获取最终用户通过在技术、资源、服务等方面的价值创造行为嵌入平台生态（Boudreau，2017；Parker et al.，2017），因此互补者与平台生态的嵌入关系将决定互补者所能获得的关键资源和协调能力（Gawer，2014）。另一方面，平台所有者依赖于互补者嵌入架构模块所提供的互补性价值以拓展平台适应性和整合性。因此平台生态嵌入关系体现了双方不同的价值取向。综上，借鉴相关研究，将平台情境下的经济性关系嵌入定义为互补者遵循平台所有者的治理规则与管制条款等正式制度，以获取平台资源、物质支持的契约型利益联结；将平台情境下的社会性关系嵌入定义为互补者与平台所有者随着联系与沟通的深入，基于双方了解的深化所积累形成的信任型情感联结。从双方的交互视角来看，经济性与社会性关系嵌入及不同嵌入程度对互补者价值的影响效果不尽相同。一方面，经济性关系嵌入虽然一定程度上由于契约的威慑性对互补者产生制度逃离现象，进而限制创新战略行为，但在风险防范上拥有更强的制度保障（Teece，1986）。另一方面，由于受到交互双方价值观念及行为偏好的影响，互补者通过社会性关系嵌入能够更容易获得平台生态资源、知识等方面的支持。同时，受限于关系嵌入程度的不同，平台所有者与互补者交互过程的行为逻辑及结果导向也不尽相同（Meuer et al.，2016）。

第六章　传统制造企业构建数字平台的案例研究

当前，以“大智移云网”为代表的新一代数字技术正在对传统制造领域进行持续渗透，不仅大幅提高了行业效率效益，还重塑了传统制造业的生产方式、服务模式与组织形态。尽管借力已有的数字平台赋能并成为其中的参与者被视为实现数字转型升级的理想路径，但面对全球化市场带来的海量生产需求，也有大量的传统企业不甘于依附式的发展模式，开始投身于更深层次的精细化运营发展，试图成为平台领导者，通过自主构建网络化的共享制造平台以优化资源配置，扩大有限供给与提高组织柔性。在此过程中不乏涌现了如海尔等实现传统制造企业平台化的先行领导者，但目前来看仍有大量的传统企业处于龃龉前行甚至铩羽而归的状态。本章重点关注传统制造企业平台化的转型升级过程。

一、研究方法的选择

本章试图挖掘平台实践管理中涌现的新业态背后的理论内涵，但涉及的研究现象较为新颖独特，现有相关研究尚未能给出充足的经验证据，故采用案例研究方法进行理论构建。鉴于案例匹配性的研究诉求与案例启示性的研究原则，本章选择新秀集团与相伴宝平台作为研究对象，原因主要有以下三点。

1. 案例的典型性

新秀集团作为从事箱包产业 20 余年的传统制造企业，仅用 5 年的时间便成功孵化了全球首家箱包全产业链生态，其平台治理经验具有较好的借鉴意义。同时，相伴宝平台连续取得 2018 年度、2019 年度中国产业互联网百强企业称号，并获评浙江省服务型制造示范平台与行业级工业互联网示范平台，其演化过程具有典型性，有利于研究结论的普适性。

2. 案例的新奇性

作为产业互联网百强企业榜单中少有的由传统制造企业孵化而来的平台组织，在孵化过程中相伴宝集成了品牌、设计、产能、集采、仓储与物流等功能于一体的服务体系，并提出了“虚拟木桶”“内外一体化”等在内的多种组织理念和创新实践，这与本章关注的参与者身份冲突与模块设计的研究主题极为契合，为理论构建提供了较大的挖掘空间。

3. 资料的可得性

研究团队自2018年起持续关注相伴宝平台，多次开展企业现场调研，积累了丰富的访谈材料与文本数据。

二、相伴宝构建产业互联网的现实背景

一直以来，箱包制造产业存在质量低、规模小、分布散，并且企业之间恶性竞争的现状。作为箱包行业的龙头企业，新秀集团深以为对供应链实现全流程标准化的管控才能实现行业高质量的发展。新秀集团创建于1998年，专注箱包行业20多年，是一家集箱包设计研发、制造及营销于一体的传统箱包制造企业，拥有箱包行业最完整的全产业链体系和大量中高端原辅料供应商，积累了内外贸一体的质量标准体系和大量的工艺标准方案及众多国际品牌买家资源。然而，进入数字时代，企业数字化转型已经不再是一道选择题，而是必答题。这是顺应产业升级的客观需要、企业提质增效的必经之路。对此，新秀集团着力于采用平台化实现转型升级，用产业数字化来建设产业链，让企业成为产业链平台。

新秀集团于2016年开始筹划建设相伴宝互联网平台。起初，平台建设的目的在于将企业并不擅长的中低端订单，通过互联网平台找到相应的加工企业，并通过互联网平台管控产品质量和交期，保质、按时完成订单。此时，相伴宝是一个企业内部使用的产品平台。2018年，新秀集团决定对平台进行升级，将相关的产业链资源对外部企业开放，并用互联网平台、知识产权、质量标准等把产业链上企业集聚，各取所长，构建了箱包产业集群的社会化分工模式。直至如今，相伴宝平台现有原辅料供应商、成品制造商近万家，国内外采购商1万余家，注册会员5万多家，平台流水超过20亿元人民币，获评中国产业互联网百强企业称号、国家级服务业商品贸易标准化试点、轻工行业中小企业公共服务示范平台、浙江

省行业级工业互联网示范平台等荣誉。

三、相伴宝构建产业互联网的过程发展

（一）锚定价值主张构建“虚拟木桶”

1. 管理层捕捉机遇

数字时代带来了全新一轮的工业革命，引发了传统制造企业对产业互联网的服务需求，催动其产业数字化的高速发展。相伴宝董事长、新秀集团创始人施纪鸿敏锐地察觉到了形势的变化，并立马做出积极响应。2016 年，新秀集团开始着手孵化相伴宝项目，并将原来集团所具有的项目资源进行平台化集成。2018 年，在制造平台步入风口时，相伴宝平台开始对外开放。此时，新秀集团的产业互联网平台项目也同时完成了初步的布局。

2. 开放产业资源

虽然龙头企业进行平台化具有一定的声誉优势，但如何让产业链上下游的企业参与平台是一个需要考虑的难题。对此，新秀集团在整合其 20 多年积累的质量体系、供应链管理体系、买家资源等，引导中小微企业加入平台参与产业集群的社会化分工，贡献自己长板的同时，利用平台共享服务补足自己的短板。通过平台来获取原材料集采、共享订单、共享产能、共享物流、共享库存、软件即服务（software as a service，SaaS）等，加大产业协同，减少资源浪费，提高资源使用效率。

3. 锚定价值主张

在平台化的推进下，相伴宝的核心价值主张开始形成。正如施纪鸿强调的，相伴宝要构建值得信赖的箱包皮具产业生态圈，对接箱包产业平台服务业务，提供围绕产业链上下游企业的增值服务。因此，在此主张引导下，相伴宝以新秀集团的订单为驱动引导中小微企业加入平台，通过互联网原材料集采、产能管理重构供应链，实现从订单信息到供应链资源分配、生产进度透明化的服务管理，这一举措无疑扩大了新秀集团的订单能力；通过中英文独立站的运营，为采购商提供要报价、要打样、要订购、要品牌、要进度等服务，重建采购商服务端，提升新秀集团服务采购商的水平。

正如施纪鸿所言："每一家企业像一个木桶，由研发、采购、生产、营销、储运等木板衔接。中小企业的木桶，木板参差不齐，短板部分往往决定了产出水平。箱包产业的中小企业可以使用平台提供的结构性木板，把研发设计、原材料采购、生产加工、市场营销、物流仓储等基础类服务补齐。"新秀集团在构建相伴宝过程的证据举例如表 6-1 所示。

表 6-1　新秀集团构建相伴宝过程的平台价值主张

价值主张	证据举例
管理层捕捉机遇	龙头企业与中小型企业之间协同效率低下，合作深度不足……数据系统各自为政，难以实现资源高效配置…… 如何为中国的箱包产业转型升级多做些事，多做些实事…… 中国的箱包企业以贴牌代工和受托设计制造为主，现在企业的成本一直在上升……企业和行业面临巨大的压力……
开放产业资源	我们愿意将新秀集团的经验教训与箱包全行业分享…… 以平湖箱包城线下市场为资源抓手……在中国劳动力成本优势不再的情况下，通过互联网一站式服务把产业资源依旧锁定在中国……
锚定价值主张	立志以帮助行业内数十万家中小企业解决订单和资金来源为宗旨……帮助全球广大箱包中小企业降低交易成本、减轻经营压力、解决融资难题…… 我们作为全球首家以构建箱包皮具全产业链友好生态圈为目标的产业互联网共享服务平台…… 例如我们搭建的相伴宝产业互联网平台，提供一个托底的支撑作用……

（二）建构生态认知

1. 共享品牌的构建与参与者质量的分层

根据几十年的箱包设计制造经验，相伴宝把箱包设计、制造分为四个等级，对应制定了四个等级的质量标准和工艺要求，A 级为轻奢级，B 级为精品级、C 级为常规级、D 级为特惠级，根据这个等级分类，打造四个共享品牌，从设计创新、材料选择到工艺要求和质量检测，对供应链进行分级优化管理。相伴宝对原材料品质、加工工艺质量和产品品质等进行分类分级，在产品生产的全生命周期内实现有序管理，精准匹配产业链中各种资源。

2. 平台知识边界的统一

参与者一旦加入平台，就需要依据相伴宝共享品牌的标准进行加工制造。相伴宝通过分析供需对接中的用户信息，能够明确不同类型企业的资质标准，从而对箱包细分品牌的制造环节做出明确要求。对此，相伴宝发布了《内外一体化箱包产品层级品质标准白皮书》以进一步统一行业质量语言，其明确规定了箱包生产商需要满足的原材料物料要求、物理测试要求、成品品质要求等。以轻奢级

（A 级）为例，相伴宝明确规定了供给 A 级订单的生产商对原材料级别的要求及其检验判定标准，做到生产订单的标准化、规范化，以此治理行业秩序，提升行业协同。新秀集团在共享品牌与知识方面的证据举例如表 6-2 所示。

表 6-2　新秀集团构建相伴宝过程共享品牌与知识

建构生态认知	证据举例
共享品牌的构建与参与者质量的分层	在相伴宝供应链体系中，有一个分等级质量白皮书，所有企业按照加工水平、生产工艺，分为 ABCD 四个档次…… 这家小箱包厂原来只能做低端产品，有了白皮书，倒逼企业改进生产工艺，现在，它们也能生产 B 级品了…… 相伴宝通过四个质量等级的区分快速有效地找到对应质量等级的供应商……
平台知识边界的统一	实践证明，这个供应商考核体系是可行的，并且可以让供应商通过这个质量等级来实现真正的品质和标准管理…… 这个标准能够在产品定位、原材料及成品采购、产品检验等方面起到很好的促进作用……如果能在全行业得到推广，一定事半功倍…… 刚才我们手头上都拿到了一个彩印的《箱包产品品质标准白皮书》，可以对照我们专业的评判，对不同产品的性价进行比较，专业性可以防止假冒，业务在竞争过程中就有了一个尺度……

（三）进阶原有系统实现“产业互联网+工业互联网”双轮驱动型平台

1. 寻求外部支持

基于自身对生产、品控、物流、配送等环节智能化水平不断提升的需求，新秀集团与蓝卓工业互联网达成了战略合作，联合蓝卓重磅推出箱包行业工业互联网平台。蓝卓 SupOS 将新秀集团相伴宝和原有系统进行集成，为新秀集团打造大规模柔性生产新模式，并实现从订单信息到供应链资源分配、生产进度透明化，再到物流管理、商品配送的箱包产业链全数字化管理。依托 SupOS 开放的平台能力和丰富的生态，新秀集团构建了“产业互联网+工业互联网”的双轮平台驱动架构，突破传统行业桎梏，推动产业集群工业化和信息化的深度融合。

2. 聚合产业数据

在平台的信息系统视域下，要实现数据的聚合效应应强调专门性的研发打破数据壁垒的关键数字技术，再基于工业互联网的数字连接属性整合数据，为组织利用大数据提供底层支持。虽然数字技术的应用将产生更多数据，但箱包制造过程中产生的各类数据却往往是割裂的。相伴宝的目标是将割裂、零散的产业数据通过技术手段整合在一个应用框架之内，在这个过程中，标识解析技术和工业互联网成为相伴宝破除产业数据联通阻碍的关键法门。一方面，相伴宝通过统一管理平台内的参与者服务供给标准质量实现数据编码的规范化。同时，依托全产业链路的服务，为参与者提供设计开发、检测验货、产能共享等路由器服务，在制造链的开端与末尾对数据进行统一规制与收集，充分发挥工业互联网可以连接各类数据主体的数字连接能力，大量整合产业链企业间和各种生产环节之间产生的数据信息。另一方面，基于海量产业数据的聚合，相伴宝基于完整的产业链数据开发端的控制性应用，专注帮助用户企业进行产品管理，并实现订单需求与企业资质数据沉淀的精准匹配。

3. 持续生态演化

平台化使得相伴宝平台集结了箱包产业链一大批参与者，其产业数据与价值共创模式为相伴宝平台的发展打下了坚实基础。然而，如果一家平台并没有办法在快速迭代的数字时代为伙伴企业发展带来持续的价值，其平台的网络效应将会锐减。因此，新秀集团展开了对平台生态系统持续的细化和拓展。一方面，相伴宝由产业互联网平台作为入口和驱动，实现从订单信息到供应链资源分配、生产进度透明化，再到物流管理、商品配送的箱包产业链全数字化管理，打造从产品到消费者的信息高速通道。另一方面，进一步拓宽平台的服务范围，提供标准质量、设计开发、订单共享、集采赋能、产能共享、物流仓储、跨境电商、共享品牌、智能制造、检测验货等全周边服务。同时，相伴宝作为运营商配合地方政府规划在全国范围内建设数字化产业生态园区，同平台的伙伴企业一同发挥社会价值，帮助传统深加工产业转型升级，推进微笑曲线两端发展以增加产业附加值。新秀集团在实现双轮平台驱动方面的证据举例如表 6-3 所示。

表 6-3 新秀集团构建相伴宝过程的双轮平台驱动

双轮平台驱动	证据举例
寻求外部支持	双方将依托相伴宝和蓝卓 SupOS 工业操作系统为核心技术支撑，整合箱包产业链……加速新秀集团箱包产业的数字化转型升级 以相伴宝为代表的 20 余家平湖箱包企业工厂近距离面对面探讨交流当下跨境出海与箱包产业的结合点、行业趋势和出海策略……
聚合产业数据	看到我这堆名片了没有？在以前没有相伴宝平台的时候，我们接到客人订单之后，需要拿着名片，一个个打电话去询问他们……有了我们相伴宝平台的大数据算法之后，一下子就找到了 25 家符合条件的供应商 为了避免打价格战，系统会自动剔除过低的报价，实现透明有序竞争。如此简便的操作，就是新秀集团前期广泛采集企业数据、实现数字化的结果 这个是我们悬挂系统上面的一个挂钩，内嵌了 IC 芯片，相当于产品的身份标识，方便了我们的产品分拣及数据的实时采集

续表

双轮平台驱动	证据举例
持续生态演化	为了解决箱包行业发展面临的挑战，新物种创投联动相伴宝组建箱包行业黄埔军校——相伴宝新物种商学院，帮助广大箱包中小企业降低交易成本、减轻经营压力、解决融资难题，共谋中国箱包产业的繁荣发展 相伴宝将继续建设互联网平台以助力数字化转型，由产业互联网平台作为入口和驱动……解决从产品到消费者的最后一公里 虽然平湖箱包已具备初步的产业集群规模，但同质化竞争比较严重，并没有形成真正的产业生态链

四、结论与讨论

时代激变正呼唤传统制造业迅速开展平台化转型进而重塑竞争优势，但长期的技术能力发展不充分及传统组织僵化等问题又制约着企业前进的步伐。通过案例分析，本章发现新秀集团在平台化过程中积极引入第三方具有特定优势的伙伴企业以赋能平台发展，形成了一种产业数字生态共同体组织结构，从而助力自身与平台参与者跨越阻碍，最终实现发展跃升（图 6-1）。价值主张为平台的构建打下坚实基础，如新秀集团在孵化相伴宝平台的伊始就已经明确了构建值得信赖的箱包皮具产业生态圈的价值主张。接着，需要持续贯彻平台的价值主张以构建整体的生态认知，让参与者认为自己是平台的一员。此时，相伴宝采取了共享品牌与共享知识的策略，以进一步统一质量语言，形成平台的知识边界。最后，从生态可持续性的角度看，相伴宝形成了一种内外循环的模式。一方面，相伴宝积极与外部优势企业持续对接合作，打造了“产业互联网+工业互联网”双轮驱动型平台，以信息化赋能产业数字化，升级原有系统。另一方面，相伴宝充分利用产业数据，为参与者量身打造定制产业功能性服务，如管理咨询、金融财务、人力资源、知识产权、检验检测等，增加平台附加值。

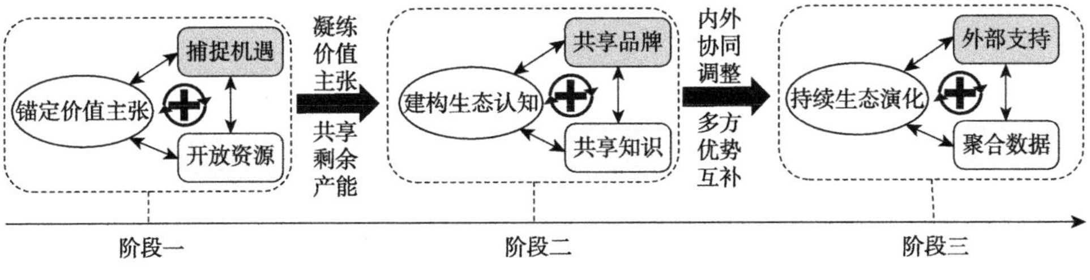

图 6-1　相伴宝平台演化过程

在“加快数字发展，建设数字中国”的号召下，如何推动传统制造业实现平台化转型升级成为重要话题。风云变幻之下我国制造业愈加急迫地寻求通过数字化转型实现从规模化竞争走向高质量发展的路径。在此情境下，本章的研究从以下几方面能够为传统制造企业通过实行平台化实现转型升级提供参考：一方面，数字经济时代传统制造业平台化并非一蹴而就，管理者的关注点应该从如何快速数字化转向如何利用现有资源集聚优势，注重采取适应性的平台化战略，在已有的资源优势水平上架构平台生态，从而顺应新时代发展的趋势。另一方面，传统制造企业构建平台生态应当树立协同性、整体性、持续性观点，清楚认知在平台化过程招引参与者并使其持续发挥价值的不易，不仅要在转型升级过程中围绕参与者价值创造对平台进行适应性改造，还要充分利用沉淀的产业数据为平台的众多参与者提供更好的产业服务，提高平台生态的价值共创能力，最终实现价值跃升。

第七章　传统制造企业的数字平台参与机制

尽管大部分传统制造企业已然认识到平台化的重要性，但由于技术能力和资源的不足，始终很难突破平台化转型的冷启动瓶颈。在此局面下，传统制造企业借力数字平台赋能，被认为是加快转型升级的一条理想路径。然而，近年来，不少平台主在价值捕获、生态优化及强化控制等动机的驱使下对平台内的互补市场进行内部介入，对平台内的传统制造企业造成冲击。外有亚马逊利基市场入侵，将亚马逊对互补品的模仿行为视为对互补者价值空间的盗用；内有淘宝天猫平台在居家日常等零售市场开设自营店铺，引发互补者对自身效益的担忧。有学者认为这些平台参与者处于一种"与鲨鱼共游"的共栖环境（Zhu and Liu，2018）。平台主的内部介入倾斜了生态天平，处于生态中心位的可能游刃有余，但先天技术资源不足的处于生态边缘位的传统制造企业（以下简称互补者）却陷入生存的泥沼。本章旨在通过讨论该特殊情境为借力数字平台赋能的传统制造企业寻求可操作性的实践见解。

一、研究假设与理论模型

（一）认知合法性中介共栖感知对互补价值的影响

作为介于科层管理与市场治理之间的新型组织形式，平台组织以生态一致性被认同为凝聚参与者的桥梁纽带，强调社群身份与生态战略的趋同（王节祥等，2021b）。认知合法性聚焦于社会期望与文化沟通的信念体系以强化个体层面的行为认知，是构建平台生态组织文化信仰系统的重要内容。由于涉及意识形态上的交互，传统企业的认知合法性将影响其自身与平台主的组织关系，强化传统企业的价值认同（魏江和陈光沛，2021）。组织合法性理论认为，对高绩效的竞争对手进行同构性学习能够有助于构建合法性，提升自身能力。沿袭该逻辑，共栖环境下认知合法性促使互补者产生同构动机，存在对共栖感知与互补价值之间的催动机理。

（1）共栖感知通过认知合法性正向促进互补者的个体价值增长。

首先，认知合法性有助于指导互补者在共栖环境中的个体决策，促进其个体价值边界扩张。互补者的共栖感知代表其对客观环境“水温”的敏感体察，在认知合法作用下更有利于捕捉互补市场的潜在价值。根据社会信号理论，平台主的内部介入作为信息载体对互补者的行为决策具有参考意义，即平台主的行为能够影射行业的发展动向与用户偏好。通过认知合法性，互补者的共栖感知能够精准锁定这样的补充信号，促使自身与平台主产品同构并缓解在重叠市场的冲突（魏江和陈光沛，2021）。其次，认知合法性有助于吸收平台主内部介入所形成的用户凝聚效应，进一步实现马太效应。由官方背书的产品凝聚了大量的用户基础，并连带培养了用户黏性，形成平台的社会网络效应。认知合法性更有利于捕获社会网络效应释放的蛋糕。当互补者感知到自身与平台主的价值交互关系发生变化时，认知合法性能够引导互补者关注到平台主所带来的产品溢出价值，从而在同行种群中获取先发优势。典型的如苹果公司通过自研发布可立拍的摄影类 APP 进入苹果商店的摄影与录像市场。虽然可立拍的发布吸收了大量原本互补者所拥有的用户流量，但其版本迭代过程中的功能与设计变化集成了平台主对当前市场用户的精准描绘。乐秀、视迹薄等第三方互补者就能够感知并通过认知同构性吸收转化这些信息，并以此提高其价值创造的效率，在苹果商店的摄影与录像市场中跻身前列。基于此，本章提出假设：

$H_{7\text{-}1}$：认知合法性中介共栖感知对互补者个体价值的正向影响。

（2）共栖感知通过认知合法性正向促进互补者的生态价值增长。

这一影响的内在逻辑如下：认知合法性缓解了互补者与平台主之间的对立形态，强化了互补者的生态归属动机，促成了互补价值的生态性溢出。共栖环境下的价值重叠是引发激烈竞争的前因，此时互补者的共栖感知是矛盾的：一方面忌惮平台主的模仿性竞争；另一方面又想要在优胜劣汰中获取溢出价值。如前所述，互补价值的生态性是互补者与平台主一系列动机和逻辑作用后形成的交互结果。认知合法性这一过程介质有助于双方形成紧密耦合的互补协同网络（Garud et al.，2022），引导互补者建立共生的观念认知，唤醒其生态归属感（Khanagha et al.，2020），进而缓解互补者与平台主的对立感知，形成以共同价值主张为约束的生态共律机制，促成互补者对潜在价值的捕捉。同时，组织控制学说的观点也同样验证了中介逻辑的可靠性。面对平台主模糊的介入动机与价值配置结果，互补者需要依赖更多的“宗派”控制，即通过文化信仰与价值认同的一致性实现生态关系的身份转变与协同性发展，促使三边的独立网络（平台主—传统企业—用户）转换为双边的协同关系（平台主与传统企业—用户），使得生态知识的流转效率与转移成本得到优化。因此，在上述认知合法性所带来的价值引导与关系转变的帮助下，感知到价值重叠发展的互补者能够从更为长远的角度考虑自身效益，意识到优胜劣汰同样会为自身带来可持续发展，促成知识与技术的范围效益，此时互补价值的生态性得以增强。此外，共栖环境下认知合法性所建立的价值规范促使多主体进行深度和密切的信息、认知互动，带来知识溢出效应，促进互补者识别尚未挖掘的用户偏好，对共栖感知所引导的价值创造行为提供正向指引，进而实现交叉网络效应的增长，快速扩大生态价值的边界增量。典型的如思科试图在云网络平台中构建全新雾计算子平台。在从 0~1 的发展过程中，雾计算采取了技术标准化、构建协同网络等一系列象征性行为以塑造在竞争冲突中的认知合法性，为平台吸引了大量的互补者与用户，最终实现云网络平台生态的互惠共利。基于此，本章提出假设：

$H_{7\text{-}2}$：认知合法性中介共栖感知对互补者生态价值的正向影响。

（二）社会合法性的调节作用

社会合法性是指在现有环境的情况下，利益主体行为与当前社会制度的耦合程度。聚焦于平台共栖情境，互补者受到晕轮效应与刻板印象的影响，可能会无视平台主的市场治理，造成自身社会合法性的变化。从个体特质来看，社会合法性作为组织对自我行为进行调控的个体倾向，是决定组织行为动机、表现及选择偏好的重要因素。由此推知，互补者的社会合法性对共栖感知、认知合法性与互补价值之间的边界效用可能是迥异的。

具体来看，高社会合法性的互补者所具有的高度服从及迎合性使其更易建立与平台主稳定的生态关系（郭艳婷，2021）。共栖环境的价值重叠发展对这一关系的建立形成阻碍。为了在竞争中寻求自保及在机会中自显，不管是共栖环境下对平台主的示弱或是对同类种群的示范，高社会合法性的互补者会自发地表达出取悦或迎合平台生态的价值意愿（Khanagha et al.，2020）。从价值扩张与配置论的共有角度来看，互补者的共栖感知在认知合法性的引导下促成了个体价值与生态价值的边界扩张，但在高社会合法性特质的影响下，互补者会偏好于采取一些让利的行为，在互补价值创造过程中配置更多的生态价值溢出。相对地，互补价值的利己性也就减弱了，其减弱程度取决于让利空间是否超出了认知合法性对个体价值的扩张边界（Zhu and Liu.，2018）。因此，高社会合法性特质的行为表达所带来的迎合效应会强化共栖感知通过认知合法性影响互补价值的生态性溢出，并减弱个体价值的获取。

相反，低社会合法性的互补者更为关注个体组织的效益及体感，缺乏主动适应共栖环境的动机。互补者在认知合法性的作用下能够解读平台主的生态战略，使其具有市场的先发优势，但由于对生态规范具有较高的偏离程度，低社会合法性会使其处于一种短视的状态，无法遵守互补市场的“清规戒律”与“行事之道”，容易造成互补者的行为逻辑陷入效益陷阱等弱势锁定问题，甚至敢于主动采取绕过平台条例的“搭便车”方式为自身谋利。例如，作为淘宝系出身的淘客团队，天生具备较高认知合法性的蘑菇街曾利用淘宝漏洞实现了 1.8 亿元的月度交易额与 600 万元的淘客佣金，但淘宝在紧急弥补漏洞后这两个数字骤降至 9 000 万元和 300 万元。另外，低社会合法性的互补者的组织行为往往与生态情境格格不入，缺乏对平台生态的关联体感，逐渐会降低与生态价值相关联的表现。同时，碍于缺乏主动适应共栖环境的行为特质，低社会合法性的互补者更趋向于关系依赖与简单模仿，造成自身短视性学习，形成组织层面的洞察力惰性与行为惰性，不利于生态内的知识流动和传播。综上，当共栖感知通过认知合法性产生了协同把握互补价值个体性与生态性的行为动机，低社会合法性的互补者会强化自身的利己动机并弱化利他动机。因此，低社会合法性特质所带来的逐利动机会削弱互补者的共栖感知通过认知合法性影响互补价值的生态性溢出，并强化个体价值的获取。基于此，本章提出假设：

$H_{7\text{-}3}$：社会合法性减弱共栖感知通过认知合法性对互补者个体价值的正向影响。

$H_{7\text{-}4}$：社会合法性强化共栖感知通过认知合法性对互补者生态价值的正向影响。

由此，本章理论研究框架如图 7-1 所示。

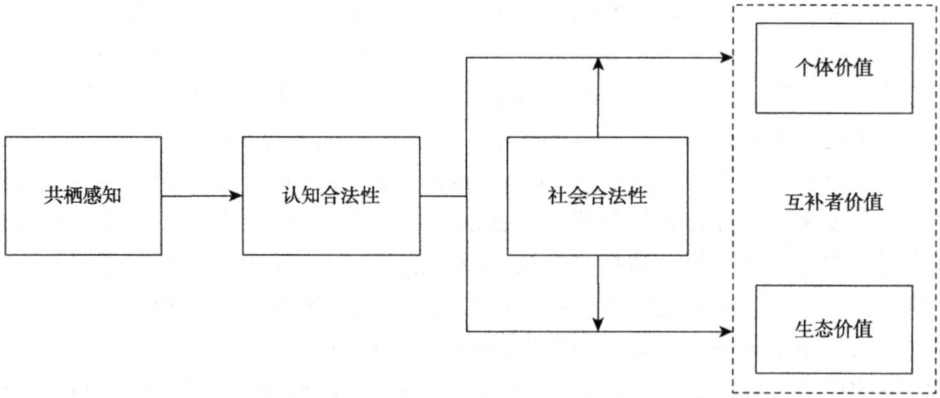

图 7-1 理论研究框架

二、研究方法与发现

（一）研究程序

研究通过向各平台中的互补性企业发放问卷收集数据。为确保收集到的数据样本是研究所聚焦的互补者，参照 Li 和 Agarwal（2017）对互补者的定义，在问卷页面中设立对应题项进行筛选。同时，为确保问卷质量，发放人员将在发放前确认填写者是否承担产品研发设计相关职能，并向填写者重申填写要点，采用引导方式进行填写。为防止混淆非平台组织，问卷页面中均使用了加粗、下划线等方式特别提示填写者，用“请选择一家与贵公司合作的平台”“请根据在与上述填写的平台合作中的实际情况进行填写”等方式进一步甄别与筛选调查对象。累计发放 678 份问卷，在剔除缺陷问卷 78 份、非平台企业 85 份及非制造企业 143 份，最终的有效问卷 372 份，有效问卷回收率为 54.867%。

（二）变量测量

结合国内外成熟量表，并通过专家讨论及预调研等方式进行完善，涉及量表均采用 7 级利克特量表，具体设计过程如下。

1. 共栖感知（VCO）

采用与互补者决策关联更为密切的共栖感知来反映共栖环境对组织的影响，指的是互补者对共栖环境的主观评价，即分数越高表示互补者感受的共栖环境越有利。参照何轩等（2014）的研究，将共栖感知细分为互补者感知到的平台主的挤压竞争和价值溢出两个方面。量表参考何轩等（2014）与杨震宁和赵红（2020）的研究，共得到包含 6 个题项的量表，如平台企业介入市场对改变自身经营环境具有积极的作用。

2. 认知合法性（CLE）

借鉴 Garud 等（2022）的研究，共用 6 个题项刻画互补者在共栖环境中对其他生态成员的认知评价，如在观察平台主经营过程中得到了经验指导、得到平台用户的支持与认可。

3. 社会合法性（SLE）

由于难以直接对个体所具备的社会合法性进行刻画，因此采用相关的或有要素进行间接度量。在此前研究中，Wang 和 Qian（2011）基于中国转型经济的背景采用企业对政府的依赖关系及行为响应等利益相关的或有要素测度社会合法性。沿袭该逻辑，鉴于共栖环境的情境特殊性，本章以互补者在共栖环境中投机取巧程度进行反向度量，采用 Luo 等（2015）研究中的量表，共 6 个题项，如钻平台规则的空子为自身谋利。

4. 互补者价值（IDV、ECV）

前文将互补价值的概念拓展为个体价值（IDV）与生态价值（ECV）两个维度。首先，由于没有成熟量表可供借鉴，在量表编制上，研究首先结合上述的构念界定框架，整理与收集了现有的相关量表和研究观点，并根据平台情境结合对第三方互补性企业的访谈结果对中文量表进行修改。另外研究团队遵从并行与双盲原则对英文量表进行双向互译，并做进一步讨论与完善。其次，研究团队利用会议与讲座等机会邀请管理学领域从事平台战略研究方向的学者对上述构念和量表进行多轮的讨论修改，最终确定了 5 类个体价值及 6 类生态价值的测量条目，并初步拟定了个体价值与生态价值的测量量表。最后，研究团队对第三方互补性企业发放试调研问卷，利用试调研的 112 个企业样本（累计发放 183 份问卷，有效回收率 61.202%）对各量表进行探索性与验证性因子检验，通过各题项因子载荷、内部一致性系数等数据筛选，最终得到个体价值的测量题项 5 个，生态价值的测量题项 12 个。

5. 控制变量

鉴于已有研究，控制以下变量对理论模型的潜在影响：制造业、信息传输业、软件与信息服务业等行业类别哑变量（MI、IT 和 SI）、企业年龄（CA）、企业创新投入行业内排名（IR）、企业发展阶段（DS）和企业收入（BR）。

（三）研究结果

1. 样本无应答误差检验

考虑到样本回收情况，为避免结果不具备代表性，使用独立样本 T 检验，比较了收集早期和后期样本的企业特征变量的均值，分析结果显示并不存在显著差异，因此可以认为问卷获得的数据样本并不存在无应答误差。

2. 样本共同方法偏差检验

为减少共同方法偏差的问题采用哈曼单因素检验，对所有题项（除人口学变量外）进行单因素未旋转探索性因子分析。根据 SPSS 26.0 运行结果，未旋转时析出的第一个因子方差解释率为 42.797%，小于 50%的判断标准。同时使用巢状模型比较单因子模型与研究模型之间的拟合优度，结果显示单因子 χ^2/df 为 15.744，RMSREA 值为 0.199，TLI 值为 0.376，CFI 值为 0.412，模型拟合效果远差于研究模型。综上证明样本不存在严重的共同方法偏差。

3. 信度与效度分析

结合 SPSS 26.0 和 AMOS 25 对各量表进行信度与效度分析。首先，探索性因子分析上采用主成分分析方法并以特征根大于 1 为界提取公因子，因子旋转时采用方差最大正交旋转进行因素分析，共提取共栖感知（VCO）、认知合法性（CLE）、社会合法性（SLE）、个体价值（IDV）与生态价值（ECV）5 个因子，并解释了 76.746%的方差，同时所有构念的 Cronbach's α 系数检验与组合信度均在 0.9 以上，说明量表具有较好信度。

在验证性因子分析中（表 7-1），结果显示模型拟合优度良好（RMSREA=0.079，χ^2/df =3.304，IFI=0.910，CFI=0.910，TLI=0.902），且均优于 5 因子、3 因子等其他嵌套模型的拟合效果。同时，因子载荷与平均提取方差值（average variance extracted，AVE）指标分别保持在 0.7 与 0.6 的判断标准之上。在相关性分析中（表 7-2），关键变量之间的相关系数均符合 0.3~0.7 的标准区间，且各构念之间的相关系数均小于 AVE 平方根，呈现了较好的区分效度。

表 7-1　验证性因子分析结果

模型	因子数	χ^2	df	χ^2/df	RMSREA	TLI	CFI
M_1	5 因子：VCO；CLE；SLE；IDV；ECV	1 817.144	550	3.304	0.079	0.902	0.910
M_2	4 因子：VCO；CLE；SLE；IDV+ECV	3 101.927	554	5.599	0.111	0.805	0.819
M_3	3 因子：VCO；CLE+SLE；IDV+ECV	5 852.867	557	10.508	0.160	0.597	0.623
M_4	2 因子：VCO+CLE+SLE；IDV+ECV	7 987.940	559	14.290	0.189	0.437	0.471
M_5	1 因子：VCO+CLE+SLE+IDV+ECV	8 816.626	560	15.744	0.199	0.376	0.412

表 7-2 关键变量的描述性统计和相关性分析

变量	Mean	SD	1	2	3	4	5
CLE	3.738	1.553	(0.856)				
VCO	3.890	1.401	0.426***	(0.844)			
SLE	3.562	1.601	0.189***	0.239***	(0.900)		
IDV	3.548	0.866	0.600***	0.510***	0.365***	(0.779)	
ECV	3.526	1.023	0.499***	0.517***	0.442***	0.547***	(0.704)

***$p<0.01$

4. 假设检验

使用 Stata 16.0 的层次回归法检验上述假设（表 7-3）。结果显示，相较于 M_1 和 M_8，在加入认知合法性后（M_5 和 M_9），共栖感知的系数减弱但仍为正向显著，且认知合法性符号为正且显著，因此认定认知合法性中介共栖感知与个体价值和生态价值的影响，即 $H_{7\text{-}1}$ 与 $H_{7\text{-}2}$ 得证。进一步，本章将传统企业社会合法性的高低分为两组。在社会合法性较高组，认知合法性对个体价值的系数为 0.188，对生态价值的系数为 0.232。在社会合法性较低组，认知合法性对个体价值的系数提升至 0.333，对生态价值的系数减小至 0.052 且不显著。对 4 组方程中认知合法性的间接效应系数进行计算与对比，发现其大小在社会合法性高低组别间呈现了显著的系数差异，在个体价值中较低组的系数显著大于较高组（$Chi^2=12.56$，$p=0.000$），在生态价值中较高组的系数显著大于较低组（$Chi^2=3.16$，$p=0.075$），即 $H_{7\text{-}3}$ 和 $H_{7\text{-}4}$ 得证。

5. 稳健性检验

为提高研究稳健性，本章采用方法上的增广样本统计以增加经验样本，在设置 5 000 次的抽样进行实证检验后（表 7-4），认知合法性对共栖感知与个体价值和生态价值的关系存在中介作用的假设结果依然稳健成立（$H_{7\text{-}1}$ 和 $H_{7\text{-}2}$）。同时分组检验发现，相同路径在社会合法性的高低组别具有不同的间接效应系数，即社会合法性降低带来更多对个体价值的间接效应，而减弱对生态价值的间接效应。进一步对间接效应系数进行 T 检验发现系数差异是显著的（均在 1%的统计水平显著），因此 $H_{7\text{-}3}$ 和 $H_{7\text{-}4}$ 依旧稳健。

表 7-3　回归结果

变量	IDV	CLE			IDV			ECV	ECV		
		All	SLEhigh	SLElow	All	SLEhigh	SLElow		All	SLEhigh	SLElow
	M_1	M_2	M_3	M_4	M_5	M_6	M_7	M_8	M_9	M_{10}	M_{11}
MI	0.091 (0.414)	−0.594 (−1.454)	−1.135 (−1.652)	−0.531 (−1.087)	0.245 (1.261)	0.395 (1.352)	0.304 (1.254)	−0.275 (−1.069)	−0.149 (−0.611)	−0.306 (−0.884)	−0.265 (−0.957)
IT	0.365* (1.656)	−0.090 (−0.220)	−0.866 (−1.280)	0.198 (0.398)	0.388** (2.005)	0.612** (2.135)	0.384 (1.566)	−0.161 (−0.627)	−0.142 (−0.586)	−0.409 (−1.200)	0.036 (0.127)
SI	0.214 (0.987)	−0.239 (−0.594)	−1.125 (−1.649)	0.135 (0.284)	0.276 (1.447)	0.438 (1.509)	0.194 (0.825)	−0.129 (−0.511)	−0.079 (−0.329)	−0.376 (−1.091)	−0.088 (−0.328)
BR	0.024 (0.472)	0.189** (1.979)	0.151 (0.728)	0.238** (2.163)	−0.025 (−0.540)	−0.072 (−0.826)	−0.023 (−0.409)	0.206*** (3.438)	0.166*** (2.922)	0.121 (1.165)	0.290*** (4.608)
RI	0.021 (0.561)	0.041 (0.588)	0.223** (1.989)	−0.118 (−1.290)	0.011 (0.318)	0.032 (0.658)	0.042 (0.926)	0.036 (0.807)	0.027 (0.645)	0.079 (1.397)	−0.030 (−0.576)
DS	0.109** (2.046)	0.346*** (3.496)	0.496*** (3.668)	0.082 (0.574)	0.020 (0.413)	−0.042 (−0.714)	0.121* (1.707)	0.051 (0.817)	−0.023 (−0.381)	0.057 (0.815)	−0.201** (−2.483)
CA	−0.014 (−0.182)	−0.355** (−2.429)	−0.349 (−1.327)	−0.239 (−1.316)	0.077 (1.110)	0.264** (2.362)	−0.005 (−0.058)	−0.275*** (−2.990)	−0.199** (−2.282)	0.038 (0.284)	−0.271*** (−2.639)
VCO	0.309*** (11.185)	0.460*** (8.957)	0.340*** (4.032)	0.532*** (7.745)	0.190*** (7.095)	0.186*** (5.002)	0.121*** (3.083)	0.380*** (11.763)	0.282*** (8.388)	0.110** (2.485)	0.457*** (10.199)
CLE					0.258*** (10.398)	0.188*** (5.925)	0.333*** (8.976)		0.213*** (6.836)	0.232*** (6.160)	0.052 (1.220)
常数	1.777*** (5.370)	1.905*** (3.102)	2.164** (2.211)	2.001** (2.566)	1.285*** (4.361)	0.777* (1.857)	1.428*** (3.643)	2.313*** (5.987)	1.908*** (5.172)	1.396*** (2.810)	2.517*** (5.623)
N	372	372	186	186	372	186	186	372	372	186	186
R^2	0.287	0.236	0.220	0.309	0.451	0.380	0.512	0.303	0.383	0.362	0.519
调整后的R^2	0.271	0.220	0.184	0.278	0.437	0.348	0.487	0.288	0.368	0.329	0.494

***p<0.01，** p<0.05，* p<0.1

注：MI、IT、SI 分别为制造业、信息传输业、软件与信息服务业等行业哑变量；BR为企业收入、RI为创新投入水平、DS为发展阶段、CA为企业年龄

表 7-4 稳健性检验

路径	组别	间接效应系数	[95%CI]
VCO→CLE→IDV	SLEhigh	0.064	[0.031，0.097]
	SLElow	0.177	[0.120，0.234]
VCO→CLE→ECV	SLEhigh	0.079	[0.035，0.123]
	SLElow	0.027	[−0.013，0.068]

三、结论与讨论

（一）文献讨论

对于平台主内部介入后形成的共栖环境，Zhu 和 Liu（2018）强调了平台参与者面对这类环境往往具有不同的防御响应。进一步，他们提出在共栖环境中平台主相同的行为决策背后具有异质动因逻辑，呈现一种难以预测的市场模糊性特征。同时，通过系统性的文献梳理，他们还认为平台主内部介入对互补者同时存在威胁性与机会性，但上述观点并没有直接触及生态型组织的根源性问题，即在共栖环境下传统制造企业如何实现个体价值与生态价值的互惠发展？在剖析该问题的过程中，本章基于组织（特质）→（环境→动机→行为）的整合框架，聚焦于平台生态中的互补者，着力从组织合法性这一视角入手寻找答案。

依托于 372 家互补者的调研数据，通过回归分析验证了个体具有的认知合法性在共栖感知分别影响个体价值与生态价值过程中的中介传导作用，并融合社会合法性对该中介机制的边界影响，为互补者在共栖环境下实现互惠发展提供一条可行的路径，研究发现：一方面，认知合法性是共栖感知引导下实现个体价值与生态价值正向发展的中介因素。国外学者围绕共栖环境着重强调其掠夺效应，通过验证互补者共栖感知能够在认知合法性作用下实现个体价值与生态价值双赢以证明其积极面。研究结论与魏江和陈光沛（2021）所发现认知合法性有利于平台同构与网络耦合之间关系的观点相呼应，进一步拓展了平台研究中基于合法性理论分析的文献丰富性。另一方面，社会合法性在共栖感知、认知合法性及互补价值的关系机制中具有迥异边界效应。近年来涌现的研究证实社会合法性对协作网络具有积极的经济后果，却鲜有文献将这一视角聚焦于平台领域。究其原因，学者往往把平台主的生态治理与管理规则置于生态公允性塑造的理念前提，却忽视平台主与互补者在同一互补市场共栖发展的特殊情境。在此场景下，互补者会形成异质的社会合法性特质，较少研究捕捉到这一情境。因此，将社会合法性作为组织特质纳入研究讨论，发现社会合法性在显著抑制认知合法性对个体价值的中介效应同时，促进了其对生态价值的中介效应。

（二）理论贡献

平台参与者在发展过程中通过构建合法性获取网络效应，纵然吸引了众多研究者的目光，但既往研究普遍聚焦于平台主如何掌控生态的宏观视角，关注位于生态核心的平台主如何通过外部包络与内部介入以提升生态绩效，对互补者的战略能动性缺乏近对焦研究，以致迄今对互补价值的认识还停留在受平台主配置的被动阶段。因此，在互补者微观响应的分析中阐释了共栖环境下呈现对立形态的平台主与互补者关系如何且为何通过认知合法性演化为互惠共利的利益共同体，在竞争冲突中实现互补价值的利己性与利他性。研究基于 Zhu（2019）提出平台主异因同果的行为逻辑与 Kretschmer 等（2022）认为平台参与者同因异果的结果逻辑，将暗含共生、共创与共毁混合结果的共栖环境聚焦到互补者以客观环境的主观解读为阐释的共栖感知。进一步，本章通过对互补者战略能动性与价值传递机制的思考挖掘互补价值的双元属性，将其解构为个体价值与生态价值，克服了既有文献把平台参与者视为同质化个体的局限（王节祥等，2021a），使互补者不再限于平台生态的边缘地位，而是深入价值创造与交互的主体地位，由此推进了对平台生态核心部分的细粒化解构与研究视角的丰富性。

共栖环境下的平台竞争冲突，给互补者增大了决策难度。本章将组织合法性视角纳入互补者的价值创造场景，将生态中观层面广泛讨论的合法性研究视角聚焦在生态微观的互补者个体层面。如同 Khanagha 等（2020）在思科应对生态内竞争冲突的案例研究中指出，与以牺牲互补者为代价具有掠夺性的赢家通吃方法对比，实现涨潮提振式的生态互惠才是长效的发展战略。研究直面既往文献重视互补价值的平台主价值配置论，而忽视互补价值边界增量的视野局限，沿袭了制度研究者关于认知合法性与社会合法性的分析思路（Garud et al.，2022），深入刻画并考察了共栖感知通过认知合法性分别影响个体价值和生态价值过程中具有的中介传导作用，以及特殊情境下社会合法性在共栖感知、认知合法性与互补价值的关系机制中所具有的迥异边界作用。上述分析为始终受到平台研究热议的价值盗用（Zhu and Liu，2018）与价值赋能（Cenamor，2021）的共栖观点纳入互补者价值创造过程机制的研究提供重要桥接作用，以此推进了平台研究与组织合法性理论的深化和融合。

（三）实践启示

平台反垄断时期，生态环境下市场竞争日益激烈，面对平台主内部介入的基因优势，处在平台生态边缘的传统制造企业在与“鲨鱼共游”的过程中如何实现利己则生、利他则久的价值格局是有待讨论的核心议题，本章对管理实践产生如下启示：一方面，当加入平台的传统制造企业感知到平台主的重叠性市场竞争时，建立自身的认知合法性是其实现个体发展与生态贡献的重要介质。这些参与者需要接纳自身发展与生态贡献的协同性观点，不妨接受利益竞争关系并放下对立的短视心态，专注于对平台导向、用户偏好等关键要素的捕捉，在平台主打开的价值风口中主动挖掘互补产品的价值潜力。另一方面，由于环境感知受到共栖情境的特殊影响，此时这些平台参与者自身的社会合法性会使得个体价值与生态价值面临此消彼长的难题。因此，传统制造企业不能盲目为自身谋取利益或是无条件遵从平台意志，而是应根据自身的战略定位与绩效需求能动调整与平台主的合法性距离。

第八章　传统制造企业与数字平台的互动演化机制

在移动互联网、大数据等数字技术的深入影响下，平台经济正成为推动经济增长与社会发展的新动能，数字平台作为平台经济的微观基础，展现了强大的生命力。尤其是在疫情期间，如林清轩、石墨文档等许多为平台用户提供互补性产品、服务和技术的传统制造企业借助平台经济的红利越过了生存危机，实现反弹恢复甚至反超发展，平台经济迎来新一轮的风口。在此机遇窗口，互补者平台内价值创造机制与生态嵌入形式现已成为平台生态系统研究中的关键命题。然而，平台生态下互补者通过何种行为和机制互动耦合以创造价值的问题仍有待深入探讨。因此对于传统制造企业而言，其如何参与平台并如何抉择嵌入的程度，成为这些企业在平台生态内推进战略决策要直面的现实难题。本章基于上述缺口深化了平台内参与者创新、关系嵌入与价值解构的研究框架，以此来解释传统制造企业如何塑造组织价值、如何嵌入平台生态并与之互动这一关键问题。

一、研究假设与理论模型

（一）双元式创新与互补者价值

双元式创新能力最早由 Burns 和 Stalker（1994）以组织权变理论探究企业应对环境变化时的组织行为提出，认为在稳定环境下采用机械方式与在多边环境下采用有机方式能够有效帮助企业构建组织价值。从战略管理的角度看，作为平台参与者的传统制造企业将作为模块补充主体催生技术与产品服务的创新，通过对现有技术、资源、市场进行高效运用的利用式创新能力推进技术迭代，通过对新技术、新产品、新市场发掘开拓的探索式创新能力实现技术创造，两者的直接作用导向就是促进技术质量变革，即本章所探讨的个体价值。从创新成果上来看，探索式和利用式创新能力都能带来创新产出，并且刺激这些企业将创新成果转化为平台互补产品。从传统制造企业的内部环境来看，利用式创新能够为其产品开发减少研发成本与机会风险，探索式创新虽研发成本较高、周期长，但能够为其提供突破式的技术成果以此保障长久利益。因此，若要在平台环境下保持组织价值，传统企业需要保有高效的探索式与利用式的创新能力。综上，探索式和利用式创新能力是传统企业推动技术质量提升，提高个体价值的关键。

与传统规模经济追求的目标导向不同，平台生态共有目标导向追求纯粹的网络效应与生态活力，即最大化程度吸引具有异质偏好与需求的最终用户和保持平台生态内的活跃氛围。在平台生态中传统企业的创新行为将形成正反馈机制（王凤彬等，2019），利用式创新能够对产品的既有技术、组织、市场进行优化改进以突显产品效率、成本优势，满足消费者的主流需求，探索式创新追求产品质变进行开拓变革以获取独占的用户基数，为用户需求提供多样化互补性产品。结合梅特卡夫定律，平台参与者的生态价值同网络外部性效果成正比，可以看作平台与平台参与者协同发展中形成的规模经济，将随着传统企业的创新迭代在其市场谱系得以扩大。例如，当 Epic 游戏公司在苹果商店平台中上架了《堡垒之夜》游戏，其原有的用户基数将与苹果商店平台的用户基数产生类似于布尔运算中的交互联合，实现了传统企业和平台网络效应的交互塑造。综上，作为平台参与者，传统制造企业的双元式创新能力将影响自身对于平台的供给所产生的网络效应，这不仅会决定自身在平台生态中的价值获取，同时通过创新能力将为双方构建交互塑造效应进而扩大网络效应，即本章所探讨的生态价值。由此，本章提出以下假设：

$H_{8\text{-}1}$：在平台生态内，a. 探索式创新能力能有效提升个体价值；b. 探索式创新能力能有效提升生态价值；c. 利用式创新能力能有效提升个体价值；d. 利用式创新能力能有效提升生态价值。

（二）关系嵌入对个体价值塑造机制的调节作用

当传统制造企业加入平台后，作为互补者的他们可以通过探索式创新来进行范式变革，致力于开发颠覆性的互补性产品以获取个体价值。社会网络理论认为传统企业创新的关键资源能够通过外部组织网络，即在平台生态获取。主导探索式创新的传统企业由于需要消耗自身大量的战略资源从事新技术的研发活动，此时无论是经济性和社会性的关系嵌入都为探索式创新的传统企业带来了外部资源与信息知识，有利于对传统企业探索式的技术研发形成有益的补充。传统企业获取的外部支持越多、越全面，越容易促进其在创新过程中创造出更有价值的技术产出。然而，也有学者指出应与平台所有者保持适当的经济性距离（郭艳婷，2021）。首先，探索式创新过程中需要较高的资金成本，随着经济性关系嵌入的逐渐深入，其传统企业利润空间会受到平台意志的进一步缩减，如苹果对第三方互补产品提供商的利润抽成高达 30%，小米主张生态内厂商硬件业务利润不超过 5%。随着探索式创新的深入与竞争的加剧，传统企业的创新成本与运营成本压力不断提高，因此一定程度上对组织个体价值的获取产生负面影响。其次，探索式创新是组织主动寻求认知突破的过程，虽然在经济性关系嵌入深入的过程中探索式创新的传统企业能够获取更多的外部资源支持，但由契约性质而生的利益性联结将存在对平台效益保证的成文性约束。在此情况下，由于探索式创新下的互补性传统产品其本身具备不确定性使其无法完全保障平台效益的实现，这对于追求探索式创新的传统企业而言无疑将起到束缚作用，受到平台意志的强制性把控，不利于其在范式变革中取得技术性突破。企业边界理论认为平台所有者为构建自身生态性能更专注于扩大其市场谱系（王凤彬等，2019），即传统企业探索式创新的战略导向，因此在社会性关系嵌入的过程中，随着与平台在交流、互动方面的深入，由于情感性联结使得传统企业更容易获取前沿的外部资源与信息知识，更有利于探索式创新下个体价值的创造获取。

在平台市场中，利用式创新的传统企业可能更强调对当前平台产品市场既有技术路线、资源利用方式的延续与改进，以较小的资源负担及成本风险通过对现有资源的高效运用，获得可预测的技术质量提升，为平台市场中的最终用户提供更优质的服务和更充裕的价值传递。但基于企业边界理论效率的观点来看，在当下成熟且竞争激烈的平台经济发展背景下，平台所有者专注于平台生态的适应性进而扩大其市场谱系以形成平台包络效应，会采用最小化治理成本的主导逻辑，即通过寻求范围经济来降低治理成本，而利用式创新的传统企业在平台中的现有产品已较为同质（Zhu and Liu，2018），因此在嵌入程度不深的情况下利用式创新的传统企业并不受到平台的投资青睐，获取资源有限。但利用式产品相对成熟的市场环境下传统企业已经具备稳定获取收益的能力，需考虑创新效率如何领先同行的问题，因此有限资源也将有利于传统企业个体价值的实现。然而在社会网络理论和企业边界理论效率的共有观点中，伴随着嵌入程度的加深传统企业与平台所有者建立了较高的联结关系，此时平台所有者为提升平台生态整合性会偏好联结关系较好的利用式创新传统企业，一方面此时经济性的嵌入关系能够更好地帮助传统企业把握平台成熟产品市场对特定产品创新的态度，使得利用式创新的传统企业能够及时调整创新内容并取得平台规则合法性，更易在同群传统企业中取得技术效率优势；另一方面此时社会性的关系嵌入拉近了传统企业与平台所有者的心理距离，是刺激创新溢出和降低不确定性的重要方式，进而促进个体价值的实现。由此，本章提出以下假设：

$H_{8\text{-}2}$：a. 经济性关系嵌入对探索式创新能力与个体价值的关系存在倒 U 形调节作用；b. 社会性关系嵌入对探索式创新能力与个体价值的关系存在正向调节作用；c. 经济性关系嵌入对利用式创新能力与个体价值的关系存在 U 形调节作用；d. 社会性关系嵌入对利用式创新能力与个体价值的关系存在 U 形调节作用。

（三）关系嵌入对生态价值塑造机制的调节作用

生态价值采纳平台研究广义上以网络效应为分析单位的定义，元组织视角下即平台与传统企业在模块架构中对共有性模块投入资本和协调合作后所形成的价值，在产权性质上是区别于个体价值、个体归属的共有资产。但由于生态价值是所有生态参与者所追求的共同价值目标，且平台所有者在交互关系中占据主导地位，因此不可避免在合作的过程中会出现因利益分歧所导致的竞争关系，平台所有者与传统企业互动过程所存在的正、反两方面效应是共存的，两类效应会在不同关系嵌入程度上发挥异质作用。

平台赋能理论认为对于较为前沿、新颖的探索式产品进行创新的传统企业，为尽快独占市场的用户份额，平台所有者会为其提供市场服务，以使其更容易被最终用户捕获且信任，进而促进产品的生态价值。在既往平台研究中指出，追求利润最大化的平台所有者会采取模仿传统企业的产品空间。进一步 Zhu 和 Liu（2018）关于亚马逊侵入传统产品市场的实证研究中指出在一些利基产品领域，平台所有者会选择直接与传统企业竞争并从其创新中获取价值以占据最大程度的网络效益。从治理成本最小化的逻辑考虑，这样的竞争行为更容易在处于平台嵌入初期的主导探索式创新的传统企业身上发生，因为探索式创新主导新领域具有前沿性的产品偏好，更具利基性潜力。在双方网络关系尚不稳定时平台所有者可能会竞争性模仿传统企业的探索式创新成果并通过契约协议手段瓜分市场利基，从而最大程度实现价值独占。传统企业也因低度嵌入与效益陷阱的盲目导向等问题形成弱势锁定，会进一步导致多平台共栖及不当嵌入行为，从而不利于原平台生态适应性及扰乱传统市场的竞争秩序，导致网络负效应。综合来看，平台所有者侵犯行为与探索式传统企业的不当嵌入行为所传递的负面信号在平台生态系统内放大，进而影响平台声誉与治理效用并削弱传统企业的创新贡献意愿及增强嵌入威胁感知，对平台生态整合性均造成不利影响，同时对传统企业生态价值造成负面影响。随着嵌入程度的提高，平台所有者是否仍存在模仿式的竞争行为取决于其对模仿成本的水平偏好（Zhu and Liu，2018），受限于平台层面数据获取的限制，本章暂不做讨论。

反观对较为成熟且相对同质的传统产品进行创新的传统制造企业，平台所有者给予的支持对其边际效用较小，同时同质化的产品难以引起平台所有者的模仿兴趣（Zhu and Liu，2018），因此在嵌入初期无论是经济性还是社会性的关系嵌入于利用式创新偏好的传统企业而言对其生态价值起不到明显作用。随着嵌入程度的深入，与平台所有者契约关系更强、联结关系更为紧密的传统企业会受到平台所有者的关注，在资源配置、用户导流、产品排名及信息反馈上更受到平台偏好。利用式创新的传统企业往往处于庞大的产品种群中，此时平台所有者若产生模仿其产品的竞争行为，会受到整个种群的抵抗，进而采取平台转移的防御策略（宁萍和杨蕙馨，2020），将对平台生态的适应性和整合性产生负面影响。由此，本章提出以下假设：

$H_{8\text{-}3}$：a. 经济性关系嵌入对探索式创新能力与生态价值的关系在嵌入程度较低的情况下存在负向调节作用；b. 社会性关系嵌入对探索式创新能力与生态价值的关系在嵌入程度较低的情况下存在负向调节作用；c. 经济性关系嵌入对利用式创新能力与生态价值的关系在嵌入程度较高的情况下存在正向调节作用；d. 社会性关系嵌入对利用式创新能力与生态价值的关系在嵌入程度较高的情况下存在正向调节作用。

由此，本章理论研究框架如图 8-1 所示。

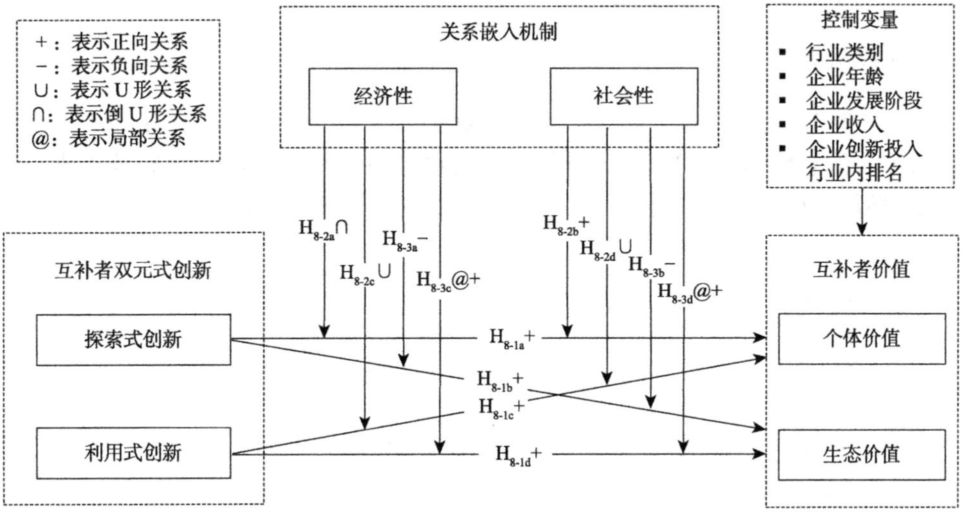

图 8-1　理论研究框架

二、研究方法与发现

（一）变量测量

1. 双元式创新能力

双元式创新能力的测量主要改编于 Jansen 等（2006）所采用的企业双元式创新量表，探索式创新能力（EIC）如我们会商业化新产品和新服务等6个题项，利用式创新能力（UIC）如我们会提高现有产品和服务的供应效率等 6 个题项。

2. 关系嵌入机制

关系嵌入机制的测量分为经济性关系嵌入与社会性关系嵌入两个方面，经济性关系嵌入（EE）借鉴 Lui 和 Ngo（2005）、李丹和杨建君（2017）的测量量表，如与平台的交互中会改变各自的工作方法满足彼此要求等 4 个题项，社会性关系嵌入（SE）则借鉴李丹和杨建君（2017）的测量量表，如与平台方保持长期关系对我们意义重大等 4 个题项。

3. 控制变量

本章控制企业年龄（CA），企业创新投入行业内排名（RII），制造业（MI）、信息传输业（ITI）、软件与信息服务业（SITS）等三个行业类别，企业发展阶段（CDS）和企业收入（CI）等变量对理论模型的潜在影响。

（二）研究结果

1. 假设检验

使用 Stata 16.0 进行分层回归分析检验上述假设（表 8-1）。M_2 与 M_7 的检验结果显示，探索式创新能力对个体价值呈正向影响关系（beta=0.258，$p<0.01$），这表明在平台生态内传统企业探索式创新能力对个体价值存在积极的促进作用，$H_{8\text{-}1a}$ 得以验证。类似地，探索式创新能力对生态价值（$H_{8\text{-}1b}$，beta=0.213，$p<0.01$）、利用式创新能力对个体价值（$H_{8\text{-}1c}$，beta=0.190，$p<0.01$）、利用式创新能力对生态价值（$H_{8\text{-}1d}$，beta=0.282，$p<0.01$）得以验证，均表明传统企业探索式与利用式创新能力分别对个体价值和生态价值存在积极的促进作用。M_4 结果显

示，除社会性关系嵌入对探索式创新能力与个体价值的关系存在正向一阶调节作用（$H_{8\text{-}2b}$，beta=0.037，$p<0.05$）外，经济性与社会性关系嵌入在其余主效应关系中并不存在一阶调节作用（自变量与调节变量一次项的交互项均不显著）。进一步在 M_5 中加入自变量与调节变量二次项的交互项后发现 $H_{8\text{-}2a}$（beta=−0.034，$p<0.01$）与 $H_{8\text{-}2c}$（beta=0.034，$p<0.05$）得到支持，而 $H_{8\text{-}2d}$（beta=−0.016，$p>0.1$）未得到支持。M_9 是经济性与社会性关系嵌入机制对生态价值的调节作用检验，将自变量和调节变量的交互项分别加入回归模型后，回归结果显示，经济性与社会性关系嵌入机制对生态价值存在一阶调节作用，即 $H_{8\text{-}3a}$（beta=−0.045，$p<0.01$）、$H_{8\text{-}3b}$（beta=−0.065，$p<0.01$）、$H_{8\text{-}3c}$（beta=0.076，$p<0.01$）、$H_{8\text{-}3d}$（beta=0.084，$p<0.01$）得以初步验证。接着，为检验在异质水平下关系嵌入对生态价值的调节作用，本章使用 Johnson-Neyman 调节效应分析法（以下简称 J-N 法），对调节变量范围内的所有取值进行检验，进而明确调节效应成立的取值区间（Lin，2020），检验结果如图 8-2 所示，经济性关系嵌入（中心化后）对探索式创新能力与生态价值之间关系的调节作用在（−2.709，1.439]的取值范围呈负向显著，而在超过 1.439 的取值后不显著，即在后 28.89%的关系水平下不存在负向调节机制，证明在低关系水平时经济性关系嵌入对探索式创新能力与生态价值的关系呈负向调节作用。同理，社会性关系嵌入对探索式创新能力与生态价值之间关系的负向调节作用在后 33.39%的关系水平时不成立，故 $H_{8\text{-}3a}$ 与 $H_{8\text{-}3b}$ 成立。在图 8-2 中，经济性关系嵌入与社会性关系嵌入在利用式创新能力与生态价值之间存在正向调节作用，分别在前 10.36%及前 8.20%的取值范围内不显著，即 $H_{8\text{-}3c}$ 与 $H_{8\text{-}3d}$ 成立。

表 8-1　回归结果

变量	IDV					ECV			
	M_1	M_2	M_3	M_4	M_5	M_6	M_7	M_8	M_9
MI	0.037 （0.255）	0.245 （0.194）	0.250 （0.184）	0.247 （0.184）	0.203 （0.181）	−0.341 （0.302）	−0.149 （0.243）	−0.171 （0.222）	−0.198 （0.210）
ITI	0.387 （0.255）	0.388** （0.194）	0.443** （0.183）	0.409** （0.184）	0.414 （0.181）	−0.134 （0.302）	−0.142 （0.242）	−0.111 （0.221）	−0.117 （0.211）
SITS	0.151 （0.251）	0.276 （0.191）	0.232 （0.180）	0.229 （0.180）	0.205 （0.177）	−0.207 （0.297）	−0.079 （0.239）	−0.146 （0.218）	−0.167 （0.206）
CI	−0.015 （0.059）	−0.025 （0.045）	−0.037 （0.044）	−0.036 （0.046）	−0.043 （0.047）	0.159** （0.070）	0.166*** （0.057）	0.185*** （0.052）	0.272*** （0.053）
RII	0.023 （0.044）	0.011 （0.033）	0.036 （0.032）	0.048 （0.032）	0.057 （0.032）	0.038 （0.052）	0.027 （0.042）	0.046 （0.038）	0.025 （0.036）
CDS	0.157** （0.061）	0.020 （0.048）	0.034 （0.045）	0.055 （0.046）	0.040 （0.046）	0.110 （0.073）	−0.023 （0.060）	0.001 （0.055）	−0.032 （0.052）

续表

变量	IDV					ECV			
	M_1	M_2	M_3	M_4	M_5	M_6	M_7	M_8	M_9
CA	−0.033 (0.091)	0.077 (0.070)	0.135** (0.067)	0.122** (0.070)	0.166 (0.071)	−0.298*** (0.108)	−0.199** (0.087)	−0.159** (0.080)	−0.220*** (0.079)
EIC		**0.258***** (0.025)	0.243*** (0.024)	0.252*** (0.024)	1.117*** (0.347)		**0.213***** (0.031)	0.175*** (0.029)	0.146*** (0.027)
UIC		**0.190***** (0.027)	0.162*** (0.026)	0.162*** (0.026)	−0.163 (0.373)		**0.282***** (0.034)	0.238*** (0.031)	0.260*** (0.030)
EE			−0.088 (0.113)	−0.082 (0.118)	−0.074 (0.120)			0.093*** (0.026)	0.084*** (0.025)
SE			0.429*** (0.128)	0.470*** (0.134)	0.416*** (0.137)			0.169*** (0.027)	0.171*** (0.026)
EE^2			0.020 (0.015)	0.020 (0.016)	0.014 (0.051)				
SE^2			−0.046*** (0.018)	−0.052*** (0.019)	0.090*** (0.055)				
EIC×EE				−0.028 (0.019)	0.214** (0.097)				**−0.045***** (0.021)
EIC×SE				**0.037**** (0.015)	0.173* (0.096)				**−0.065***** (0.016)
UIC×EE				0.018 (0.019)	−0.214** (0.107)				**0.076***** (0.021)
UIC×SE				−0.016 (0.017)	0.099 (0.099)				**0.084***** (0.020)
EIC×EE^2					**−0.034***** (0.013)				
EIC×SE^2					−0.019 (0.014)				
UIC×EE^2					**0.034**** (0.015)				
UIC×SE^2					−0.016 (0.014)				
常数	−0.475 (0.460)	−0.557** (0.272)	−0.821*** (0.260)	−0.847*** (0.261)	−0.944*** (0.260)	0.378 (0.425)	0.273 (0.341)	−0.011 (0.313)	0.076 (0.298)
R^2	0.041	0.451	0.520	0.530	0.551	0.038	0.368	0.490	0.553
调整后的 R^2	0.023	0.437	0.502	0.508	0.524	0.019	0.383	0.475	0.534
F 统计量	2.22	33.01	29.77	23.52	20.41	2.040	24.960	31.470	29.390

$^{***}p<0.01$，$^{**}p<0.05$，$^{*}p<0.1$

注：加黑数值代表验证假设的回归结果

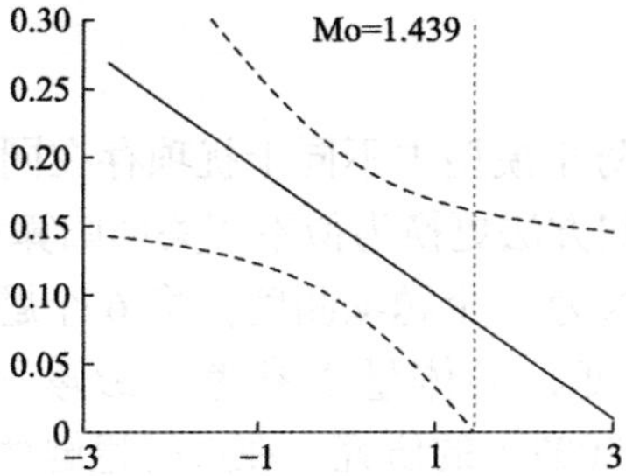

（a）经济性关系嵌入对探索式创新能力与生态价值的调节作用

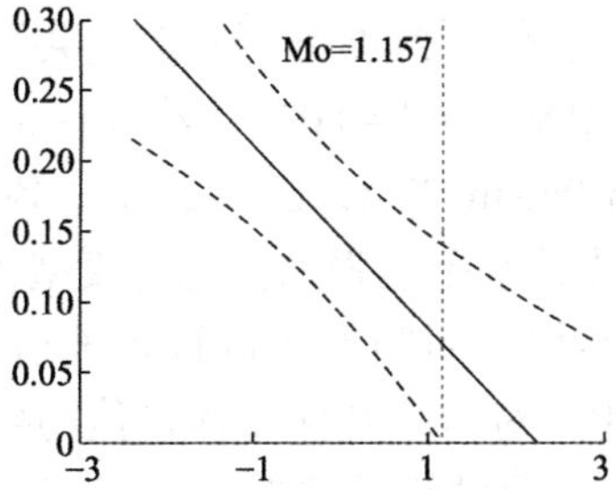

（b）社会性关系嵌入对探索式创新能力与生态价值的调节作用

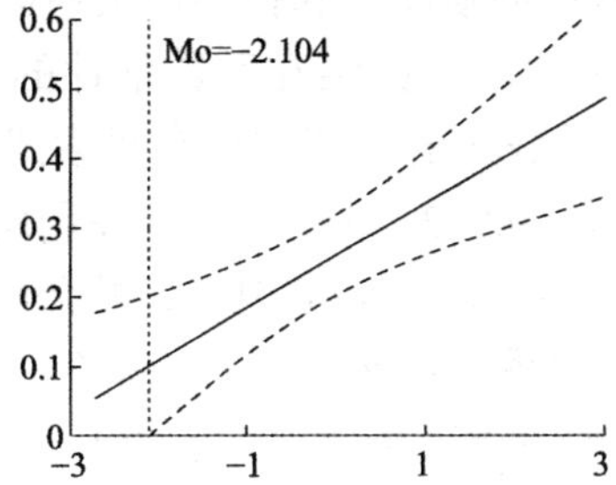

（c）经济性关系嵌入对利用式创新能力与生态价值的调节作用

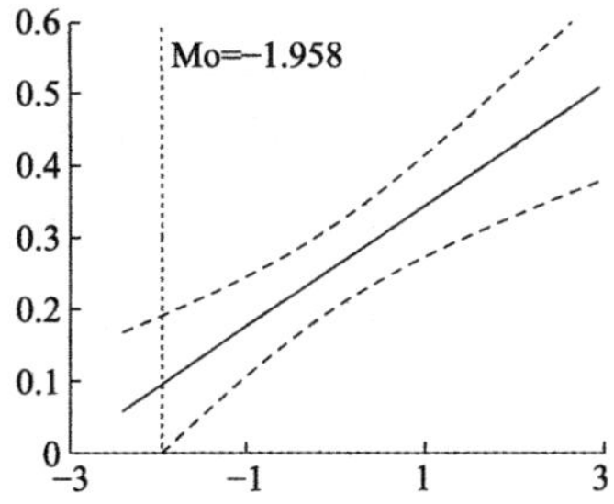

（d）社会性关系嵌入对利用式创新能力与生态价值的调节作用

图 8-2 调节效应图

所有变量均进行了标准化，选取 p=0.05 为显著临界点，横坐标代表调节变量，纵坐标代表自变量的回归系数，实线代表点估计值，上下曲线为 95%置信区间；Mo 代表调节效应显著时调节变量临界值的大小

2. 稳健性检验

为提高研究稳健性和防止模型中不同干扰项存在同期效应对调节变量测度量表进行了替换且将层次回归方法更换为似不相关回归算法检验，将 6 个题项测度的经济性关系嵌入变量更换为 4 个题项测度，将 6 个题项测度的社会性关系嵌入变量更换为 4 个题项测度，具体量表参考了彭珍珍等（2020）、Huang 等（2014）及 Wang 和 Wei（2007）的研究。在进行稳健性分析之前，对进行更换的两个调节变量量表及未更换的 4 个自变量与因变量量表均进行了一整套的前置检验，包括共同方法偏差检验、信度效度分析及多重共线性诊断，结果显示更换变量后的模型拟合程度良好（RMSEA①=0.075，χ^2/df = 3.094）。进一步采用了布伦斯–帕甘独立检验（Breusch-Pagan Test，BP-Test），各方程扰动项的检验 p 值均近似于 0.000，即在 1%的统计水平上强烈拒绝各模型扰动项间无同期相关的原假设，故采用效率更高的似不相关回归算法进行系统估计，分析结果如表 8-2 所示。探索式与利用式创新能力对传统企业个体价值与生态价值仍具有显著的正向影响（p<0.01），在对个体价值的影响机制中，经济性关系嵌入与社会性关系嵌入的调节作用关系除在探索式创新能力和社会性关系嵌入的交互项显著性与之前稍有不同外，其他仍与原先的回归归结在系数估计的正负和显著性上基本一致（图 8-3），其中经济性关系嵌入的调节作用在探索式创新能力与个体价值的关系之间呈倒 U 形关系（beta=−0.033，p<0.01），在利用式创新能力与个体价值的关系之间呈倒 U 形关系（beta=0.038，p<0.01），社会性关系嵌入的调节作用在探索式创新能力与个体价值的关系中依然成立（beta=0.027，p<0.05），在利用式创新能力与个体价值的关系中仍未能证明假设（p>0.1）。在对生态价值的影响机制中，经济性关系嵌入与社会性关系嵌入和自变量交互项的系数估计正负和显著性与前文一致，前述假设的验证结论仍保持不变，表明关系水平处于中低的情况下在探索式创新能力对传统企业生态价值的影响机制中经济性与社会性关系嵌入都存在显著的负向调节作用，而在关系水平处于中高的情况下经济性和社会性关系嵌入对利用式创新能力与传统企业生态价值的关系机制起到正向调节作用，且同样在 J-N 法分析中通过检验，故前文的研究结论稳健。

表 8-2　稳健性检验–似不相关回归结果

变量	IDV	ECV	IDV	ECV	IDV	ECV
	M_{10}	M_{11}	M_{12}	M_{13}	M_{14}	M_{15}
MI	0.245 （0.192）	−0.149 （0.240）	0.241 （0.181）	−0.198 （0.206）	0.204 （0.176）	−0.198 （0.206）

① RMSEA：root mean square error approximation，近似误差均方根估计。

续表

变量	IDV	ECV	IDV	ECV	IDV	ECV
	M_{10}	M_{11}	M_{12}	M_{13}	M_{14}	M_{15}
ITI	0.388** (0.191)	−0.142 (0.239)	0.391** (0.181)	−0.117 (0.206)	0.412** (0.176)	−0.117 (0.206)
SITS	0.276 (0.188)	−0.079 (0.235)	0.250 (0.177)	−0.167 (0.201)	0.211 (0.172)	−0.167 (0.201)
CI	−0.025 (0.045)	0.166*** (0.056)	−0.017 (0.045)	0.272*** (0.052)	−0.043 (0.045)	0.272*** (0.052)
RII	0.011 (0.033)	0.027 (0.041)	0.032 (0.031)	0.025 (0.035)	0.056* (0.031)	0.025 (0.035)
CDS	0.011 (0.047)	−0.023 (0.059)	0.050 (0.045)	−0.032 (0.051)	0.036 (0.045)	−0.032 (0.051)
CA	0.077 (0.069)	−0.199** (0.086)	0.099 (0.068)	−0.220*** (0.077)	0.170*** (0.069)	−0.220*** (0.077)
EIC	0.258*** (0.025)	0.213*** (0.031)	0.240*** (0.024)	0.146*** (0.027)	1.103*** (0.332)	0.146*** (0.027)
UIC	0.190*** (0.026)	0.282*** (0.033)	0.165*** (0.025)	0.260*** (0.029)	−0.247 (0.356)	0.260*** (0.029)
FG			0.048** (0.022)	0.084*** (0.025)	−0.033 (0.115)	0.084*** (0.025)
RG			0.108*** (0.022)	0.171*** (0.025)	0.363*** (0.131)	0.171*** (0.025)
FG^2					−0.014 (0.049)	
RG^2					0.098* (0.053)	
EIC×FG			−0.030 (0.018)	−0.045** (0.021)	0.205** (0.093)	−0.045*** (0.021)
EIC×RG			0.027** (0.014)	−0.065*** (0.016)	0.173* (0.092)	−0.065*** (0.016)
UIC×FG			0.030 (0.018)	0.076*** (0.021)	−0.245** (0.103)	0.076*** (0.021)
UIC×RG			−0.024 (0.017)	0.084*** (0.019)	0.094 (0.094)	0.084*** (0.019)
EIC×FG^2					−0.033*** (0.013)	
EIC×RG^2					−0.019 (0.013)	
UIC×FG^2					0.038*** (0.014)	
UIC×RG^2					−0.015 (0.013)	
常数	−0.557** (0.269)	0.273 (0.337)	−0.776*** (0.256)	0.076 (0.292)	−0.949*** (0.252)	0.076 (0.292)
R^2	0.451	0.383	0.518	0.553	0.550	0.553
Chi^2	305.330	230.850	400.340	460.590	454.090	460.590

续表

变量	IDV	ECV	IDV	ECV	IDV	ECV
	M_{10}	M_{11}	M_{12}	M_{13}	M_{14}	M_{15}
BP-Test	28.518		13.128		11.101	
p	0.000		0.000		0.001	

***p<0.01，** p<0.05，* p<0.1

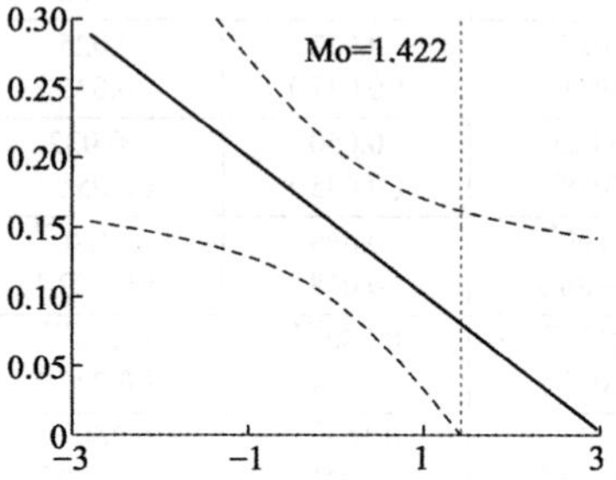

（a）稳健性–经济性关系嵌入对探索式创新能力与生态价值的调节作用

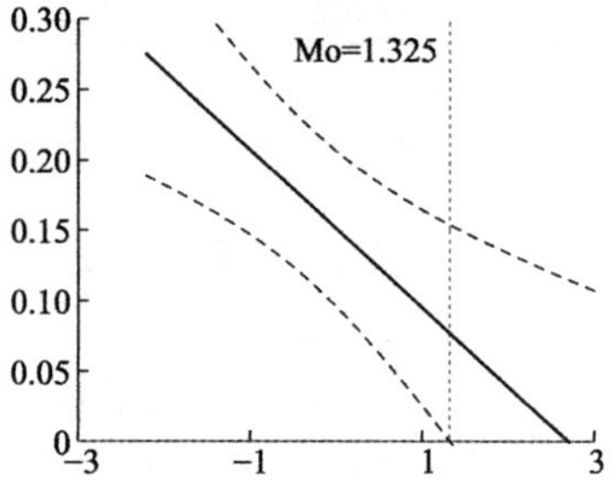

（b）稳健性–社会性关系嵌入对探索式创新能力与生态价值的调节作用

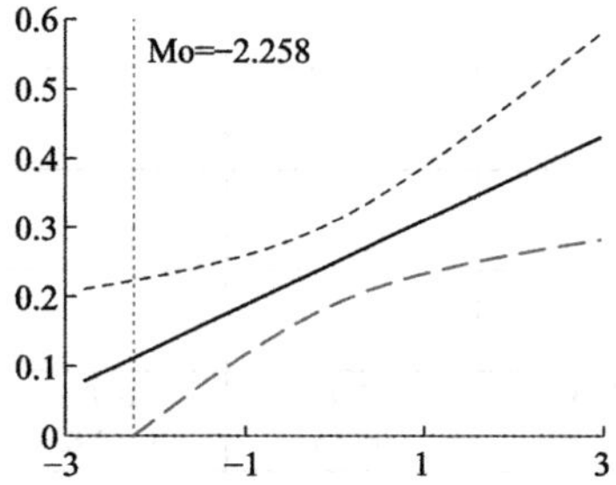

（c）稳健性–经济性关系嵌入对利用式创新能力与生态价值的调节作用

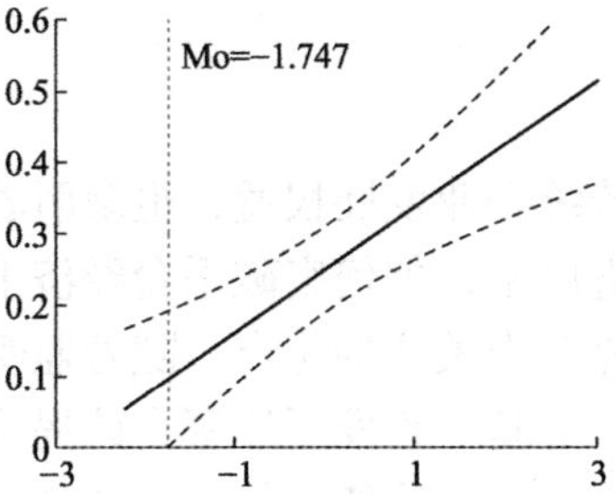

（d）稳健性–社会性关系嵌入对利用式创新能力与生态价值的调节作用

图 8-3　调节效应稳健性检验

所有变量均进行了标准化，选取 p=0.05 为显著临界点，横坐标代表调节变量，纵坐标代表自变量的回归系数，实线代表点估计值，上下曲线为 95%置信区间；Mo 代表调节效应显著时调节变量临界值的大小

三、结论与讨论

（一）文献讨论

研究发现：①双元式创新对个体价值和生态价值均呈积极的正向作用，因此在平台情境下创新驱动对互补者价值具有积极的塑造作用。②在探索式创新能力对个体价值的影响机制中经济性关系嵌入倒 U 形调节，而社会性关系嵌入正向调节；在利用式创新能力对个体价值的影响机制中仅经济性关系嵌入 U 形调节。前者呈现经济性关系嵌入对不同创新偏好的互补者存在过犹不及与辅车相依的异质效应，而社会性嵌入对个体价值的影响作用在探索式创新能力时正向显著，对利用式创新能力不显著，说明平台所有者对于参与者的个体价值更多基于平台适应性拓展的导向需求（Cenamor，2021），即探索式创新能力所驱动的个体价值构建了平台生态的适应性。③经济性与社会性的关系嵌入在低嵌入水平时对探索式创新能力与生态价值的关系中均起到负向调节作用，而在高嵌入水平时利用式创新的影响机制中均起到正向调节作用。这意味着对于探索式创新能力偏好的传统制造企业而言在嵌入平台的初期需要对平台所有者存在一定的防备意识，以防止平台所有者模仿进入互补产品市场损害其网络效应，而利用式创新能力偏好的互补者应投入较多精力进行关系维护，在融入平台生态的过程中逐渐与平台所有者建立正式的利益性联结和非正式的情感性联结以获取生态价值。研究结论揭示了在细分维度视角下互补者创新对其价值的塑造作用及关系嵌入在上述机制下所形成的变构效应。

（二）实践启示

平台经济反垄断攸关传统企业发展权益，也掣肘着高标准市场体系与高质量发展战略目标的实现，一直以来，如何突破平台经济下权利高度不对称的“阿喀琉斯之踵”是学界与企业界着力关注的焦点。随着监管政策重磅信号与反垄断顶格罚单的接连出台，平台经济新一轮发展序幕自此揭开，这意味着传统企业迎来了平台权力下放、议价能力提高、价值地位上升的“大航海”时代。二选一的排他约束到一选多的自由参与引发的制度环境变化将为传统企业释放更多的生态红利，因此如何嵌入平台生态并如何塑造组织价值也成为上述发展背景下传统企业亟待深入思考的关键问题。本章的研究结论对传统企业推进战略决策、提升组织绩效具有较大启发：一方面，传统制造企业在平台生态中应兼顾个体价值和生态价值这两种不同的平台价值要素，并注重探索式与利用式创新能力的驱动作用。具体而言，传统企业既要注重为既有资源、技术、服务的深化运用提升整合性，也要注重范式变革，对新知识、新技术、新市场进行探索以提升适应性，从而不断巩固和完善传统企业个体价值和生态价值。

另一方面，本章发现平台生态内存在关系变构机制，即关系嵌入在此机制中非线性与局部线性的调节机制。因此，当传统企业具有不同的创新偏好时，其更应关注平台不同关系嵌入机制在创新能力与价值之间的作用异质性。具体而言，追求探索式创新能力的传统企业应避免低程度嵌入对生态价值的负向调节作用。在这方面，这类企业应该与平台所有者保持社会性关系，但在与平台间的经济性关系上保持中等水平，而利用式创新能力的传统企业应积极维系与平台所有者的关系，为组织价值塑造拓展资源；协同利用双元创新与关系嵌入之间的互补性，在嵌入水平低时更偏向利用式的创新导向以获取价值，当关系嵌入达到一定水平时，要协同利用探索式与利用式的接续性并注重经济性和社会性的关系互补性，以发挥最大的边际效用。

第三篇

共性技术推动型传统制造业转型升级的关键理论研究

共性技术是一种集成性的功能技术，具有先导性和基础性的特征。基础科学转化为商用技术的第一步是通过共性技术而实现的，其经济价值的创造依赖于共性技术的转化应用。因此，共性技术能够为促进传统产业体系由低端向高端的知识经济方式提供动力。然而，共性技术不是经济学意义上的公共产品，也不具有商业上成果收益的独占性，处在两者的中间地带。这导致共性技术很容易面临政府和企业都不供给和不支持的局面，即组织失灵。在此背景下，讨论如何推进共性技术为传统制造业提供有效的基础性研发手段和技术支持具有重要的理论及实践意义。本篇聚焦于这一问题展开讨论，以期为促进共性技术有效供给提供建议。

第九章　基础理论与文献综述

一、共性技术概念及其内涵

（一）共性技术的理论起源及概念界定

根据经济发展理论，企业在技术创新及研发中占有主导地位，但由于资本的逐利性，部分具有准公共物品属性的技术在研发供给过程中出现市场失灵，科技投入沿着技术研发产业链条在基础研究和技术开发及商业化运作之间出现显著的递减现象，形成科技研发的"死亡之谷"，对产业的升级更新产生直接影响。

学术界较早地发现了这一现象，Granberg 和 Stankiewicz（1981）提出技术作为知识载体和知识产出，可以分为三个方向：一为直接发挥效用的功能，二是自然过程、因果联系等，三是介于两者之间将不同自然过程相联系实现特定的功能作用。从技术链的视角，第一种类似于面向应用的终端商品生产工艺和制造蓝图等，第二种类似于基础科学与普遍原理，第三种则对应处于中间环节的共性技术。这是共性技术作为明确概念首次被提出。随着 20 世纪 80 年代以芯片为代表的电子信息技术取得重大突破，科技发展速度快速提升，加上政治因素的影响，国际政治经济格局发生重大转变，国家间竞争加剧，使得政府将注意力转移到本身存在盲区的共性技术研发环节。美国于 1984 年通过《国家合作研究法》，鼓励私人部门进行合作研究，共同解决产业发展所面临的相似技术问题。1988 年通过《综合贸易与竞争力法》，将共性技术定义为指向概念、元件或工艺的研究，是对科学现象的进一步调研，具有广泛应用于产品或工艺的潜力，并提出由政府及企业共同投入推动高技术成果商品化的先进技术计划（advanced technology program，ATP），于 1990 年由美国国家标准与技术研究院（National Institute of Standards and Technology，NIST）正式制定并组织实施。日本于20世纪80年代初期提出科技立国战略，1981 年由通产省设立下一代产业基础技术研究开发制度，组织产、学、研、官等多方力量共同合作对通过理论和试验已证实有实用化可能性的产业技术进行攻关。1986 年通过科学技术政策大纲，要求国立科研机构将研究重点从应用技术端向基础科学技术转移，着重关注产业内的基础技术。欧洲各国于 1986 年联合推出了尤里卡计划（European Research Coordination Agency，EURECA），旨在通过基于企业的自下而上研究目标规划体制，集中科研机构技术力量以合作为主要形式研发市场导向的泛用性先进技术。韩国 1986 年实施工业基础技术开发事业，主要以调查的形式识别企业所共同面临的瓶颈技术、不易单独开发的技术和急需开发的技术等，由政府出资对承担此类研发任务的单位予以补助。1987 年启动"共性技术开发计划"，由政府提供主要研发经费，组织产学研合作对传统制造企业迫切需要的共性技术进行开发。

随着实践的广泛开展，理论界对共性技术的关注逐渐深入。Freeman 和 Soete（1982）在对国家创新体系进行研究时将共性技术作为一个学术概念提出，认为部分国家取得创新成功的一项重要经验就在于成功预测产业共性技术，识别技术领先的关键领域。Freeman 和 Soete（1982）虽然没有对共性技术概念进行具体界定，但将共性技术与技术发展及预测相联系，突出了共性技术的普适性。Nelson（1987，1988）认为技术可分为共性技术和特殊技术，共性技术不解决即时的问题也不具备显著的效用。相对于特殊技术的具体性和现实性，共性技术是一个更抽象的过程性概念，但它是即时性技术的基础。工作于美国国家标准与技术研究院的 Tassey（1992，1997）基于长期的技术政策研究提出技术开发模型，并于 1997 年将模型定义为以技术为基础的经济增长模型，把技术分为科学基础、技术基础设施和专有技术三类，其中技术基础设施分为基础技术和共性技术，企业专有技术必须以此为基础进行后续研发，对共性技术的基础性和竞争前特征进行了强调。Miyazaki（1994）从微观层面将技术分为共性技术、技术潜能和产品技术三类，其中共性技术距离企业和最终产品市场最远，但处于最基础环节，与整个技术系统存在强关联性。总体而言，国外学者对于共性技术的概念大多基于技术链而展开，主要强调共性技术在技术体系中的定位及其对后续专有技术等的关键性影响。

国内最早出现共性技术提法的是 1983 年出台的《国家科技攻关计划》中明确提出要支持共性技术研究。后"九五""十五"等科技发展规划及各部委出台的科技研发计划中均多次提及共性技术，如《国家中长期科学和技术发展规划纲要（2006—2020 年）》、《中共中央关于全面深化改革若干重大问题的决定》、党的十九大报告等重要文件也反复强调要突出共性技术的基础性地位。但官方并未在上述文件及规划中对共性技术进行明确定义，只有时任科技部部长徐冠华在 1999 年 12 月举行的全国计算机辅助设计-集成制造系统应用工作会议的讲话中，提出共性技术是对整个行业或产业的技术水平，对产品的质量和效益都会发挥迅速的带动作用，具有巨大的经济和社会效益的一类技术。

国内学术界对于共性技术的关注始于 20 世纪 90 年代后期，主要有两种研究层次。一种为中宏观视角，基于 Tassey（1992，1997，2008）国外学者的理论体系，从技术链环节划分入手对共性技术进行定义及研究，注重突出共性技术的应用范围和影响程度。例如，李纪珍（2001）将技术划分为实验技术、共性技术、应用技术和专有技术，认为共性技术是在很多领域内已经或未来可能会广泛应用，研发成果可共享并对整个产业或多个产业及其企业产生深度影响的技术。操龙灿和杨善林（2005）将技术分为基础技术、共性技术和应用技术，指出共性技术是企业应用技术开发的基础，其研发成果可以被某个或多个产业共享，具有强外部性，研发成本高昂且风险显著，但具有广泛的社会收益性。马名杰（2005a）认为共性技术处于竞争前阶段，是一种能够在一个或多个行业中得以广泛应用的技术，具有较大的经济效益和社会效益。邹樵（2008）进一步指出，除从研究发展阶段界定共性技术外，还要关注是否需有共性特征，能否在行业内或多个行业间得到普遍应用。另一种为微观视角，通过设计识别方法和测度指标结合具体产业从定性角度对产业共性技术进行识别。例如，袁思达（2009）基于专家调查法定量分析备选技术课题之间的相关度，对能源技术领域的共性技术进行了识别。魏永莲和唐五湘（2009）结合共性技术研发中存在的市场失灵、组织失灵和政府干预失灵的三重失灵问题，运用模糊综合评价方法构建共性技术筛选模型。虞锡君（2006）结合共性技术在产业链、价值链和技术链中的具体特征，基于地方政府科技部门专家、集群经济内龙头骨干企业专家和特定学科领域专家从市场角度确定共性技术。黄鲁成和张静（2014）利用专利数据从技术基础性、应用范围和效益三方面结合文本分析和网络分析法对锂电池领域的共性技术进行识别。

共性技术概念的演化过程如图 9-1 所示。

（二）共性技术的特征及分类

虽然学术界和实践界内部对共性技术的概念边界和具体标准尚存在一定的分歧，但对共性技术在技术链中的区间位置及具体效用基本保持一致，因此对共性技术所具备的特征存在一定的共识，大致可归纳如下。

1. 基础性

共性技术介于基础研究与应用研究之间，是后续技术产业化、产品化的前提条件（马名杰，2005b）。通过共性技术研发，可以为某产业或者多产业的后续应用技术研发提供基础平台（操龙灿和杨善林，2005），同时为企业研发专有技

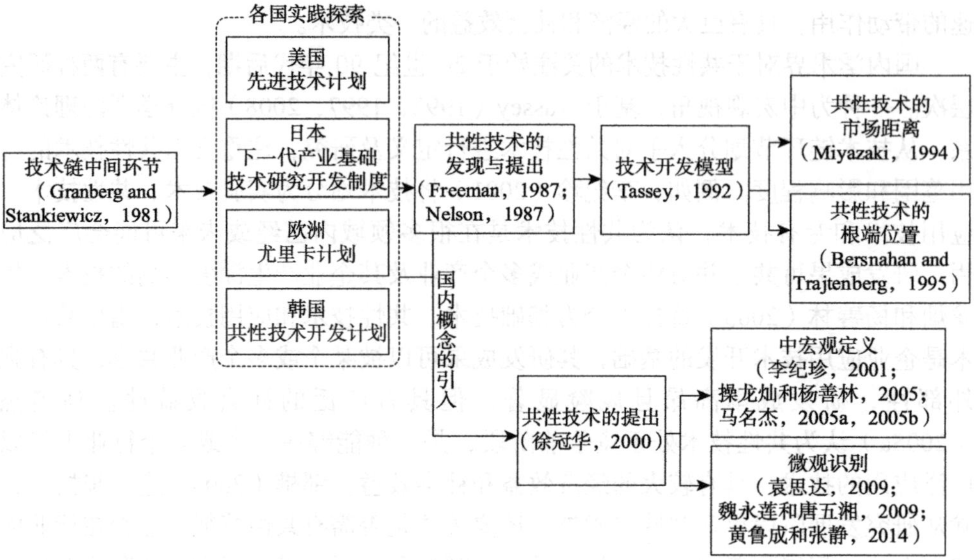

图 9-1 共性技术概念的演化

术提供标准，减少用户的搜寻和协调成本（Disterer，2002），而且一般情况下，共性技术使用者越多，其应用范围和基础作用就越强（许鑫，2015）。

2. 准公共性

共性技术具有强外部性，在产业内甚至产业间具有广泛用途，容易扩散或溢出到其他部门和领域，使得其研发者往往无法独占其技术成果所带来的全部收益（肖阿妮，2011），造成其研发环节“搭便车”现象较为普遍，单个企业投资意愿不足（马名杰，2005a）。但共性技术又非完全的公共物品，基于其所研发的专有技术可以通过知识产权制度进行独占，如盲目投入会造成资源浪费（李纪珍，2001），因此完全依靠市场机制会造成共性技术的供给失灵。

3. 关联性

共性技术往往体现为一系列具体终端技术的逻辑组合，其作为基础研究和应用技术的中间环节，对产业上下游技术之间的衔接存在显著影响，而且因为其基础性特征，使得不同类的共性技术之间也存在一定的关联关系，这也是其能够广泛应用于其他技术、为多个生产部门带来积极影响的重要原因（Keenan，2003）。由于共性技术涉及多个学科，所以一般情况下也需要多个部门科研人员共同合作进行攻关研发（操龙灿和杨善林，2005）。

4. 风险性

一方面，共性技术距离实现收益的市场化终端仍存在较多环节，导致共性技术最终得以换取利润的不确定性大大增加，而且共性技术往往成熟度较低，技术实现的方法和途径、技术性能指标和经济指标都不够明确，造成共性技术研发周期较长、投资门槛较高、收益波动较大（邹樵，2008）。另一方面，共性技术研发往往需要一定的预见性，要求对多学科领域的知识有较高程度的综合掌握及对产业趋势有明确认知，研发者科研能力不足或者判断失误均有可能导致项目的失败，而且共性技术还存在较强的外部性，即使研发成果也未必能够获取足够的预期收益（郭晓林，2006）。

对于共性技术的分类，由于研究视角、研究方法与研究目标的差异，不同的学者从共性技术涉及的层次角度、技术重要性、公益性尺度、创新对象和阶段、技术确认的时间次序等角度进行了较为丰富的探讨，目前影响较为广泛的主要有如下几种方式：①基于技术的重要性程度将共性技术分为关键共性技术、基础共性技术和一般共性技术（马名杰，2005b）。关键共性技术是指对国民经济整体具有重大影响的技术，此类技术影响范围广泛，经济社会效益巨大，一般由国家层面通过科技计划予以研发；基础共性技术是指如测量测试和标准等行业平台技术，为产业技术进步提供必需的基础性手段，一般依靠具备国家背景或者政府资助的科研院所进行研发；一般共性技术是指除以上两种之外的共性技术，在产业某一方面或者对某一类产品的改进及升级具有重要影响，一般由政府及企业组成的联合创新组织共同开发，如美国的半导体制造技术战略联盟（semiconductor manufacturing technology，SEMATHECH）。②基于创新对象差异将共性技术分为产品共性技术和工艺共性技术。产品共性技术是指可以对系列产品的较大技术变革、局部改进或者综合集成提供技术支撑的技术集合；工艺共性技术是指可以应用于多产业或者多流程并为较大技术变革或者工艺改进提供支撑的工艺技术，也称为流程共性技术。③基于技术的研发次序可以将共性技术分为事前共性技术和事后共性技术。事前共性技术是指在研发前就已经通过技术预见确定可以为多个主体的后续研发提供基础的共性技术，此类技术存在一定的制度空洞，发生市场失灵和组织失灵的可能性较高；事后共性技术则相反，是指在研发时没有注意到其应用价值，但研发成功后被发现可以为多种产品或产业所广泛应用。④从技术涉及的范围及层次，将共性技术分为产业间共性技术、产业内共性技术和企业内共性技术。产业间共性技术一般是国家层次的共性技术，可以为市场层面多个产业提供技术平台，如计算辅助设计技术、信息技术等；产业内共性技术主要为所在产业服务，在产业内为多个企业的相关产品提供不同应用的技术支撑；企业内共性技术多指大型企业集团内部的技术，可为集团内部多个企业或产品所直接应用，类似于技术平台，基本不向外部扩散。

二、共性技术的识别机制

（一）识别理论研究

基于理论层面对共性技术的判别依据进行探讨，其主要研究视角可分为从技术源特征及动态发展过程进行识别、从共性技术特征进行识别和从政府支持共性技术的原则和标准进行反向识别，具体如下。

1. 基于技术源特征及动态发展过程进行识别

共性技术在技术链中处于中端位置，随着技术发展周期的变化，其存在状态和类型也会有所变化，因此可以通过技术所处的产业生命周期判断技术类型及阶段而对共性技术加以识别。具体而言，部分产品的生命周期嵌套于共性技术的生命周期中，而共性技术又嵌套于基础研究技术的生命周期中，构成基础研究生命周期—共性技术生命周期—具体产品生命周期的技术发展路径。因此，共性技术实质处于应用研究的早期阶段，即将基础研究成果转变为技术的开始阶段（吴伟强等，2005）。此外，根据 van Hippel（1982）的研究，技术源是研发活动的重要特性之一，利用技术源的差异性可以对研发活动的组织管理、工具运动等特征进行分析。因此可以以共性技术的广泛应用性为切入点，从技术的供给源方面判断技术的研发者，从而判断其是否为共性技术（田宵依，2011）。例如，某项技术被广泛应用于多个领域，或者与多个领域技术相关度越来越高，就意味着其对多个产业及企业已经或者将要产生重要影响，因而具备共性技术的重要特征（栾春娟，2012）。

2. 基于共性技术特征进行识别

特征是共性技术区别于其他技术形态的重要标志，因此可以依据其最具代表性的特征对共性技术加以识别（浦墨等，2014）。根据所观察特征的差异，主要存在如下观点：①从关联性视角判断。李纪珍（2001）认为关联性是应用范围的直接体现，是共性技术最为显著的特征，可以作为识别的主要依据。他基于技术对社会的影响程度，用技术感应系数来表征技术对社会的推动作用，用技术影响力系数来表征技术对社会的拉动作用，如技术在两个指标都取得较大数值，则表示技术关联性较强，存在较大可能为共性技术。一般情况下，两个指标的数值越低，技术为共性技术的可能性就越小。两个指标取值不一致存在一高一低的情况，则需要根据其他情况进一步判断。邹樵（2008）从研发费用的角度对关联性进行了定义，如果一项技术在不同企业或者领域间的共性研发阶段的投入与专有研发阶段的比值越高，则其关联性就越高，表明其应用范围广泛，适用于多个企业或领域，可被识别为共性技术。②从基础性视角判断。共性技术在技术链中的基础端位置使其在后续研发环节中存在应用于多种产品及领域的可能，因此一项技术的基础性越强，其成为共性技术的可能性也就越大（段翔钰，2010）。③从外部性视角判断。共性技术的效应和收益不容易被个体所独占，它的天然外溢性可能对整个产业甚至全社会都会产生广泛影响。因此从研发者角度考虑，如果一项技术有较强的需求、广泛的应用范围及其众多不同类型的使用者，就可以判别为共性技术，并采用相应的研发策略。韩国贸易、工业和能源部（Ministry of Trade，Industry and Energy，MOTIE）就是基于对技术需求的普查来最终确定产业所需的共性技术再组织力量进行集中开发。

3. 基于政府支持共性技术的原则和标准进行反向识别

由于共性技术具有较强的外部性，研发成果的突破能够对一个甚至多个产业产生显著的推动作用，所以往往是政府关注和支持的优先对象。从目前来看，政府层面对共性技术的支持手段和方式主要如下：第一，一般在研发对象的确定及研发单位的选择上，会将企业纳入主要单位；第二，财政主要以部分资助的形式支持共性技术研发，而非全额投入；第三，研发单位多元化，提倡合作研发，注重产、学、研等多主体的组合优势；第四，希望共性技术应用范围广泛，能够为大多数企业所应用，推动产业或地区的整体发展。从以上政府的行为策略中，可以反向归纳出识别共性技术的标准（郭晓林，2006）：①处于竞争前阶段；②有较大的社会效益和经济效益；③技术和商业上可行，具有广阔的产业化前景；④能较好地应用于一个或多个产业。这与日本产业技术研究院所提的市场应用标准、高技术风险标准、产业化前景标准和经济影响标准 4 项共性技术识别原则观点相近。

（二）识别方法研究

在具体如何识别共性技术的实际操作上，国内外学者根据技术特征、技术需求、技术应用等角度结合专利文献、专家意见等资料提出了多种具有较强应用价值的识别方法，基于研究思路差异可以分为定性和定量两大类。

1. 基于定性分析的识别方法

从定性视角对共性技术进行识别主要存在两种思路，一种是将共性技术特征进一步细化转变为更具显性意义的指标进行判断识别，如陈静（2008）从基础性、共享性、重要性和经济性四个方面选取了全局性、国家利益、科技发展方向符合程度、产业交叉程度、国际分工共享程度等 18 个二级指标用来筛选共性技术；邹樵（2008）认为外部性、关联性、基础性是共性技术与其他技术类型相比最为显著的特征，可以将其作为共性技术定性测度的指标；魏永莲和唐五湘（2009）将共性技术特征转化为共性程度、技术水平与性能和经济社会效益三个准则，然后分别用基础性、通用性、规范性对应共性程度准则，先进性、安全性、开发性和技术可靠性对应技术水平与性能准则，产业发展需要度、科技投入水平、经济效益、社会效益对应经济社会效益准则，建立共性技术识别的层次结构框架。另一种是通过对共性技术在科技经济体系中的组织形式、外在表现和影响效益进行描画进而确定共性技术的识别标准，如英国政府将技术分为科学技术主题领域、技能与训练领域、控制与标准领域、其他政策领域四个部分，基于技术的吸引性和可行性从科学技术主题领域提取共性技术清单（许端阳和徐峰，2010）；于晓勇等（2011）基于技术预见的角度从课题的重要性、课题实现的可能性、课题实现难度和当前研发水平四个角度提出共性技术的选择方法；虞锡君（2006）结合浙江产业集群的实践经验，提出了通过分析产业链瓶颈环节、价值链关键环节、技术链薄弱环节锁定关键共性技术的三链分析法，由地方政府科技部门、集群内龙头骨干企业、学科领域专家共同合作确定共性技术的三结合法，充分发挥市场机制作用，在宽泛范围内选定关键共性技术攻关主体的市场化选择法等具有较强实操性的共性技术识别手段。在定性识别的具体方法上，大多数研究都是选用专家调查法（Ronde，2001；于晓勇等，2011；陈静，2008；魏永莲和唐五湘，2009；袁思达，2009）。

2. 基于定量分析的识别方法

定量视角下的共性技术识别方法一般都以专利文献及数据为研究资料，期望通过分析专利间的引用情况进一步明确技术之间的渗透关系，从而确定共性技术。最早进行开拓性研究的是 Moser 和 Nicholas（2004），他们参照 HHI 指数（Herfindahl-Hirschman index）的计算方式，利用专利引用情况对技术的共性度进行分析，进而判定其是否为共性技术。Nonaka（1994）通过分析不同技术领域（技术簇）之间的关联情况来选择共性技术领域。Hall 和 Trajtenberg（2004）利用美国专利商标局的数据，在技术共性度的基础上辅以引文数量、专利群增长速度等指标对信息通信领域的共性技术进行了识别。当前较为普遍的共性技术识别手段是基于共现分析的研究范式，利用社会网络分析工具对技术的关联性进行量化评估，并进一步结合其他指标进行判断。栾春娟（2012）基于技术领域之间的共现关系，提出将技术共现率、技术相关度、多重测量中心度及度中心度和中介中心度等作为战略性新兴产业共性技术的测度指标。黄鲁成和张静（2014）利用德温特专利数据库的专利代码构建共现网络，通过技术基础性、技术应用范围及技术效益三个方面筛选产业共性技术。张鹏等（2016a）通过美国专利数据库相关数据构建专利引文网络和专利技术领域共现网络，以共现网络的 *K* 核分析和中心度计算表征技术的基础性，以专利网络的标准点位代码（standard point location code，SPLC）路径分析表征技术的广泛性，以多种中心度分析表征技术的关联性，对全球定位系统领域的共性技术进行了辨识。除去专利文献资料之外，还有学者利用其他数据及方法来确定共性技术，如 Ronde（2001）以专家对技术领域的熟悉程度为纽带，将不同领域的技术纳入同一研究框架来分析技术间的关联性，从而识别共性技术。骆正清和戴瑞（2013）在多轮专家调查的基础上建立了共性技术选择的指标体系，并通过主成分法进一步确定了主要指标及权重，得出了筛选共性技术的量化计算公式。

三、共性技术的供给失灵

（一）供给失灵的理论溯源

共性技术既可以为多方主体所共享，但又具备一定的排他性，被学术界认为是具有公共物品和私人产品双重属性的准公共物品。在个体经济理性的前提下，共性技术的公共属性反而会在部分排他性的作用下进一步放大，导致各方行动者为了保障自身收益和控制成本而拒绝参与可能被其他行动者所共享的技术研发活动，造成共性技术供给失灵。因此，共性技术的公共物品属性是其供给失灵的理论根源。

1. 公共物品的内涵及特征

物品的公共属性最早由经济学古典学派提及，以 Hume（休姆）的草地排水问题和 Smith（史密斯）的政府三项职能等理论为代表（贾晓璇，2011）。当前接受较为广泛的公共物品概念是 Samuelson（1954）所提出的，认为每个人对此类商品的消费均不会影响他人对该商品的消费，可供集团所有成员均等享用，其核心标准是非竞争性和非排他性。Buchanan（1965）则从消费所有权的角度进一步对公共物受益对象的范围进行了明确，指出了公共物品的俱乐部属性，通常团体利用集体组织所生产的商品和服务由团队内部成员所有享有。但制度学派认为由政府所提供的公共或者集体的利益通常被称为公共物品，没有为此类物品支付费用的人也不能被排除在受益群体之外。因此，严格来说当前对公共物品的概念并没有清晰的界定，即便是 Samuelson（1954）所提出的非竞争性和非排他性双重属性也被部分学者认为是脱离于现实生活的纯理想化产物（Margolis，1955；Colm，1956）。此外，需要特别注意的是，由于公共物品和外部性都存在严重的市场机制失灵，通常会被混为一谈，但很多情形下两者未必都能相互等同（Holtermann，1972）。虽然公共物品的概念尚未严格统一，但众多学者基于生产消费实践，认为其相较于私人物品，主要特征表现如下：①消费的非竞争性，即在既定生产水平下增加额外消费者不会影响现有成员的福利，向新增成员提供产品或服务的边际成本为零；②消费的非排他性，即个体无法轻易将他人消费排除于公共物品受益范围之外，至少需要支付高昂的成本；③效用的不可分割性，即公共物品的效用由所有既定成员共同分享，不能将其分割为归属于特定个体或小团体单独使用；④界定的使用性，即物品是否具有公共属性不是看其是否为公共所用，无所谓其是否具有实体形态，而是考察其是否为群体成员共同所用。

2. 公共物品的配置缺陷

公共物品在为所有成员带来收益的同时，在强调所有权的市场经济配置形式下很有可能造成资源的错配及失灵，具体缺陷如下：①造成“搭便车”问题。“搭便车”由 Olson（1965）首先提出，指在集体行动中参与者不需要支付任何成本就可以享受与支付者完全等价的物品效用。公共物品的非排他性导致不论成员是否为团体付出了相应的成本，其均可以从集体中获得相等的收益。因此在经济理性的前提下，个体会倾向于不支付相应成本而只享受收益，最终造成公共物品无人投入，引发集体行动困境。在“搭便车”问题的解决方面，目前讨论较多的思路是通过对集体成员的选择性激励，以特定的激励手段促进团体中的理性个体选择利于整体的活动。此外，还可以借助公共物品消费与私人物品消费的关联性，依据私人物品偏好放大个体在公共物品的收益，以此刺激个体对公共物品的投入（Hori，1975）。②引发公地悲剧。公地悲剧描述了在无政府状态及自愿情形下，每个牧羊人在理性选择下都会无限制尽可能地放养自己的牲畜，最终导致公共草地崩溃毁灭的场景。公共物品的特性使个体行为对公共物品的消极后果由团体所有成员承担，而额外收益归个体所有，因此个体在利益驱动下会选择持续扩大对公共资源的侵占，直到系统崩溃。有学者认为这是囚徒困境的现实体现，个体根据环境所选择的占优策略，最终没有形成整体的帕累托最优（沈满洪和谢慧明，2009）。③非排他性显著。由于经济成本、技术及制度规范，公共物品既无法有效排除有损团体整体利益的个体，也无法保证愿意支付一定成本的个体获取相应的商品和服务。

（二）供给失灵的成因

李纪珍（2001）运用博弈论对市场机制下的共性技术厂商、一般厂商、政府等利益主体的行为进行了分析，提出在纯市场机制下，共性技术失灵一般存在市场失灵和组织失灵两种类型，当前国内大多数研究都基于此类提法而展开。

市场失灵是指由于共性技术的外部性，在市场条件下企业对研发投入意愿受到抑制，导致共性技术供给不足。这与传统交易成本理论中涉及的市场失灵存在显著不同，传统市场失灵是指由于技术具备隐含性、复杂性、积累性、不确定性和网络延伸性等特性导致交易成本升高而企业只能选择进行内部研发而不考虑外部技术获取（Teece，1986），而共性技术市场失灵主要是指由于企业不能保证正常获取技术研发收益而放弃从事研发活动。对于市场失灵的成因，Tassey（1992，1997）认为是共性技术的公共物品属性所必然导致的。方福前和张平（2008）将共性技术的公共物品属性进一步细化，指出非竞争性、非排他性、非分割性等特征是引发“搭便车”行为的重要原因，进而导致市场失灵。同时，Tassey（2008）将工业技术分为共性技术、技术基础设施和专有技术三要素，并基于此重新建立生产函数模型，认为非排他性是研发创新投入市场失灵的主要诱因和重要标志。组织失灵是指由于共性技术研发周期较长、多学科交叉导致技术难度较高、研发不确定性较为显著，单一研发个体由于规模、结构、能力、人才等无法承担研发任务，最终无法满足共性技术供给的需要。Rosenberg 和 Trajtenberg（2001）认为，跨学科研究的增多必然会引发严重的组织问题，而共性技术的基础性和关联性等特性进一步增加了技术研发的难度和风险，对研发组织的能力提出了更高的标准。

随着研究的深入，李纪珍和邓衢文（2011）注意到，虽然共性技术处于技术树的根端位置，但不意味着其必然能够在扩展过程中被轻易共享，换言之，共性技术的外部性并不等同于外溢性。因此他们将共性技术供给进一步划分为基础性、竞争前、应用类三种区间，指出共性技术在不同区间时，供给方研发的成本和风险与技术成果的外溢性、接收方二次开发的成本风险及技术估值倾向均会发生变化，因此不同区间内失灵的表现存在显著差异。例如，在基础性区间容易出现组织失灵和市场失灵，在应用类区间容易出现制度失灵和市场失灵，因而最终体现为在供给中出现组织失灵和市场失灵、在扩展中出现市场失灵和制度失灵的多重失灵。陈静和唐五湘（2007）也认为根据共性技术的作用阶段，存在研发机构上的组织失灵、技术供给环节中的市场失灵及资源配置环节的政府干预失灵。

（三）供给失灵的政府干预

Arrow（2003）研究发现，由于共性技术研发存在较为显著的外溢性，非政府干预条件下的竞争性均衡往往并非帕累托最优，更容易引发配置失灵导致创新动力缺失。根据 Freeman 和 Soete（1982）的国家创新系统理论，政府政策对企业、科研机构、高等院校教育培训机构、中介机构等要素均能产生重要影响，因此是解决共性技术供给失灵的核心手段。事实上，政策是国家间创新能力差异的根源所在（Tidd et al.，2001），政府通过创新资助和引导、完善研发基础设施等手段，可以调整创新的短期垄断利润和模仿造成的竞争压力，从而对创新资源的配置产生影响，进而缓解共性技术供给的失灵现象。

在具体的干预手段和形式上，陈静和唐五湘（2007）认为应该将焦点放在政府、组织和市场的接口环节上，重点开展如下工作：首先，由于市场体制以自由交换和权力分散为特征，政府需要制定规则建立适当秩序，界定各共性技术研发主体的权利和义务，明确其活动边界，包括完善知识产权保护制度、构建成果分享机制等。其次，由于技术供需双方的信息不对称，需要政府对技术的需求和供给进行调节和平衡，减少供需双方各自投入最终单纯依靠市场达成均衡造成的高昂代价。再次，政府对共性技术研发活动的干预需要选择适当的时机，一般情况下，在市场调节能力不够强势或者市场失衡时，政府需要加大干预力度，当市场机制较为完善时，应放松干预力度。最后，政府干预手段应该以提供基础设施、促进自愿合作、减少合作费用为主，特别是对市场机制下企业不愿投入的技术领域加强投入，共担成本。张健等（2017）以战略性新兴产业为研究对象，指出共性技术研发是发展战略性新兴产业的关键环节，需要政府发挥更大作用予以推进，建议从以下方面完善机制：第一，要明确政府的作用边界，重点围绕解决共性技术的公共物品性质和私人物品性质之间的矛盾、正外部效应和负外部效应之间的矛盾、核心战略价值和高度不确定性之间的矛盾、创新研发活动的竞争和合作之间的矛盾等而展开；第二，政府对共性技术的研发需要制定科学合理的设计规划，加强引导和指导；第三，政府需要对共性技术研发活动提供资金支持；第四，政府需要为共性技术的供给和扩散提供制度保障，加速知识产权制度完善，避免“搭便车”等负面效应；第五，政府需要倡导、鼓励和加强企业、高校和科研机构之间的联合创新行为，发挥更好的组织协调作用；第六，需要政府发挥自身优势和能力为企业、科研机构等共性技术主体提供信息支持。此外，Edler 和

Georghiou（2007）从政策体系内各要素关系的角度，认为政策的目标应是优化创新体系内各主体之间的交流，因此政策应该进一步加强创新体系内各要素之间的联系，把促进创新活动的政策工具分为供给导向和需求导向。

当然，也有学者通过分析共性技术研发主体间的博弈行为提出引进培育有突出能力的核心或龙头企业是促进共性技术的重要手段，但在同质化相对明显的产业集群情境下，单纯增加企业规模甚至会降低共性技术创新的可能性，构建以政府为主导、企业为主体的共性技术创新联盟是推进共性技术研发的重要方式（李国昊等，2013）。

四、共性技术的研发组织形式

（一）产学研合作相关研究

产学研合作是共性技术研发的重要组织形式之一，学术界主要就如何成功地促进三方合作进行了较为系统且深入的探讨，主要内容如下。

1. 产学研合作的形成机理

根据 Broström（2012）研究，产生发明或者研发新产品、新工艺是产学合作的根本原因，而且此类合作往往基于平等互利的条件，而非控制、兼并等原因（Ankrah et al.，2013）。同时，产学研合作的形成效率受多种因素影响：学术界较为普遍地认为地理邻近性是影响合作达成的重要因素，但与政府的接触（Hong and Su，2013）、合作者个体特征（Slavtchev，2013）、技术的类型（Melkers and Xiao，2012）、沟通程度（Frasquet et al.，2012）等也有显著关联。徐静（2012）借助帆船来形象比喻产学研合作的动力机制，指出共同的利益驱动如同帆船引擎、技术推动如同船帆、市场导向如同船舵、三者之间的技术势差如同船桨、资金支持如同传动轴带、环境如同水流，共同推动产学研合作的帆船前进。

2. 产学研合作的形成过程

产学研合作的形成具有显著的阶段性，de Fuentes 和 Dutrénit（2012）认为产学研的互动可以分为互动驱动力、互动渠道和从合作中获取收益三个阶段；刘凤朝等（2011）将中国 985 高校与外界的专利合作网络发展按时间分为 1985~1998 年、1999~2005 年和 2006~2009 年三个阶段；王伟光等（2012）借鉴生命周期理论，将产学研合作周期概括为合作前期、合作中期和合作后期三个阶段。江诗松等（2014）基于产学研联合情境、大学特定情境、公共机构特点和企业吸收能力的分析框架，将我国 1985 年以来产学研联结分为始于 1985 年科技体制改革的产学研联合阶段、始于 1995 年加速科学技术进步的产学研结合阶段、始于2006 年国家中长期科学和技术发展规划纲要的产学研用相结合阶段。基于不同阶段的特征，沟通、理解、信任和人员等合作关键因素会产生不同的变异（Plewa et al.，2013）。

3. 产学研合作的案例研究

产学研合作已经开展较长时间，产生了许多成功或者失败的案例，学者试图通过对这些案例中合作的内容、模式和特征进行概括，以期获得产学研合作在不同情境下的运作规律。Freitas 等（2013）以巴西的24 个研究组为样本，通过访谈发现在新兴产业的合作项目中企业雇员和学生相对重要，而成熟产业中则高校和科研机构占主导地位。Robin 和 Schubert（2013）基于德国和法国的创新调查数据，认为企业在与公共研究机构的合作中主要是增加了产品创新，而工艺创新变化不明显。Zukauskaite（2012）通过对瑞典一家企业的跟踪研究，指出产学研不只帮助企业提升研发能力，在沟通能力、营销观念、社会责任等方面也有积极影响。相较于国外学者利用案例资料发现新规律，国内学者主要以介绍发达国家产学研合作的成功经验为主。陈劲和张学文（2008）从历史、模式、战略和制度等角度对日本的管产学研合作体系进行了考察。陈俐等（2016）认为英国的高校产学研创新体系对我国促进科技成果转移转化具有重要参考价值。

4. 产学研合作的利益分配及博弈

价值创造是合作战略的根本（Hammervoll，2012），因此利益分配研究主要基于产学研合作中各利益主体的博弈行为展开。郑月龙等（2016）通过对企业实力相近和企业实力相异等不同情境下各合作主体不同对策的分析，发现信息成本对参与者的利益具有重要影响，进而决定了合作研发机制的形成。凌守兴等（2015）利用两群体反复博弈-复制动态的演化博弈方法，提出产学研合作的博弈均衡受到合作成本、超额收益、收益分配系数、成本分摊系数、违约罚金、政府补贴等多重因子的综合影响。

（二）技术联盟相关研究

技术联盟是产学研合作的升级形态，是指多个企业等组织为适应知识快速发展和市场竞争，出于优势互补的目的共同研发某一知识或者产品，其形态处于准市场制和准公司制之间，具有一定的临时性（Gulati，1995）。对于因为复杂性和外部性往往无法由单一企业独立完成的共性技术开发研究来说，是一种较为普遍的研发组织形态，目前学术界主要聚焦如下研究内容。

1. 技术联盟的分类

不同学者出于不同的研究目标、方法及手段对技术联盟进行了类型划分，以期进一步细化其特征和行为模式。van de Vrande 等（2006）基于产权交易将技术联盟分为股权型技术联盟和非股权型技术联盟。李红玲和钟书华（2002）则从联盟的普遍程度将技术联盟归为常见形式和其他形式，其中常见形式是指项目型的联盟合作，其他形式包括购买型、服务型、生产型、公司型、控股型等 9 种。马家喜等（2008）根据技术创新的渠道提出技术联盟可以分为正式模式和非正式模式。除去以上从显性特征概括技术联盟分类之外，Esteban 等（2008）基于联盟内流动技术和产出成果归纳了技术联盟的六种运行状态：无研发活动、单向转移现有技术；无研发活动、双向转移现有技术；现有技术基础上从事研发活动；结合现有技术从事研发活动；从事全新的技术研发活动。

2. 技术联盟绩效的影响因素

学术界普遍认为，信任是影响联盟成功的关键因素（Candace and Thomas，2009），因此成员之间需要进一步交流沟通、信守承诺、减少冲突，营造和谐、友好的联盟氛围（Robson et al.，2006）。除此之外，也有学者认为其他因素对联盟绩效也存在影响，以联盟边界为划分标准可以分为内部因素和外部因素两类（王慧瑾和孙明贵，2010），内部因素包含联盟类型、合作伙伴关系匹配性、冲突管理有效性等，外部因素包含政治因素、法律因素、经济因素、技术因素等（刘云和梁栋国，2007）。吉峰和周敏（2007）通过对技术联盟中产业、政府、学者三类群体的系统调研，认为影响联盟绩效的关键因素是企业策略规划、伙伴选择、沟通管理、互信程度、资源互补、产出分配公平性、竞争合作关系、沟通机制和制度、风险管理。卢纪华等（2012）则进一步强调了承诺对绩效的影响，指出收益承诺和关系承诺与绩效有显著的正向关系。

3. 技术联盟的收益与风险分配

由于技术联盟内成员所面临的机会主义风险要远低于其他技术获取方式（Candace and Thomas，2009），各类组织组建或参与技术联盟的目的除研发项目外，更重要的是期望获取所需要的知识资源（Steensma and Corley，2000）。因此联盟的利益分配存在两种形式，一种是可以通过占据联盟的中心位置，依靠网络地位获取丰富信息资源，从而提升自身创新能力；另一种是对创新成功后的利益进行分享，取决于成员的贡献、能力的独特性等因素（陈菊红等，2007）。吴宪华（2001）通过对联盟内产出分享机制的研究，运用博弈论证明效率较高或机会成本较低的联盟成员最终获取收益较多。Das 和 Teng（2010）基于利益分享的角度，发现联盟成员对于自身利益的最大化诉求和联盟对成员过度追求利益的限制存在矛盾，是联盟相较于其他一体化组织的主要风险所在。

4. 技术联盟的稳定性

由于技术联盟是特定条件下为处理棘手问题的一种临时性组织，具有阶段性和时限性特征（Bleeke and Ernst，1993），因此当环境变化时，其就会面临解体的危险（Knorr and Arndt，2004）。徐礼伯和施建军（2010）进一步指出，外部环境的变化会造成联盟成员间依赖程度的变化，最终引发成员利己性改变既有的利益分配格局，使联盟陷入不稳定。从当前研究来看，大多数学者认同技术联盟稳定性受联盟内部因素所影响。联盟成员间的相互依赖程度越大，成员越不容易脱离团体，联盟就越稳定（Gulati，1995）。Sim 和 Ali（2000）基于孟加拉国 59 家跨国合资企业相关数据，发现成员间的协作和心理距离对联盟稳定性有重要影响。Ngowi（2007）用荷兰 391 家高科技企业的数据证明组织间的信任和联盟稳定性呈高度正相关。后来，有学者发现联盟内成员间的知识学习会改变成员的相对议价能力，导致互补因子降低，可能会引发联盟的提前解散（任声策和宣国良，2005）。Bidault 和 Salgado（2001）提出联盟复杂度的概念，认为较高的复杂度会导致成员企业与联盟目标发生偏离，造成联盟不稳定。此外，也有学者结合外界的环境条件来探讨联盟的稳定性。Coombs 和 Bierly（2006）发现处于产品研发早期和晚期阶段的技术联盟稳定性更差；蒋樟生等（2008）提出当成员间差异性、信任约束、利益分配机制等内生要素达到平衡时，联盟战略导向、实力变迁、创新能力增长等外部因素就成为影响联盟是否解散的关键。

（三）技术生态系统相关研究

作为一种区别于科层与市场之间的特殊组织结构，生态系统是由不同创新主体组成的知识社区。生态系统的价值产出依赖于这些创新主体通过专有化技术投资的方式实现的共享价值主张。在此过程中，与共性技术其他的研发组织形式（如产学研、技术联盟）不同的是，生态系统可以通过参与者的异质性、自组织性形成非正式的知识交互关系，内部的知识流动可以跨越多个行业，超越社会和私有部门之间的知识边界。因此，由于非正式知识交互的自发性特点，生态系统形成的共性技术基础设施通常比其他结构更具生成性，目前学术界主要聚焦如下研究内容。

1. 生态系统中的知识要素

知识要素是生态系统构成的基本单元，对于生态系统而言不同的知识要素组合能够产生不同作用，以此形成特异的基本属性和功能。当前，现有研究将生态系统内知识要素组成划分为：知识、知识主体、系统环境及对系统产生作用的其他因素（储节旺和夏莉，2021）。生态系统环境为原本分散在市场中的多个行业的具有专业知识和能力的创新主体之间的非正式交流与协作提供了基础设施。具体来看，知识作为支撑生态系统交互的媒介，其传播主体主要是知识的主要利用者，在生态系统视角下即知识的创造者、分解者和利用者；系统环境是由不同领域的知识种群所形成的群落及其内外部互动关系所共同形成的。知识在生态系统不同种群内与种群间得以互动，知识主体原本持有的知识主张在经过反复辩论、协调及迭代后得以不断整合与修正，最终形成了生态系统层面的价值主张。因此，生态系统的知识要素在经过组合后的主要功能是通过知识互动来促进创新主体的社会学习并以此加速知识主张的更迭与价值创造。

2. 保障知识有效流动的生态系统架构和治理

构建生态系统架构需要充分考虑其长期可持续性的问题，实现可持续的关键先决条件是在各类创新主体之间保持高效的知识交互。为实现这一目的，生态系统的架构协调者需要实施适应性的治理机制。现有研究主要从对创新主体的决策权限和责任分配，以及相应具有激励与控制不同属性的治理策略进行讨论，如 Foerderer 等（2019）便基于软件平台的知识边界视角说明知识基础设施受到架构协调者的影响，并以此形成不同的知识资源。Bereznoy 等（2021）立足于知识创造与知识共享的框架阐述了协调者如何通过决策权限和责任分配促进平台生态系统内部知识流动的理论观点。在多数情境下，生态系统的协调者会根据所选择的战略目标和系统架构的特征对不同策略组合进行治理。但随着生态系统规模及成熟度的提高，运营环境及其相应治理机制变得复杂，生态系统治理设计也还处在不断发展的阶段。

3. 生态系统的演化特征与知识应用过程

如上所述，虽然生态系统能够通过异质创新主体价值共创形成具有极高互补性的共性知识基础设施，但生态系统演化是一个具有极高复杂性的过程。复杂性体现在生态系统会在其内部的知识突变力量和外部环境刺激的驱动下发生整体演化，其中来自系统内部的知识突变力量是推动生态系统演变的决定因素，而外部刺激是辅助条件（储节旺和夏莉，2021），其演化具有不确定性的特征。张鹏等（2016b）发现生态系统型组织在知识的协同演化过程中依次会经历寄生性、偏利性、互惠性和共生性的阶段，在其中会发生不同创新主体的竞争性协同。同时，这一复杂性还会作用于生态系统的知识共享、整合、转移、服务及创新的应用过程。例如，在生态系统的阶段性演化中，生态系统的核心创新主体会产生异质性知识共享行为；生态系统的演化会改变原有的知识边界，有利于组织间内外部协调机制的建设，形成自微观客体、中观群体到宏观系统于一体的生态网络，从而促进知识创新与增值。因此，常春等（2019）聚焦于生态系统的知识应用过程，分别提出知识在个体层面、群体层面及系统层面的生态属性。

第十章 传统制造业共性技术识别与渗透分析

共性技术作为技术基础设施的重要组成部分，对于产业整体乃至国家技术创新体系均具有重要意义，是各国政府科技战略的核心领域。在信息爆炸和全球化的双重影响下，技术复杂化程度和交叉融合趋势日益加深，仅凭经验或者主观已无法准确判断某项技术是否属于共性技术范畴，无论对国家科学制定科技发展规划还是企业明确技术研发方向均产生不利影响。在现阶段，产业共性技术的突破往往是由国家提供资助和搭建平台，通过创新主体协同，组织政产学研联合攻关来实现，因此建立共性技术的识别与渗透机制，并进一步明确其技术链区位属性，对谋划产业技术布局、选择技术发展路径，针对性推出相应支持政策具有重要意义。同比国际其他国家，中国产业共性技术起步晚，还处于蓬勃发展阶段。可借鉴国际上的成熟经验，根据中国的产业发展实际，进行适应性的机制设计与创新，以加强共性技术对传统制造业的供给与渗透。因此，出于产业数据的可获得性，本章以国际视角下轨道交通装备制造业共性技术为研究对象，利用德温特专利数据库分析轨道交通装备制造业的共性技术领域及其供给与渗透的成效和未来的发展方向，以期为产业政策的制定提供启发。

一、共性技术识别框架构建

（一）共性技术识别方法设计

共性技术识别方法经过不断的研究发展，已经较为系统化，主要包括基于专利分析的定量分析与以专家调查法为核心的定性定量结合研究两个类型，但是仍然存在一定缺陷。一方面，部分定量研究的模型复杂，识别过程烦琐，大量流程需要手动操作；另一方面，以专家调查法为核心的定性定量结合研究则比较依赖专家的主观判断，难以达成共识，容易受专家人数的干扰。因此本章将神经网络引入研究，通过其数据预测的功能来进行共性技术的识别。神经网络可以通过训练学习调整参数值，从而缩小期望值与实际值的误差，达到一定的学习次数后获得目标模型。神经网络数据分析方法已经得到了广泛运用并且证明了自身的信效度，但是随着时代的进步，一方面数据开始变得复杂化与多维化，有效信息的提取变得更加困难；另一方面不断深化的研究内容对信息精确度的要求提高，势必对数据分析软件的分析能力提出更高的要求。在新的需求下，传统神经网络的缺陷逐渐暴露，不再适应社会的发展。以反向传播神经网络为例，存在收敛速度慢、容易陷入局部极值等问题。

构建基于深度学习的神经网络可以解决传统神经网络的问题。基于深度学习建立的神经网络工作原理与传统神经网络类似，通过模拟人脑多层感知结构，对原始数据进行分析，提取数据特征，并进行训练学习，逐步获得预测答案的能力，但是在传统神经网络基础上进行了修改与调整，通过多层次共同学习克服原有缺陷，对更加复杂的数据予以精确分析。目前，深度学习神经网络包括深度置信网络、堆栈自编码网络、卷积神经网络三种基本结构，已经在趋势预测、图像分类、语音识别、文字翻译与网络搜索等多个领域取得突破。通过深度学习搭建神经网络进行共性技术的识别，优势在于一方面可以简化分析步骤，降低人力负担，将判断的过程交给机器；另一方面可以通过神经网络的训练学习功能缩小误差，提高预期模型的准确性。

因此在前人研究基础上进行优化，在确定共性技术特征的基础上建立共性技术指标体系，研究利用德温特专利数据库获取用国际专利分类代码表示的轨道交通技术领域分类及原始数据，通过进一步运算得出各个技术领域的各项共性技术指标，再根据现有研究获得部分已经得到证实的共性技术领域作为原始数据并通过深度学习神经网络的趋势预测功能建立模型，结合模型与指标数据识别出轨道交通领域的共性技术。随后基于各个领域内的专利对共性技术的供给与渗透进行分析。

（二）构建指标体系与神经网络

延续国内外研究基础，本章采用的共性技术识别框架已经被广泛使用且可信度较高。经过整理与融合，研究认为产业共性技术有四个主要特征：中心性、外部性、关联性与效益性。

（1）中心性。Hall 和 Trajtenberg（2004）认为共性技术具有基础性，即共性技术居于中心，对周围的技术产生辐射影响，被多个技术领域或者其他产业所引用，一方面为后续技术研发提供参考和技术支持；另一方面为产业化过程中的推广和应用提供基础。研究以中介中心度作为中心性的衡量指标。对于专利技术来说，中心度可以理解为对其他技术领域的影响力，拥有较高中心度的专利技术即共性技术。研究采用国际专利分类来表示各项专利对应的技术领域。

（2）外部性。产业共性技术具有外部性，包含了较为先进的科学技术，共性技术会在产业间扩散传播，溢出到其他技术领域和不同产业，得到广泛应用。共性技术并不只单一适用于某个企业或某种产品，而是一种普遍适用于多种行业和工艺中的技术。作为一个基础性技术，共性技术可以影响同一领域内的其他方向或者不同的领域，为领域内的技术研发提供支持，衍生出新技术。外部性可以通过每个国际专利分类技术领域中平均每项专利对应的学科数量来衡量，学科数量越多，表明该专利所在的技术领域知识溢出越强，则外部性越强。

（3）关联性。共性技术的关联性表现为知识与技术紧密关联。一方面，共性技术凝聚多领域的知识；另一方面，表现为一组成套关联技术的组合（邹樵，2008）。关联性可以通过中间人指数衡量。中间人是指处于两点中间位置的人，对资源的协调起重要作用。中间人指数水平越高，表明该点与其他点的联系越密切，在技术网络中起到关键作用。

（4）效益性。从社会角度看，共性技术具有多产业共用性，一旦研发成功，将有利于本地企业获得竞争优势从而提高本地产业的国际竞争力，从而具有广泛的社会效益性。从经济角度看，共性技术可以为不同技术领域提供技术基础。一方面，共性技术的外溢可以加快其他技术的研发进度、改善产品的工艺流程与加速产品商业化；另一方面，可以节约其他研发群体的研发费用成本与时间成本。因此，共性技术有社会效益性与经济效益性。效益性可以通过施引专利的数量来衡量。每一个专利都拥有不同数量的施引专利，施引专利所在的领域就是专利能够产生影响力的技术领域。施引专利的数量较多，表明该专利有较强的普遍适用性，对人类社会的进步有重要的贡献，则必然具有较大的社会与经济效益。

在获取基于共性技术识别的指标体系原始数据后，以 python 为平台，基于 TensorFlow 工具中的趋势预测功能编写预测代码。选取多个已获得证实的共性技术领域与相关的非共性技术领域作为原始训练数据并设定训练次数、学习率、初始参数与训练结果，将训练结果命名为共性技术指数 Y 并为原始训练数据设置 Y 值为 1 或 0，1 代表共性技术领域，0 代表非共性技术领域。将代码与原始训练数据导入 python 后通过多次训练缩小误差，让预测指数值不断接近设定指数值，得到最终模型。将期望得到预测的共性技术领域数据代入得到共性技术指数 Y。Y 值越大，则该技术领域越有可能是共性技术领域；Y 值越小，则越有可能是非共性技术领域，通过对 Y 值排序即可获知领域内共性技术。

二、轨道交通装备制造业共性技术的识别过程

研究选择轨道交通作为共性技术识别的内容，以专利作为衡量技术发展的依据。通过德温特专利数据库收集专利数据，采用主题关键词检索的方法，以 TS=（“rail traffic” or “Rail transit” or “Rail transport”）作为关键词，选择时间跨度为1963~2018年。本研究总共检索并且下载了4 666条轨道交通领域的专利数据作为样本，下载时间为2018年7月14日。4 666条专利总共涉及了4 245个国际专利分类代码，总频次为11 287次。

首先将4 666条专利数据导入bibexcel软件，提取出各个专利的国际专利分类代码，进一步转换成国际专利分类代码共现频次表，如表10-1所示。将技术领域共现数据转换为共现矩阵，导入Ucinet软件，分别计算出中间中心度指标与中间人指标。

表10-1 共现频次表（部分）

共现频次	技术领域	
40	H01B-007/17	H01B-007/295
38	H01B-007/18	H01B-007/295
33	H01B-007/282	H01B-007/295
27	H01B-007/17	H01B-007/18
27	G06Q-010/04	G06Q-050/30
27	H01B-007/28	H01B-007/295
26	H01B-007/18	H01B-007/282
26	H01B-007/04	H01B-007/295
26	H01B-007/17	H01B-007/282
23	H01B-007/18	H01B-007/28

以 TS=（“rail traffic” or “Rail transit” or “Rail transport”）作为主题关键词，以所要研究的196个专利号作为IP关键词分别进行搜索，时间定为1963~2018年。统计各个专利号的学科数量与施引专利数量，结合中间中心度指标与中间人指标，汇总得到共性技术指标数据。

研究采用已经从中心性、广泛性与效益性三个维度被证实的锂电池领域共性技术作为原始训练数据，其中技术中心性通过德温特手工代码与关键词的中心度

指标衡量，技术广泛性通过手工代码的专利家族与技术路径衡量，技术效益性通过专利家族衡量，三者均有良好的信效度，因此将得出的基于手工代码的共性技术领域通过德温特专利数据库转换为基于国际专利分类代码的共性技术领域，选取 5 个共性技术领域与 5 个非共性技术领域作为训练样本，包括 H01M-010/052、H01M-010/05、H01M-004/62、H01M-004/02、H01M-004/36、H01M-004/58、H01M-010/40、H01M-004/13、H01M-004/505 与 H01M-004/525。

通过 python 调用 TensorFlow 平台并编写预测代码，将初始参数 w_1、w_2、w_3、w_4统一设定为 0.1，并设定共性技术领域指数 Y 的训练值为 1，非共性技术领域指数 Y 的训练值为 0。训练次数设定为 5 000 次，学习率设定为 0.001，将原始数据导入 python，每项数据均会接受 5 000 次训练，则训练总数为 50 000 次，得出共性技术识别的线性模型，误差值被降为 0.001，证明了训练过程的可靠性。将轨道交通各个技术领域的共性技术指标数据代入所得模型，筛选出得分最高的 5 个技术领域，分别是 B61L-027/00、B61L-023/00、E01B-019/00、B61L-025/02 与 B61L-027/04，即轨道交通技术领域的共性技术，过程如图 10-1。

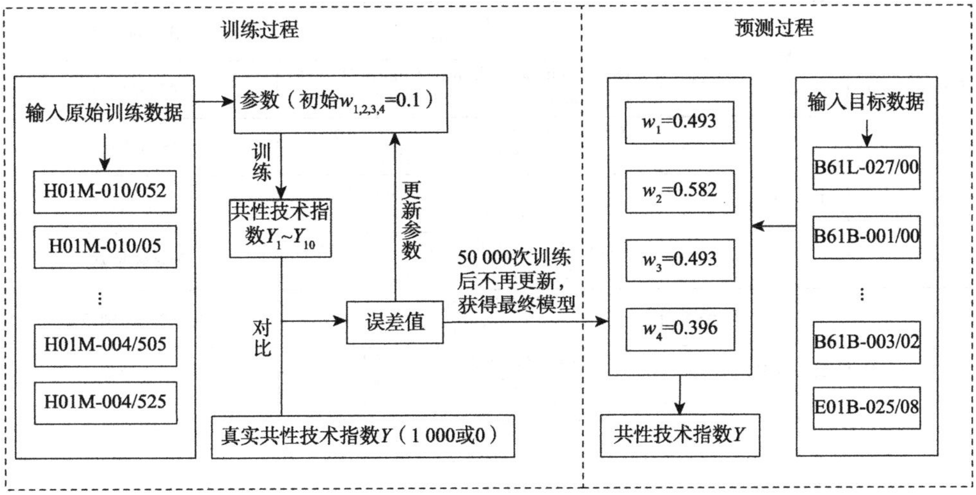

图 10-1　数据训练与预测过程

（一）轨道交通装备制造业共性技术供给与渗透的阶段性特征

采用 TS=（“rail traffic” or “Rail transit” or “Rail transport”）和 IP=（B61L-027/00 or B61L-023/00 or E01B-019/00 or B61L-025/02 or B61L-027/04）作为关键词进行搜索，时间为 1963~2018 年，总共获得专利 396 项，具体技术分布

情况如表10-2所示。从总体情况来看，由于1987年之前领域专利数量过少，所以仅将1987~2018年共性技术专利数量绘制为专利数量变化热点图（图10-2），可以看出轨道交通共性技术领域的发展主要存在三个阶段。第一阶段为1963~2004年，该阶段专利数量少，增长速度较慢，表明轨道交通领域处于起步阶段。第二阶段为2005~2012年，该阶段的专利增长速度明显加快，表明轨道交通产业开始加速发展。第三阶段为2013~2018年，专利数量出现爆炸式增长。专利增长速度的不断加快表明轨道交通技术进入高速发展期，新专利与新技术层出不穷。值得注意的是，轨道交通领域的专利增长尚未出现下降阶段，表明该领域的技术框架尚未搭建完成，存在较大的发展空间，也是技术落后国家或地区实现弯道超车的机遇期。

表10-2 各阶段各国共性技术研究领域

领域	阶段	国别	所属机构	专利
E01B-019/00	第一阶段	德国	Pfleiderer Infrastrukturtechnik Gmbh（法德勒公司）	阻尼隔振系统
		德国	Gmundner Fertigteile Gmbh & CO KG（格蒙登公司）	隔音系统
	第二阶段	中国	University Beijing Jiaotong（北京交通大学）	阻尼隔振器
		中国	Geergu Qingdao Vibration Control Co Ltd［隔而固（青岛）振动控制］	浮板隔振器
	第三阶段	中国	China Railway Eng Consultants Group（中铁工程咨询集团）	融雪装置
		中国	University Beijing Jiaotong（北京交通大学）	防滑结构
		中国	Qingdao Sifang Rolling Stock Res Inst Co（中车青岛四方研究所）	弹簧隔振器
B61L-027/00	第一阶段	德国	Daimler-Benz AG（戴姆勒奔驰）	列车状态识别系统
		日本	Tokai Ryokyaku Tetusdo KK（车海良友铁道株式会社）	列车停靠系统
		法国	Alcatel Alsthom Cie Gen Electricite（通用电气阿尔斯通公司）	行程调度系统
	第二阶段	中国	University Tongji（同济大学）	车辆运行在线监测系统
	第三阶段	中国	Nanjing Rail Transit System Eng Co Ltd（南京轨道交通系统工程公司）	轨道交通自动控制系统
B61L-023/00	第一阶段	日本	Hitachi Ltd（同立有限公司）	列车位置识别装置
		法国	Alstom Sa（阿尔斯通集团）	距离控制装置
		美国	Westinghouse Electric Corp（西屋电气公司）	信号收集装置
	第二阶段	中国	China Railway Shanghai Design Inst Group（中国铁路上海设计研究院）	故障恢复系统

续表

领域	阶段	国别	所属机构	专利
B61L-023/00	第二阶段	中国	Casco Signal Co Ltd（卡斯柯信号公司）	中心监测系统
	第三阶段	中国	University Tongji（同济大学）	列车防撞系统
		中国	Shanghai Fuxin Its Control Co Ltd（上海富欣智能交通控制公司）	数据通信系统
B61L-027/04	第一阶段	法国	Alstom Sa（阿尔斯通集团）	列车位置探测系统
		日本	Mitsubishi Denki KK（三菱电机株式会社）	路线辅助系统
		美国	University Pennsylvania（宾夕法尼亚大学）	进度分析决策支持系统
	第二阶段	中国	Shanghai Rail Traffic Equip Co Ltd（上海轨道交通装备公司）	综合监控系统
	第三阶段	中国	University Southeast（东南大学）	运输调度系统
		中国	University Beijing Jiaotong（北京交通大学）	运行节能优化系统
B61L-025/02	第一阶段	德国	Messerschmitt-Bolkow-Blo（梅塞施密特航空制造公司）	运输网络故障检测系统
		日本	Toshiba KK（东芝株式会社）	运行支持系统
	第二阶段	中国	Casco Signal Co Ltd（卡斯柯信号公司）	运行状态显示系统
		中国	Zhongxing Intelligent Transportation Sys（中兴智能交通系统）	列车跟踪定位系统
	第三阶段	中国	Hefei Gongda Hi-Tech Information & Techn（合肥工大高科信息科技股份有限公司）	矿用铁路列车跟踪检测装置
		中国	Tct Co Ltd（TCL 通信科技控股有限公司）	城市轨道停车辅助系统

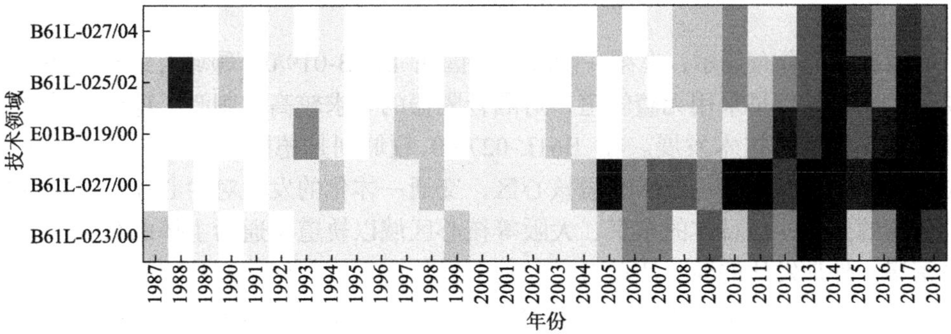

图 10-2　专利数量增长情况

颜色越深代表该技术领域当年专利数量增长量越高

手动统计各个专利的所在国家或地区，发现中国、美国、德国、法国和日本是轨道交通装备制造业领域专利的主要申请国，占据了 90%以上的专利，因此主要对这五个国家的技术发展情况进行分析。根据发展时期和国家对专利进行分类，得到如图 10-3 的三维气泡图，其中 A 轴的 C、A、G、F 和 J 分别代表中国、美国、德国、法国和日本五个国家；C 轴的 S_1、S_2 与 S_3 分别代表三个时期；B 轴为五个技术领域。

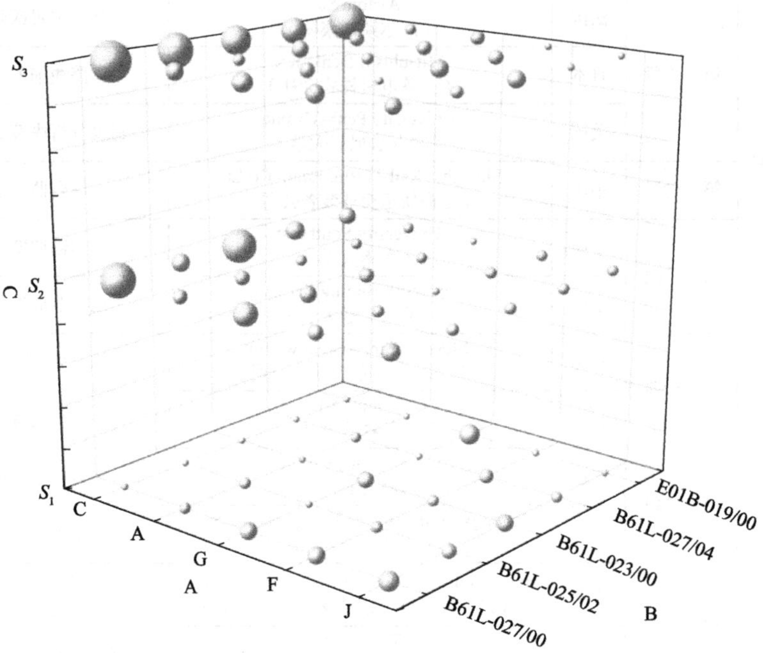

图 10-3 各阶段各国专利数量增长图

数据情况分布显示，在第一阶段，德国在 E01B-019/00 领域有绝对优势，主要是由于德国较早采用无碴轨道，对隔音隔振的要求较高，刺激了德国飞德莱等公司在该领域的技术发展。在 B61L-027/00 领域则是德国、法国与日本处于领先，其中德国和法国均位于欧盟核心区，交通一体化的发展对中心控制系统提出了更高的要求，而日本的东京、大阪等核心区域以轨道交通为主体的公共交通网络密集，外加发达的商业活动对时间精确性的要求，促使德国戴姆勒奔驰公司、日本东海公司与法国阿尔斯通集团为代表的企业大力发展中心控制系统。B61L-025/02 领域由日本、法国与美国保持技术优势，该领域的发展主要是由于随着轨道交通体系的复杂化，列车脱轨、相撞导致的事故增加，急需提高列车的安全性，日本日立、法国阿尔斯通集团与美国西屋电气等基于原有的技术积累，迅速占据了安全装置领域的市场。在 B61L-027/04 领域中法国、日本与美国具有优势，主要企业或者研究机构有法国阿尔斯通集团、日本三菱与美国宾夕法尼亚大学。B61L-023/00 领域由德国与日本占据第一梯队，包括梅塞施密特与日立。总体来看，除 E01B-019/00 领域的其他几个领域均出现了几强抗衡的局面，没有形成单个国家的绝对优势，而中国在五个领域处于明显的落后位置，专利数量寥寥无几。第二阶段，中国在轨道交通共性技术的供给上开始发力，专利研发数量迅速上升，除了 B61L-023/00 领域尚未与其他国家拉开明显差距，在其余四个技术领域均有较大的优势，仅用不到 20 年就实现了专利数量上的追赶与反超。第三阶段，中国在五个领域同时扩大自己的领先局面，取得了专利数量上的绝对优势。三阶段变化表明中国在轨道交通领域共性技术的供给上取得了良好的成效。与其他四个国家技术集中于少数几家企业不同的是，中国的共性技术研发相对分散，包括高校、国有企业与跨国企业在中国的子公司都承担了一定的研发工作，表明中国在构建共性技术研发体系上的工作取得了一定成效。

国际专利申请是技术渗透的一种方式，在开辟市场的同时保护技术的产权。通过专利家族的数量与专利数量的比值来计算各国共性技术专利的国际渗透率，发现德国、美国、法国和日本是轨道交通领域专利渗透的主要发起国，因此本章主要对这四个国家的渗透方向进行分析，并与中国对比（图 10-4）。

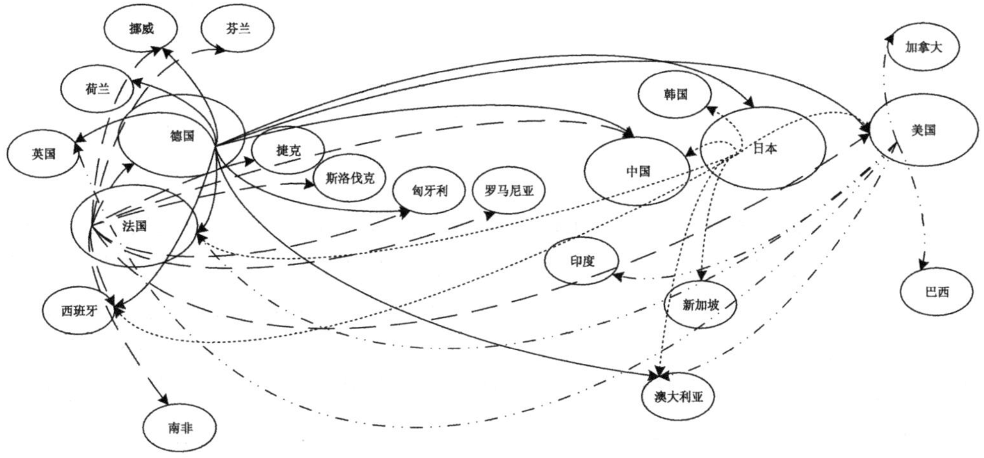

（a）第一阶段（1963~2004 年）

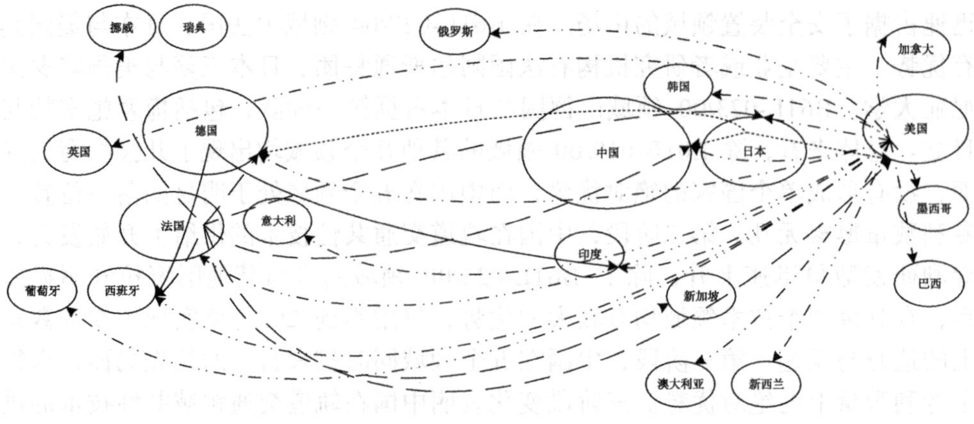

（b）第二阶段（2005~2012 年）

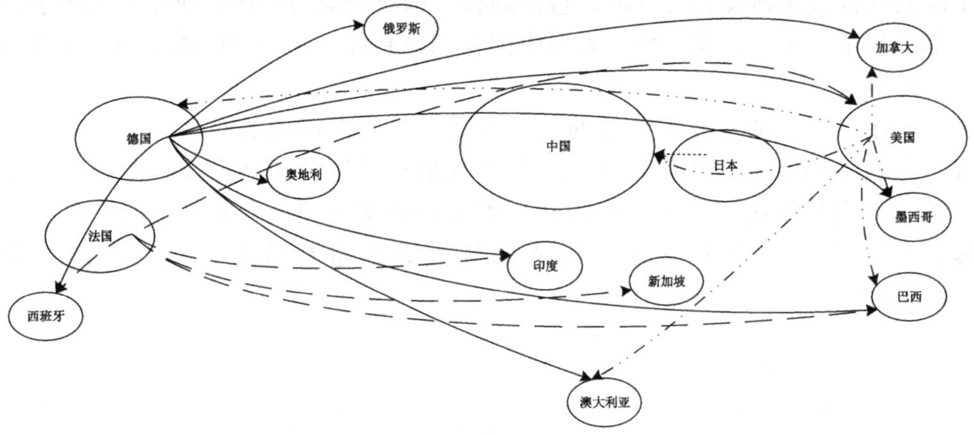

（c）第三阶段（2013~2018 年）

图 10-4　专利国际渗透方向

从专利国际渗透率角度看，在第一阶段，法国是进行专利国际渗透的主要国家，具有绝对技术优势，法国电气设备与信号设备公司、阿尔斯通集团与蓝鹰航空公司等成为专利渗透的主要力量，美国、日本、德国分别依靠西屋电气与宾夕法尼亚大学、东海与三菱、戴姆勒奔驰等公司进行专利渗透活动，处于第二梯队。在第二阶段，法国依然保持优势，阿尔斯通集团与蓝鹰航空公司对法国的技术扩散保持巨大贡献，美国依靠通用电气与西屋电气的技术成为第二大专利扩散国家，德国、日本由西门子、三菱与日立等公司保持较为稳定的专利扩散。在第三阶段，法国依靠阿尔斯通集团的技术继续保持技术扩散优势，德国出现了西门子一家独大的局面，超越美国成为第二大输出国，日本则有所衰退，可能是由于第三阶段的专利出现时间晚，价值尚未得到充分发掘。

从专利国际渗透方向角度看，三个阶段中各国的渗透方向均发生了显著的变化。在第一阶段，德国与法国的专利渗透的方向多样，主要包括西欧、北欧和北美的发达国家，日本则主要向北美、西欧与东亚渗透，美国则以美洲与西欧为技术渗透方向。在第二阶段，德国与法国的技术渗透方向开始单一化，德国将重心转到西欧，法国向亚洲地区扩展，日本则依旧在北美、西欧与东亚进行技术渗透，美国则在亚洲、美洲与欧洲地区深入。在第三阶段，德国、美国与法国将技术渗透的中心转移到了亚洲与美洲，日本的重点渗透方向移到中国。从总体来看，轨道交通共性技术的渗透方向从欧美发达国家向拉美、亚洲国家转移，与轨道交通的发展方向基本一致。

总体来看，德国、美国、法国与日本对技术的渗透重视程度高，有较高的技术渗透率，是轨道交通领域共性技术的主要提供国，在渗透方向选择上也有丰富的经验，能够根据实际需求进行调整，造就了上述几个国家在轨道交通领域持久的技术竞争力。

（二）中国轨道交通共性技术的国际地位变迁

在共性技术发展的三个阶段，中国的技术供给水平有显著提升。1963~2004年，世界处于战后和平时期，经济迅速恢复并快速发展，主要发达国家城市化进程的加快导致人口高度集中。为了缓解城市交通压力，各国纷纷加大在城市轻轨、地铁上的科技投入，同时经济政治融合的需要促使跨国高速铁路网络在国家之间逐渐形成，催生了一批轨道交通专利。中国虽然从 20 世纪 80 年代开始，通过国家计划委员会、国家科学技术委员会等机构组织实施了一系列科技计划，对一批关键技术与共性技术进行攻关，包括 1985 年国家重点实验室建设项目计划（国家计划委员会）、1986 年国家高技术研究发展计划（国家科学技术委员会）、1991 年国家工程技术研究中心计划（国家科学技术委员会）等。2000 年前后，机械科学研究院、钢铁研究总院与建材科学研究院等 242 家机构完成向科技企业、技术中心、创新基地等的转制，为中国共性技术供给体系的建设奠定了基础。虽然中国启动了一系列发展共性技术的计划，但是一方面技术基础差，人才与资金缺乏；另一方面发展时间短，技术积累缓慢，导致轨道交通共性技术专利数量在第一阶段并没有显著提升。

2005~2012 年，主要发达国家的轨道交通体系已经逐渐完善，发展速度减慢，而东亚地区成为发展轨道交通的主要力量。一方面，中国此前数十年技术积累的成果开始显现；另一方面，经济的发展让亚洲的韩国和中国等国家对交通运力提出了更高的要求，加速轨道交通的建设成为亟须解决的问题。中国由于国土面积大，人口密集，大型、超大型城市众多，成为轨道交通产业的主要投资建设者。以和谐号CRH为代表的高速动车组开始成为中国轨道交通的主要发展方向。中国从阿尔斯通集团、西门子等引进吸收相关技术，完成了从CRH1到CRH6等多个型号的高速动车组建设，在市域铁路、地铁与城际铁路等不同方向运用。在外部技术引进与自行生产的过程中，中国南车与中国北车等企业的技术水平获得了提升，逐步形成了自主知识产权，对轨道交通领域共性技术有了一定的掌控能力。

2013~2018 年，轨道交通产业又迎来了新的高潮。在国内，城际轨道成为发展热点，北京、杭州与上海等老牌城市开始扩散原有地铁线路，洛阳、合肥与太原等城市也纷纷新建城市地铁，宁句城际轨道、晋太城际铁路与广佛肇城际轨道等一大批城市间轨道交通进入建设期。从全球范围看，在欧美发达国家的轨道交通装备进入更新期的同时，部分发展中国家也对轨道交通提出了新的要求，中国适时地提出“一带一路”倡议，将轨道交通产品作为中国高科技产业出口的旗帜。此外，对速度的追求促使“超级高铁”概念提出与试验，轨道交通产业在全球迎来新的发展机遇。在此阶段，中国的共性技术研发体系日趋成熟，体量优势开始显现，实践经验的增加与理论基础的完善促使中国的相关专利数量产生爆炸式增长，中国在轨道交通共性技术领域专利供给的落后局面得到了逆转。

在共性技术发展的三个阶段，中国的技术渗透水平几乎停留在原地。虽然从总体上看，中国近年来致力于轨道交通产业的发展，取得了一定成效：在理论领域，中国已经占据了 60%以上的原始专利，遥遥领先于德国、美国、法国等传统强国；在实践领域，2016 年我国轨道交通装备产品出口国家与地区 30 多个，达成合同金额 260 亿美元，2017 年马其顿电车动车组成功打入欧盟市场，标志着中国动车组取得了新的突破。然而，中国共性技术专利主要应用于国内市场，并没有在全球范围得到广泛的扩散与运用。在国际市场中，虽然当前中国轨道交通装备整车产品出口份额超 70%，但是轨道交通核心零件产品则主要依赖对德国、法国与美国等的进口。从渗透方向来看，中国在轨道交通共性技术领域发展的三个阶段始终是技术渗透接受国，并且这种趋势不断加强。在坐拥轨道交通共性技术领域 60%专利的今天，依旧几乎没有专利向国际渗透。此外，在第一阶段德国有 5 项专利，在第二阶段德国、美国、法国分别有 5 项、3 项、1 项专利，在第三阶段德国、美国各有 7 项专利已经经过专利合作条约向世界知识产权组织申请，进入专利合作体系的专利可以简化在成员国申请专利保护的步骤，更加方便打入国际市场。这体现了德国与美国对于专利国际渗透的重要性有良好的意识。相对地，中国并不重视，仅在第二阶段有一项专利进行了专利合作的申请，在第一、三阶段均为 0。中国几乎没有专利向国际渗透，所以专利渗透率基本为 0，远远落后于法国、美国、德国、日本。

由此可见轨道交通产业共性技术依然被法国阿尔斯通集团、德国西门子与日本三菱等公司掌握，中国在具有决定性意义的共性技术上缺乏国际竞争力，印证了中国在轨道交通共性技术渗透上的不足。虽然中国在专利数量上取得优势，但是如果专利并没有得到广泛运用，那么发展共性技术的实际成效会大打折扣，影响中国轨道交通产业的出海。中国在取得了一定的技术突破的情况下，对共性技术国际影响力重要性的认知程度仍然较低，未完成核心专利的国际扩散，技术的国际竞争力严重缺乏，少数国际化程度较高的技术往往是非核心技术，而处于关键位置的共性技术尚未真正走向世界。

中国在共性技术扩散上的不足，主要基于管理和技术本身两个方面的原因。技术方面，缺乏合理的激励扩散制度，导致科研人员重视论文而非市场化价值，部分研究脱离企业现实需要，导致了从科研产出到商业化的脱节。管理方面，中国重视共性技术的研发与供给，忽视了共性技术的需求与扩散，部分科技计划管理单位与下属研发机构缺乏明确的扩散责任人，企业对共性技术的需要也得不到充分反映。中国的轨道交通产业想要长期在国际上立足，必须打破法国、德国、美国在关键技术上的垄断，摆脱核心技术受制于人的局面，坚持共性技术供给与扩散齐头并进。

三、推进中国共性技术有效供给的机制设计

（1）多途径增加共性技术的供给，增强扩散主体的扩散意愿。

共性技术的研发往往涉及跨产业多部门的协作研发，需要大量的时间及资金的投入，且企业难以独占共性技术研发成果的利益，导致企业难以承受研发的压力，仅靠市场机制的作用极易造成共性技术供给不足的现象，因此必须增加共性技术的供给。参照美国等发达国家的经验，其关键共性技术的研发主要依靠国家科技计划，一般共性技术的研发则主要依靠技术研发联盟。因此，一方面，政府应该通过国家科技计划等大力推进共性技术的研发供给，将共性技术的研发作为科技计划的一项重要内容；另一方面，政府应通过设立专项基金、自主研发经费等形式大力支持科研机构、高校等与企业形成共性技术研发联盟，自主进行共性技术的研发。

（2）政府应加强对于共性技术扩散的支持。

政府支持是影响共性技术扩散的重要因素，政府激励共性技术的手段多样，主要可以从以下几方面展开。第一，通过财政补贴、金融支持等手段给予共性技术供需双方资金支持，刺激共性技术扩散行为。第二，政府应加强共性技术相关

的制度建设。通过共性技术知识产权保护等制度的建立，保障共性技术交易的相对公平性。第三，政府应加强对于共性技术的宣传示范工作。目前大多数企业对于共性技术的认知度不够，对于引进共性技术的意识仍然不高，政府对于共性技术的宣传能促进企业对于共性技术的了解。

（3）增强产业集群的技术信息传播。

信息传播主要包括大众传媒和企业人际关系传播两种途径，因此集群内应加强对于共性技术信息的宣传，多举办展示会、交流会等活动，增加企业间互相交流的机会，鼓励企业间多进行技术信息交流，尤其是多鼓励已经引进共性技术的企业提供经验分享，以加深企业对于共性技术的了解，降低共性技术扩散的风险性，提高共性技术扩散效率。

第十一章　传统中小型制造企业共性技术供给的盲点破解

一、共性技术供给中的企业盲点及形成原因

我国的共性技术是在实践先行、理论跟进下提出的一项概念创新，其最为突出的性质在于其共性，即能够对多个企业、产业，甚至跨产业产生影响，具有潜在的较大溢出价值（李纪珍，2004）。正是由于这一性质，使得技术创新过程原本拥有的创新收益的非独占性、创新过程的不可分割性和不确定性放大，并成为共性技术市场失灵的根源所在，易使传统制造业中的中小企业成为供给盲点，急需政府通过制度和政策供给进行干预。因此，本章将基于共性技术的共性属性，从传统中小型制造企业在技术链的阶段定位和技术流中的功能定位两方面对其在技术供给中的盲点形成过程及其原因进行具体分析。

（一）基于技术链阶段定位的盲点形成

当前学术界主要主张从技术链中的区间位置对共性技术进行识别，但没有明确的共识。Tassey（2008）将产业技术解构为基础技术、共性技术和专有技术三个组成部分，李纪珍（2004）则将技术分为实验技术、共性技术、应用技术和专有技术。不同学者间虽对共性技术具体分类描述有所区别，但均认为共性技术处于基础研究成果向商业应用转化的中间环节。本章依据共性属性的表征度将技术链分为基础研究、共性技术、专有技术和商业研究四种形态，随着技术向消费终端延展，其共性属性不断减弱（图 11-1）。

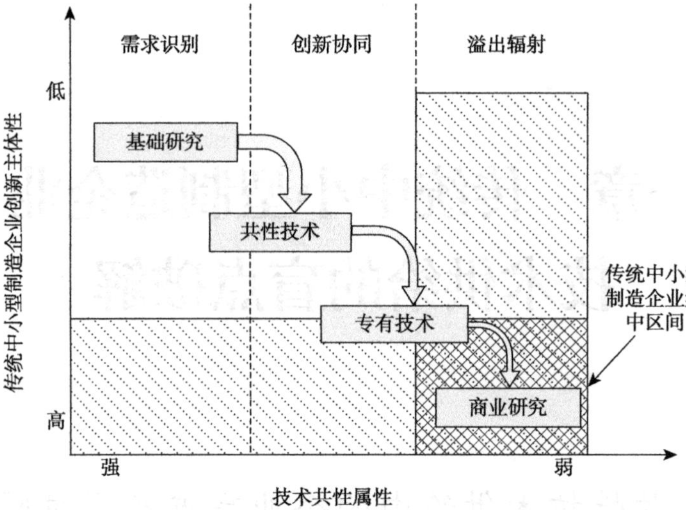

图 11-1　传统中小型制造企业在技术链中的阶段定位

箭头粗细程度表示随着技术共性减弱，技术的独占性价值提升，相应的获取成本提高

一般情况下，共性技术的整体应用过程可以概括为需求识别、创新协同、溢出辐射三个阶段（汪秀婷和程斌武，2014；朱桂龙和黄妍，2017；Fernández-Olmos and Ramírez-Alesón，2017）。需求识别阶段确定共性技术的研发领域与方向，企业作为创新主体要从外部市场中判断技术发展趋势，但由于共性技术复杂性、缄默性特征及跨学科交融态势，使得企业自身处于当局者迷的状态，因此政府作为制度供给者有必要制定体现国家战略的共性技术研发规划，通过信号机制释放共性技术研发需求。创新协同阶段确定了共性技术的研发主体与利益机制，人才、资本、技术、知识等要素在协同创新网络中在利益的驱使下沿着供需关系流动、集聚、组合，使得各创新主体通过要素的联结形成正式或非正式的协作关系。溢出辐射阶段共性技术通过溢出机制实现扩散和共享，使得不同知识存量、不同产业链的企业进行整合和创新，提升各自的专业化水平，最后促使产业整体在同质化与异质化的动态均衡的合作竞争过程中向更高层次演化（周泯非和魏江，2009）。传统中小型制造企业在需求识别阶段往往难以突破共性技术复杂性和缄默性特征有效识别研发需求，无法单独实现基础研究到共性技术的跃迁，陷入“死亡峡谷”；在创新协同阶段，传统中小型制造企业固有的内部资源约束阻碍其建立和维护可持续网络，因此难以直接参与协同创新决策成为共性技术平台的直接受益者，通常在溢出辐射阶段才可能通过价值链上下游的分工机制从共性技术平台的技术溢出中获得比较优势（Tomlinson and Fai，2013）。因此总体来说，传统中小型制造企业的创新主体性不足，而且共性技术溢出效应受知识产权壁垒、信息失真、机会主义等因素影响存在较大的不确定性，进一步增加了传统

中小型制造企业从共性技术中获取收益的风险（张振刚等，2016；Gambardella and McGahan，2010）。基于此，应当支持鼓励部分传统中小型制造企业摆脱技术链上的低端位置，参与技术链上游的研发或二次研发过程获取共性技术，以增强产业或集群整体的创新动力，反过来对先进型企业的创新起到互补和刺激的作用（Gambardella and McGahan，2010）。为此，一方面，应当以供给为导向，鼓励高校及科研机构、大型制造企业、传统中小型制造企业共享共性技术，设计出一条共性技术向传统制造企业辐射的通路，实现技术下沉；另一方面，应以需求为导向，通过降低传统中小型制造企业获取共性技术的市场风险激励传统制造企业主动获取共性技术，实现需求上浮。以此两股不同方向的力量推动传统中小型制造企业参与技术链上游的交互活动，扩大共性技术的溢出边界。

（二）基于技术流功能定位的盲点形成

共性技术在基础科学到商业化应用的创新链中处于以政府为代表的非营利机构和以企业为代表的营利机构关注点的中间地带，具有公共品与非公共品双重属性（李纪珍，2004），促使不同的创新主体产生差异显著的两种期望，最终通过博弈确定共性技术溢出的形态和边界。如图 11-2 所示，一方面传统中小型制造企业具有强烈的获取共性技术意愿，想要利用共性技术树立核心竞争优势以突破同质化竞争；另一方面对共性技术研发的巨额成本与风险望而却步，想要低成本甚至免费获取共性技术，对共性技术同时拥有强烈的公共品期望和非公共品期望（Nieto and Santamaría，2010）。大型制造企业凭借其对创新、技术资源的掌控具有独立研发优势，在共性技术研发成功后往往通过技术封锁使共性技术的外部性封闭在企业内部（Sawers et al.，2008；黄少卿等，2016），实施技术垄断乃至市场垄断。由于大型制造企业强烈的非公共品期望，只有少部分关联传统中小型制造企业能从中获取溢出效应。高校及科研机构靠近基础研究端，具有丰富的知识存量，与传统中小型制造企业间不存在正面的市场竞争，因此更有利于共性技术转移（Gambardella and Giarratana，2013），然而易因利益诉求的差异而产生信息不对称的现象，使技术成果无法被传统中小型制造企业广泛运用（朱建民和金祖晨，2016）。从政府的视角来看，共性技术属于技术基础设施，政府期望依托顶层设计面向产业整体供给共性技术，充分释放共性技术的溢出价值，满足经济社会发展的原创新需求，提升产业整体综合实力（Saastamoinen et al.，2018）。

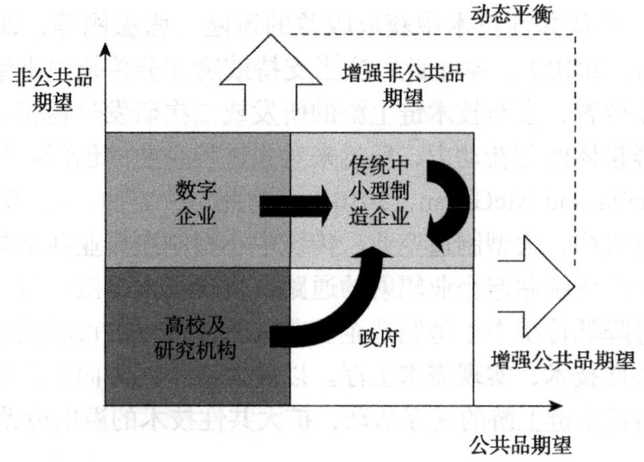

图 11-2 传统中小型制造企业在技术流中的功能定位

：共性技术向传统中小型制造企业辐射的方向

：颜色深度代表共性技术研发能力强度，越深代表越强

进一步而言，不同主体的价值诉求最后会形成产业或区域整体对共性技术在公共品属性和非公共品属性之间的动态平衡点。如果共性技术的公共品属性过强，由于外部性的延展和利益的稀释会导致创新动力不足；如果共性技术的非公共品属性过强，则致使创新生态体系失衡而强化创新主体间客观存在的不平等性。传统中小型制造企业的盲点位置正是这种不平等性的表现之一：大型制造企业一定程度上拥有对技术、创新资源的控制权，高校及科研机构的创新成果及政府的创新资源由于路径依赖、制度缺陷等因素难以公平配置，此外传统中小型制造企业与其他创新主体的合作安排往往呈非对称形态以致传统制造企业承担额外的相应风险（Sawers et al.，2008），传统中小型制造企业的创新动力得不到充分释放。尽管如此，制度供给者可以采取相应策略平衡产业或区域对共性技术的价值诉求，控制共性技术以传统中小型制造企业为导向有效溢出和转化（魏江，2003）。

二、泰国共性技术应用于传统中小型制造企业生产的典型案例

从泰国整体产业结构来看，不同经济规模产业主体间的经济势差与技术势差较大，大型企业在整体企业数量中占比 0.06%但贡献了 55.75%的生产总值，大量传统中小型制造企业处在共性技术溢出边界之外的盲点区域。特别是泰国作为农

业大国，大规模的农村低产值劳动密集型产业集群亟须与农业科技达成联结获取增长动力。近年来，泰国针对传统中小型制造企业的技术创新实施多项政策措施，共性技术的有效支撑促进产品附加值快速提升，农业、食品、药妆等多产业的传统企业经济贡献呈现增长态势，部分产品在市场具有较强竞争力，成为海内外消费者竞相购买的爆品。下文将结合泰国纳米技术最终应用于传统企业产品的技术转移特定情景，对泰国破解传统中小型制造企业技术盲点的主要措施及做法予以具体阐述。根据上文对企业盲点形成过程及其原因的分析，本章将这些主要措施及做法依据传统中小型制造企业在技术链的阶段定位划分为使技术下沉型与使需求上浮型，依据传统中小型制造企业在技术流的功能定位划分为增强公共品期望类与增强非公共品期望类，以考察泰国传统中小型制造企业共性技术供给机制作用点的动态演化过程（图 11-3）。

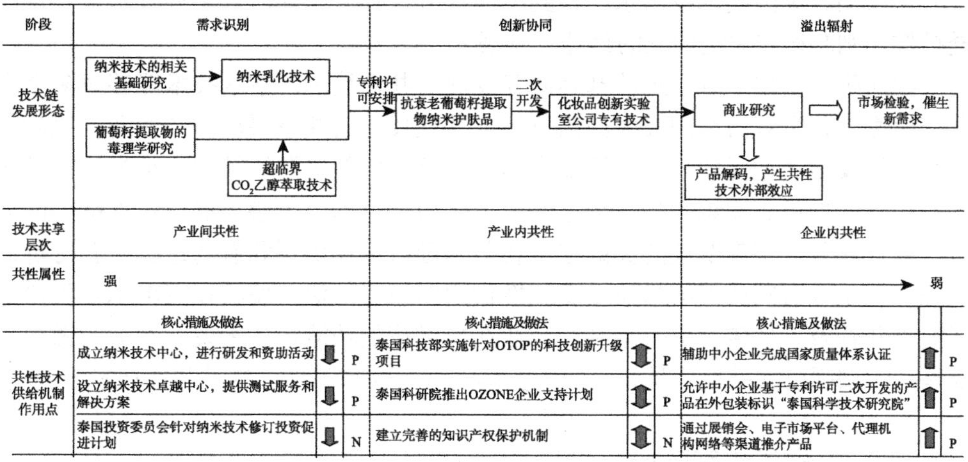

图 11-3 泰国共性技术应用于传统中小型制造企业的纵向演变过程

表示使技术下沉；表示使需求上浮；表示使技术下沉与使需求上浮两者兼顾

P 表示增强公共品期望；N 表示增强非公共品期望；OTOP：One Tambon One Product，一乡一品；泰国科学技术研究院：Thailand Institute of Scientific and Technological Research，TISTR

（一）需求识别阶段

本章中的技术链源头来自于纳米技术。纳米技术在信息科技、食品医药、航天航空、环境能源等多产业普遍应用，是基础研究（混沌物理、量子力学、介观物理、分子生物学）和应用技术（计算机技术、微电子和扫描隧道显微镜技术、核分析技术）的集成，其内部表现出技术和知识的密切交叉关联，共性特征十分突出。结合泰国的资源禀赋与关键产业，纳米技术成为泰国战略性决策必然聚焦的技术领域。首先，泰国政府于 2004 年成立了国家纳米技术中心（National Nanotechnology Center，NANOTEC），其作为纳米技术领域的研发中心和资助机构，致力于将纳米技术应用于改善粮食、汽车、纺织、卫生和农业部门的产品。该中心强化基础研究环节，与泰国领先的研究型大学建立紧密联系，联合 400 多名纳米技术研究人员及海外领先的纳米技术中心专门设立纳米技术卓越中心，为泰国纳米制造业提供测试服务和解决方案。这一技术平台为泰国纳米技术的研发扩大了创新网络的规模和地理分散度，从更广泛的知识搜索范围中实现知识积累与融通，跻身国际竞争中进行创新追赶。此外，泰国投资促进委员会专门针对纳米技术修订投资促进计划，鼓励纳米技术在传统制造企业产业领域深度应用。这一投资促进计划发挥了政府资源在产业引导和创新催化中的风向标作用，吸引大量投资注入纳米技术的研发。正是政府针对纳米技术在人才、技术、资金领域的全方面布局，泰国纳米技术水平得到整体提升，并对其他产业多种技术链实现渗透扩散，刺激科技关键领域的跨越式发展。

在此阶段，技术链形态从基础研究发展为共性技术。纳米技术能够对多个产业产生影响，具有潜在的较大溢出价值，共性技术的共享层次在产业间。该阶段核心措施及做法是促使技术下沉，泰国搜索整合创新资源填补国内纳米技术领域的空白，增加源头知识和技术积累的重量来引导技术向下游拓展。技术链得以克服“死亡峡谷”实现跃迁的关键在于相关基础研究在识别和遴选过程中获得价值认证，正是政府确认了纳米技术变革性作用的核心价值，使其在需求识别阶段实现突破和普及。从传统中小型制造企业在技术流的功能定位来说，泰国的做法主要是属于增强公共品期望类，以产业整体的技术需求为导向推动共性技术升级。

（二）创新协同阶段

在泰国科技部领导下，针对当地 OTOP 的经济特点，科技部下属的泰国科学技术研究院推出针对性的科技创新升级项目（表 11-1）。该项目旨在辅助传统中小型制造企业和本地社区解决在引进技术和流程中的难题。该项目联合包括科研院所、金融机构、认证机构等 35 个组织，提供集合技术指导、营销服务和金融网络一体化的整体服务。这些嵌入平台的功能模块在有机组合后涌现出了交互、协同的平台功能与网络功能，系统化推动共性技术向这些企业供给。

表 11-1 OTOP 科技创新升级项目政策机制

政策机制	功能定位
创新券	对于每个企业家，批准项目不超过 2 个，每个项目资助额不超过 20 万泰铢（约合 5 500 美元）

续表

政策机制	功能定位
E-STI 门户网站	为企业家开放技术搜索和咨询的数字窗口
OTOP 学会	提供 OTOP 升级的培训课程
科学试验标志	认可和承认技术创新企业的利益
电子市场平台	缩小营销渠道的限制
OTOP 创新券解决方案中心	提供共性技术等技术创新服务的渠道

在此框架下，泰国科学技术研究院又推出了 OZONE 企业支持计划（表 11-2）。成为 OZONE 认证企业的传统中小型制造企业可以从泰国科学技术研究院获得新产品研发、过程与质量改造、技术辅导、营销服务和金融网络等支持。OZONE 企业认定原则的实质是制度享受的门槛，然而这一门槛并没有关注规模、产值等可能强化创新主体间不平等性的指标，而是聚焦企业社会责任，使得更符合经济社会福利偏好的企业能获取更多的创新资源。

表 11-2　泰国科学技术研究院 OZONE 企业认定原则

准则	概念	标准
O—opportunity for new business	为经济社会创造新的机会	是否创造了更高的收入水平
Z—zero waste management	废物管理，减少浪费	是否减少废物和对环境的影响
O—occupation for STI manpower	为企业家、农民和社区企业创造工作机会	是否创造了更高的就业水平及是否为本土保留就业机会
N—natural resource based	集中管理本土资源来创造价值附加	是否利用当地资源创造利润
E—energy efficiency	能源效率和过程绩效	是否提高能源效率和降低能源消耗

在此项目下，泰国科学技术研究院利用纳米共性技术平台，向 OZONE 企业转移了一项抗衰老纳米护肤品的研发技术。首先，在政府的财政支持下泰国科学技术研究院的研究人员针对 OZONE 企业如何提升葡萄的农产品附加值启动了一项定制化基础研究。研究人员利用超临界 CO_2 乙醇萃取技术从泰国葡萄籽中提取出名为低聚原花青素（oligomeric proanthocyanins，OPCs）复合物的活性成分。科研人员对这种活性成分进行药理研究和成分测定，发现其具备抗黑色素、抗氧化性等生物活性，对皮肤对抗衰老具有独特的功效。接着，科研人员凭借纳米技术平台，尝试利用纳米乳制剂的化学特性研发更具稳定性的抗衰老产品。进一步试验发现，纳米乳制剂能够有效掺入泰国葡萄籽提取物，并且对人类皮肤细胞没有毒性，拥有良好的物理和化学稳定性（最多可储存 150 天）。同时，极小的纳米粒子能够使葡萄籽提取物渗透到人体皮肤深层，使得葡萄籽提取物的生物活性获得充分的释放。随后，科研人员对志愿者进行临床研究，志愿者使用这种基于

纳米技术制备的护肤品后，皮肤的皱纹、色斑等指标都有所改善。这项技术成果通过泰国科学技术研究院的评估体系被认定为具有潜在的商业化潜质，并形成了自有专利。

这一项技术成果在一端通过原材料采购渠道联结生产葡萄的制造加工企业，另一端通过技术许可安排与化妆品创新实验室有限公司开展合作，整合出了一条完整的供销链条。根据技术许可协议，化妆品创新实验室有限公司将与泰国科学技术研究院协同进行二次开发，实现产品特性的进一步稳定和提升。通过员工培训，该公司将在 6 个月内形成生产该抗衰老纳米化妆品的能力。为此，公司将向泰国科学技术研究院缴纳 2%~5%的特许权使用费。

在此阶段，技术链形态从共性技术发展为专有技术。泰国科学技术研究院开发的抗衰老纳米护肤品研发技术可在药妆产业获得普遍应用，因此表现为产业内共性。该阶段的核心措施及做法主要为使技术下沉与使需求上浮兼顾的形态，这是因为在创新协同阶段必须构建纽带促进传统中小型制造企业与技术链前端达成关联，在鼓励技术链前端主体共享共性技术的同时，更需要为这些企业降低获取共性技术的风险和成本，保障其潜在投资收益，构建信息更加对称的双边市场。例如，在针对 OTOP 的科技创新升级项目中，一方面，平台向传统中小型制造企业提供升级培训课程是一种将共性技术直接输出的方式；另一方面，创新券使得传统中小型制造企业可低成本地获取技术，科学试验标志、电子市场平台等措施降低了传统制造企业技术转化后期市场化阶段的风险。从传统中小型制造企业在技术流的功能定位来看，仍是以增加公共品期望为主。技术许可安排使得技术在建立契约的主体间通过单线的形式转移，而非面向产业或集群的整体，显然是增强了共性技术的非公共品期望。它在泰国科学技术研究院与 OZONE 企业间创造了强组织联结，促进了市场与技术的相互渗透与价值互通。可见，通过设置有效的利益机制激励高校及科研机构可以促进产学研协同创新，创建利益共同体。

（三）溢出辐射阶段

传统中小型制造企业往往在商业扩展方面能力不足，创新终端产品在市场中无法获得期望收益，因而导致传统中小型制造企业缺乏有效的激励机制形成市场需求的响应。泰国科学技术研究院则是在终端扩大产品推广示范范围，在产品市场化阶段持续为传统中小型制造企业保驾护航，力图打破其在共性技术供给中的被动创新局面。首先，在产品投放市场时，泰国科学技术研究院辅助企业通过严格的质量体系认证，同时允许产品在外包装标识“泰国科学技术研究院”标志，一方面为产品的技术优势和功效背书，提高技术创新要素在产品价格中的权重；

另一方面以自身品牌的公信力为标的物与传统中小型制造企业实现风险共担。产品渠道方面，在泰国科学技术研究院与合作伙伴展销会、创业泰国与数字泰国（startup Thailand and digital Thailand）清迈创新展、中国贸易展览会等国内外窗口为产品大力推介，此外还利用电子市场平台、代理机构网络等自身市场资源为传统制造企业打开销路。由此，纳米技术等相关共性技术得以从实验室向传统制造企业沉淀，并通过市场信号机制进一步溢出扩散。正是由于这些异质化知识的刺激通过主体竞争协同等方式促进产业向更高的层次演化，OZONE 企业支持计划项目创造的经济价值与社会价值显著：参加项目的传统制造企业主人均创造经济价值 18 500 美元，人均创造就业岗位 5 个，人均基础设施投资 1 770 美元。

在此阶段，技术链形态从专有技术发展为商业研究。通过专利许可安排与二次开发，化妆品创新实验室有限公司实现独立投产并取得了技术的独占性价值，并且该纳米乳化技术仍可以使用在企业研发的其他产品中，因此技术表现为企业内共性。该阶段的核心措施及做法主要是使需求上浮型，标识背书、展销推介等手段显著地为传统中小型制造企业开拓市场份额降低风险，刺激这些企业对共性技术的需求。泰国科学技术研究院的创新之举在于全价值链布局，在技术成果市场化阶段站好最后一班岗，有力弥补了企业品牌势能不足、营销渠道狭隘的先天劣势。这就要求科研机构具备对创新资源与市场资源的双重掌控能力与共享渠道，不仅能使科研机构更好地服务于传统制造企业，还能使自身把握市场技术需求动态，缩减响应周期，同时进一步掌控自身的投资利益来源，降低由于共性技术研发高投入所带来的风险。

三、破解传统中小型制造企业共性技术供给盲点的过程设计

基于以上泰国共性技术应用于传统中小型制造企业生产典型案例的纵向剖析，总结基本经验如下：首先，由于共性技术的共性价值对产业的关键性作用，泰国通过机制设计赋予了产业整体对共性技术更强的公共品期望。尽管如此，对于技术链上游主体，泰国仍以较为完善的知识产权保护机制维护创新收益以促进技术下沉。其次，泰国推动共性技术从上游到传统中小型制造企业沉淀的过程是使技术下沉型到使需求上浮型的演变过程，其本质是因为技术产生于技术链源头，同时需求产生于市场端，其中必然会发生机制作用点转移的过程。在创新协同阶段两者的结合使用能使传统中小型制造企业参与技术链前端，更大程度地发挥创新动力。在共性技术溢出的过程中，技术共性逐渐减弱，但共性技术经济价

值得以释放并由溢出边界内的主体共享。总体来说，要破解传统中小型制造企业在共性技术供给中的盲点位置，必须针对企业赋予共性技术更多的公共品属性，做到技术沉得下、沉得稳、沉得准、沉得好。

（1）共性技术沉得下：在技术链源头搜索和整合研发力量，强化创新能力。

共性技术下沉要沉得下，就要在创新源头强化知识与技术存量，为产业构建共性技术平台。首先，政府应以国家总体规划主动识别和引导传统制造企业共性技术需求。例如，泰国国家科技与创新政策办公室制定《国家科技与创新计划（national STI master plan 2012-2021）》，将稻米、橡胶、生物燃料、食品加工等 12 个领域确定为重点绿色产品和服务领域。中国也同样明确共性技术总体规划的重要性，在当前重点布局的人工智能产业领域中发布专项规划，强调要建立新一代人工智能基础理论和关键共性技术体系，围绕增加人工智能创新的源头供给强化部署。这些战略能够有效引导企业关键产业研发和获取共性技术，同时作为政府资助科技项目的依据向国家创新体系整体发送共性技术识别信号。其次，应广泛搜索和整合创新资源，支持传统中小型制造企业引进来和走出去，增加对外投资的效率与质量，汇聚国际优质科技资源，构建更加多元的创新网络。

（2）共性技术沉得稳：降低传统中小型制造企业获取共性技术的成本与风险，保障创新收益。

共性技术下沉要沉得稳，就要为传统中小型制造企业构建更具包容性的共性技术供给机制。第一，针对企业科技项目资金融资难、融资贵的问题，应当实施面向企业的财政、金融支撑，扩展多元化的金融渠道并运用科技信贷、创新券、科技保险等创新金融手段。例如，泰国为新创公司和企业专门设置技术商业化基金，该基金 100%来自私营部门捐款，这些捐款可用于投资公共平台基础设施建设，以此促进研究机构与大学的联合研究，私营部门捐款额的 3 倍可以计入成本项抵扣企业税款。第二，应在创新链的市场化阶段注入动力，将技术链发展与成果市场化轨道有机融合。中国普遍存在大型企业渠道资源挤压企业的现象，可借鉴泰国标识背书、展销推介、电子市场平台构建、商业咨询等方式保障企业创新收益，还可发挥“互联网+”协同优势。例如，泰国科学技术研究院推出清真食品导航器（halal food navigator）APP，一方面帮助广大清真食品企业或饭店打通市场渠道；另一方面，企业进入这一市场网络必须获得清真食品认证，因此这一措施促使企业主动寻求和适应技术规范。第三，应建立完善的知识产权保护机制保护创新者的收益，增强高校及科研机构对共性技术的非公共品期望，使高校及科研机构与企业在利益诉求上有效契合，促进产学研深度融合。

（3）共性技术沉得准：设置针对目标企业有效的准入规则，推动创新公平。

共性技术下沉要沉得准，这就要求政府或者科研机构为传统中小型制造企业设置公平精准的准入标准而非门槛，引导创新资源向有潜质的企业和产业短板精准集聚，避免引导错位的现象导致创新生态体系失衡进一步恶化。中国应继续进一步完善和贯彻多层次、高水平的国家质量体系，对技术标准进一步地规范升级。技术标准是产业内相关企业和组织集聚的一种虚拟网络，其对企业的规范实施是共性技术传播的特殊载体，对培育传统中小型制造企业长期竞争力具有重要作用。从泰国来看，泰国构建了包括区域水平、国际水平的双层国家质量体系，其中包含合格评定、计量标准和国家标准机构。为了赢得消费者和贸易伙伴对泰国食品质量水平的认可，泰国制定了严格的程序对食品进行合格评定，并且泰国产品的质量测试和分析都由认证实验室进行，产品和管理系统的认证机构都得到专业认证。通过严格的质量体系能够倒逼传统中小型制造企业获取共性技术适应技术标准，达到推动产业进一步优化的目标。

（4）共性技术沉得好：构建多主体协同、全功能融合传统中小型制造企业共性技术服务体系，提升创新绩效。

共性技术下沉要沉得好，可借鉴泰国实施的针对 OTOP 的科技创新升级项目，以全价值链垂直整合、全功能模块横向联结为导向构建创新网络。例如，暹罗水泥集团（Siam cement group，SCG）针对企业承包商开发了安全认证体系，同时成立了一家培养企业承包商能力的培训机构奈昌德学院。该学院与暹罗水泥集团的 6 个业务培训中心合作提供建筑工人的技能知识输送，面向泰国建筑业培养满足技术共性需求的企业承包商。此外值得注意的是，相较中国科研机构，泰国科学技术研究院作为一家以企业模式运营的非营利国有研究机构，其学科交叉、产业耦合的技术研发与商业运作能力较为突出，能够依靠其共性技术集成形成产业链技术创新的整体解决方案。

第十二章　科技创新政策组合功能创新供给模式研究

鉴于政策对公共科技服务的显著促进作用，进一步加强政策供给、依靠政策引导共性技术体系建设强化传统制造企业的创新行为将成为各级政府工作的重要内容。由于共性技术所固有的外部性与复杂性特征易引起多重失灵，其创新过程往往需要政府的主动性与正当性干预，其中科技创新政策的引导与介入充当着共性技术供给推动方和扩散的桥梁与纽带的重要角色。从现实发展来看，科技创新政策在共性技术创新发展中往往需要以组合或协同的形式介入，这种政策组合的方式不仅可以实现激励效应的最大化，并且可以增强互补作用。但此前研究仍较多关注于单一政策对创新行为、创新绩效的影响机制和作用效果，尚未能充分讨论有关科技创新政策组合与共性技术之间的模式问题。因此，考虑到从中微观层面具体讨论不同类别政策共同实施后的互动效应及政策组合模式仍较为罕见，本章利用定性比较分析（qualitative comparative analysis，QCA）方法，通过分析对比不同省份间不同类别科技创新政策的作用绩效，找寻适合高效科技创新政策的供给模式，以期为我国有关部门针对传统制造企业制定出台相关政策提供有益参考。

一、科技创新政策作用机制

科技创新政策是指一国政府为了影响或者改变技术创新的速度、方向和规模而采取的一系列公共政策的总称（陈劲和王飞绒，2005），由于创新过程涉及多种影响因素，其根据介入时间、组织方式、作用基点等差异可以分为多种类型。早期国外学者从创新模式视角将科技创新政策分为渐进式、突破式、自发性和适应性四种。而后学者主要从如下两种视角进行分类，一种是演化视角，按随时间流逝而产生的阶段性特征进行划分，如Loomis和Helfand（2001）从创新系统演化的三类功能将科技创新政策划分为研发刺激、技术传递转移、创新瓶颈突破和系统创新四类，Onishi（2010）从科技创新政策自身变化等过程将其分为科学政策、产业政策、企业政策、创新政策和科技政策；另一种是内容视角，从政策的主要关注领域进行划分，如Rothwell和Zegveld（1981）根据市场角色将科技创新政策分为供给政策、需求政策和环境政策，李晨光和张永安（2014）提出从资金补助、税收优惠、创新人才、政府项目、共建实验室五个方面对科技创新政策进行描述。考虑到政策供给组合主要基于某一时段内政策的主要形式而展开，因此本章采用内容视角将科技创新政策分为税收、金融、人才、资助、知识产权五个方面。科技创新政策通过组合、引导公共科技服务体系建设，助力企业提升技术能力、创新能力与效率。

（一）税收政策

税收政策因其普惠性、市场性和确定性等特征，成为各国政府支持科技创新的重要政策工具。加拿大、韩国、日本、法国等11个OECD（Organisation for Economic Co-operation and Development，经济合作与发展组织）国家在2011年对企业研发的税收优惠总额就已超越财政补贴总额。由于技术存在外部性，纯市场资源配置情境下，技术投资存在显著价格溢出和知识溢出，企业投资意愿和创新意愿减弱，出现市场失灵，通过税收政策能够有效规避此类风险和不确定性（Czarnitzki et al.，2011）。根据标准资本成本模型，任何旨在降低资本使用成本的税收优惠措施，都将能刺激投资的增长。从收入效应角度来看，政府在创新方面的税收减免相当于增加了企业的可支配收入，保障企业有更多资源投入研发环节，如传统制造企业会受到税收减免的影响，从而留有更多的现金流，方便其增加服务等相关投资以进一步完善服务体系。从替代效应角度来看，税收政策降低了研发等创新行为的执行成本，能够进一步激发企业创新意愿，从而增加在创新方面的资源投入，如传统制造企业在税收政策的影响下，相应地会减少其运营成本，从而引发传统制造企业进一步加强创新服务等投入。Yang等（2012）通过对台湾地区企业的跟踪调查，发现享有税收优惠的企业比一般企业的研发投入多出53.8%。Hall和van Reenen（2000）研究显示，1美元研发税收抵扣能够额外带来1美元的研发投资。在具体减免形式上，税收政策可以分为直接方式和间接方式两种，直接方式是指针对影响税基的因素制定相应的调控政策，如减免投资税、扣除企业税基中的研究与开发费用、高新技术引进资金减免税等，主要作用于创新过程前端；间接方式是指采用下调税率的方式实行减免，以创新发生后的激励奖励为主，因此本章将税收政策具体分为直接减免和间接优惠两类。值得注意的是，不管是直接减免还是间接优惠，作为市场的组成部分之一，税收政策都可能会影响到传统制造企业的创新行为。

（二）金融政策

内生增长理论认为，科学技术的广泛应用需以繁荣发展的金融市场为基础（Hicks，1969），美国硅谷的发展实践证明资本的持续活跃对科技企业与技术创新具有重要推动作用。Benfratello 等（2008）的实证研究也表明地方银行的发展会提高企业参与研发的积极性。因此，决策者将利用政策促进金融创新服务，资本与技术加速耦合作为提升创新能力的核心途径。作为架构相关个体间的专业化服务机构，金融政策通过间接调整资本流动进而影响传统制造企业的创新投入。一般情况下，企业在初始成长阶段往往面临资源相对稀缺的困境，一方面无法积累足够的内部留存；另一方面新产品研发又需要大量资金投入，特别是对于急需升级的制造企业，是否能够及时得到外界支持甚至直接关系企业生存。从金融机构视角，大部分从事新产品开发的企业为发展时间较短、规模有限的传统中小型制造企业，其产品开发或是创新服务存在一定失败风险，即使企业成功获取丰厚利润，金融机构除获取利息和本金外无其他激励机制；但如果企业失败导致破产，金融机构则需承受资金损失，存在较为显著的风险收益不对称（曾繁华等，2012），因而借贷现象较为普遍，形成科技创新在市场层面的金融约束。政府通过行政手段以政策的形式介入企业融资过程，可以增加借贷双方信息透明度，降低并补偿金融机构借贷风险，引导资金流向，从而克服市场缺陷，为创新提供资金支持，减少创新行为的机会成本和沉没成本（Aghion and Howitt，1992）。美国政府就是将金融支持作为扶持制造企业最主要的手段。在具体的作用对象上，金融政策可以被分为主体减负和环境营造两类，主体减负政策是指提供低息贷款或融资担保等直接降低传统制造企业融资负担的政策；环境营造政策则包括推进科技金融专营机构建设、鼓励开展科技金融产品创新、促进银企合作等通过优化金融环境间接影响创新行为的政策。

（三）人才政策

美国、日本等发达国家的发展历程已充分表明，充沛的科技人力资源是形成强劲传统制造企业创新能力的重要条件和核心基础（陈锦其和徐明华，2013），而人才政策作为政府宏观调控的主要手段，对于国家科技人才的流向、布局和结构具有重要作用。基于微观视角而言，组织资源的储量及配置情况是其获得成长的关键要素（Penrose，1984），而通过政策所营造出的良好生态，内部人员潜力发挥更为充分，外部人才等流动性资源更容易向组织集聚，有利于组织自身高效人力资源的积累和形成，从而对成长性和竞争力产生正向影响，如传统制造企业作为微观主体之一，人才是其长远发展的必备要素。基于宏观视角而言，政府通过补贴、资助、服务等相关政策引导，推动人才在不同创新主体之间流动，一方面能够促进有限创新资源在不同区域及领域的优化配置，提升资源利用效率；另一方面也可以加速技术的散播，促进产业的整体发展。事实上，人是知识的主要载体，其中显性知识可以借助书籍、文献等形式以非直接接触实现扩散，而隐性知识必须通过面对面的传帮带才能在不同主体间转移，学术界普遍认为人才是关键的直接技术源，因此通过政策构筑利于科技人才引入和成长的优质环境是推进区域创新的重要手段。根据实施对象的不同，人才政策可以分为引进政策和培养政策，引进政策主要是指通过对区域外的技术人才给予优厚待遇及便利条件以实现人力资源的转移；培养政策主要是指通过营造学习氛围、提供培训机会等帮助现有技术人才提升业务能力以实现人力资源的扩充。

（四）资助政策

由于技术外溢可能性的存在，创新被认为是介于公共性和完全排他性之间的经济活动（黄奇等，2015），创新者往往无法完全独享创新收益，“搭便车”现象时有发生，引起创新者个体回报率下降，最终导致社会创新投入低于最优水平（Arrow，1962），因此由政府出资对创新者进行补贴成为当前许多国家的普遍做法（程华和赵祥，2008）。通过政府资助可以补偿因技术溢出而减少的创新收益，缩小创新者个体回报率与社会回报率之间的差距（Kleer，2010），并进一步分散创新风险、降低创新成本，促使有效创新资源进一步向企业核心战略集聚（张小红和逯宇铎，2014）。例如，政府的资助政策可以帮助传统制造企业降低相关成本，进而减轻这些企业在进行创新过程中因为技术溢出等可能造成的损失。此外，政府资助具有较强的示范作用，向企业传达创新能够获取超额回报的信号，引导企业在类似活动中增大研发投入，有利于提升行业整体的创新积极性。例如，资助政策不仅会对传统制造企业的收益产生促进作用，同时也会释放积极信号，鼓励同类企业加强创新投入，带动整体的发展活力。Lee（2011）通过日本、加拿大、中国、印度尼西亚、韩国等国家及地区不同产业间的研发数据对比，发现政府研发资助与企业研发支出具有互补性，而且政府资助显著提高了企业的技术创新能力。白俊红和李婧（2011）利用 Cobb-Douglas 生产函数对我国分行业面板数据进行了分析，结果表明无论何种企业规模和产权类型，政府创新资助均能提高企业创新效率。按照介入创新过程阶段的不同，资助政策可以分为过程资助和结果资助两类，过程资助是指针对传统制造企业尚在进行中的研发活动进行资助，帮助降低创新成本、减少创新风险；结果资助是指对已有的创新成果进行奖励，引导鼓励创新行为，增加创新收益。

（五）知识产权政策

通过对知识产权的认可及保护可以有效消除创新外部性所产生的负面影响，保障创新者的创新意愿和收益，是科技政策体系的重要组成部分。当某领域技术存在较为严重的研发溢出时，领域内企业往往会选择依靠他人来节约创新成本，若实行较为严格的知识产权制度对原创技术进行执法保护，原始创新者获得技术垄断收益的可能性将大幅提升，对其后续创新活动产生激励作用，避免领域内出现公地悲剧。Czarnitzki 等（2011）基于德国曼海姆创新面板（Mannheim innovation panel，MIP）数据库中企业专利数据的实证研究，发现知识产权政策能够有效削弱市场不确定对企业投资决策的影响，从而激励企业增加研发投入。另外，技术创新活动具有高度的不对称性（Ueda，2004），技术研发方在转让技术时往往会面临若严格保密会导致外部投资者不足以了解技术实际价值，若透露过多则投资方可能直接窃取的两难境地。通过知识产权保护，可以增强技术研发方对信息的披露程度，提升投资意愿，并促进技术的有序扩散。但也有研究者指出，过度的知识产权保护一方面会固化原创新组织的收益，使组织丧失持续研发的动力；另一方面也会对技术扩散产生负面影响，不利于产业整体创新绩效的提升（Hu and Mathews，2005）。对于传统制造企业而言，也有相同的困境，知识产权政策在保护传统制造企业创新投入的同时，也可能会因为过度保护而影响到传统制造企业的创新活力。两者分歧的主要原因在于知识产权制度的有效性和经济发展水平及技术能力存在重要关联，一般而言发达国家和地区知识产权制度对创新的正向影响较为显著，而在相对落后地区较强的知识产权规制甚至会对创新活动产生抑制作用（Schneider，2005）。基于此，本章将不同地区间的知识产权政策划分为保护力度强和保护力度弱两类。

二、研 究 设 计

（一）研究方法

本章旨在通过对比不同省份间的创新绩效来研究税收、金融、人才、资助、知识产权五类科技创新政策之间的交互关系与组合效果，若采用传统实证研究方法，则存在变量难以度量、样本数不足等问题，且只能验证单个变量与因变量之间的关系，其他变量需要以中介、调节变量的形式出现，变量之间的关系在分析中只能替代或者累加，难以有效说明所有自变量与因变量之间的内在关系，无法达成预期研究目标。因此本章拟采用QCA方法进行研究，该方法采用布尔代数运算方法，能够找出多个自变量与因变量之间复杂的因果关系，运用在本章中具体有以下优点：①可以处理复杂的非对称性因果关系，各类政策与企业创新之间的关系并非简单对称，即良好的税收政策可以导致企业创新绩效高，但也会存在某地区税收政策良好但企业创新绩效不高的情况。传统实证研究方法往往只能处理对称关系（即 A→B，则~A→~B[①]），而 QCA 方法则可以很好地处理这类非对称因果关系（程聪和贾良定，2016）。②可以得到导致同种效果的多种途径和自变量之间的交互作用，即存在以下情况，不仅税收政策和金融政策可以导致企业的高创新绩效，金融政策和人才政策协同也能导致企业的高创新绩效，QCA 方法可以通过对一致性和覆盖度两个重要参数的控制对多种等效路径进行筛选，得出最具解释力的前因条件构型。③QCA 方法可以对小样本进行分析，本章样本为 31 个省（自治区、直辖市），若采用实证分析，则样本量太小，不足以确保结果准确，而QCA方法采用的是布尔运算，其结果稳健性只与样本代表性相关而与样本数量无关，本章自变量个数为 5 个，31 个样本数已经能够清晰区分随机数据和真实数据，从而保证分析结果具有较高的内部效度。

（二）变量测度

如前所述，同类政策往往因对象、环节等差异存在不同的侧重点，因此不同区域根据自身情况在相同领域也可能采用不同的政策工具。根据QCA方法中清晰集的研究思路，本章按照二分归属原则将不同地域的科技创新政策的侧重点进行归类并给予 0~1 赋值，其中税收、金融、人才、资助政策参考政策条目的数量多寡进行赋值，而知识产权保护力度在政策条目数量上无法得到充分体现，因此参考由高文律师事务所发布的《中国知识产权指数报告》中关于知识产权保护相关数据，以其本身既定中值 0.1 作为临界点进行 0~1 赋值。

在创新结果的度量方面，参照现有研究范式采用专利数据来体现地区的创新水平，同样以均值作为临界点，区域内国内发明专利授权数量高于均值赋值为 1，否则为 0。各变量测量标准与赋值如表 12-1 所示。

---

①~表示不存在，~A 即 A 条件不满足。

表 12-1　各变量测量标准与赋值

变量	测量标准	赋值
税收政策（TAX）	直接减免政策条目数高于间接优惠政策条目数	1
	间接优惠政策条目数高于直接减免政策条目数	0
金融政策（FIN）	主体减负政策条目数高于环境营造政策条目数	1
	环境营造政策条目数高于主体减负政策条目数	0
人才政策（TAL）	引进政策条目数高于培养政策条目数	1
	培养政策条目数高于引进政策条目数	0
资助政策（FUN）	过程资助政策条目数高于结果资助政策条目数	1
	结果资助政策条目数高于过程资助政策条目数	0
知识产权政策（IP）	知识产权保护指数高于等于 0.1	1
	知识产权保护指数低于 0.1	0
创新产出（OUT）	国内发明专利授权数量高于全国均值	1
	国内发明专利授权数量低于全国均值	0

（三）数据收集

本章选取我国 31 个省（自治区、直辖市）作为研究样本，通过从各地方政府门户和科技部门等相关网站及北大法宝网（www.pkulaw.cn）搜索获取2016年及之前发布的科技创新相关政策 934 条，知识产权政策保护相关数据来自《中国知识产权指数报告（2016）》[①]，专利授权数据来自国家统计局，具体情况如图 12-1 所示。

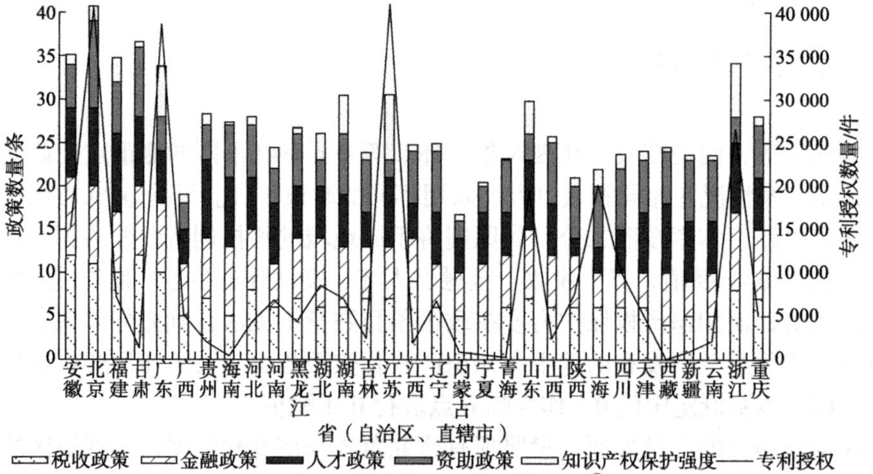

图 12-1　样本数据收集具体情况[②]

① 因国家统计局目前最新专利授权公开查询数据截至 2016 年底，为保证时间截面的统一性，政策收集年限及专利执法数据采集年份均为 2016 年。

② 柱状图主要表现税收、金融、人才、资助政策收集的政策条目数，知识产权保护强度原始数据为[0，1]区间的标准化系数，为保持与同级政策的一致性和可比性，乘 10 后也列入柱状图。

三、实证分析与讨论

首先按照研究设计将收集数据转化为真值表，如表 12-2 所示。

表 12-2　真值表

税收政策 TAX	金融政策 FIN	人才政策 TAL	资助政策 FUN	知识产权政策 IP	创新产出 OUT	频率 FRE
1	1	1	0	1	1	7
1	0	0	1	0	0	7
0	1	1	1	0	0	4
1	0	0	1	1	1	3
1	0	0	1	0	1	2
1	0	1	1	1	1	2
0	1	1	0	1	0	1
1	0	0	1	1	0	1
0	0	1	0	0	0	1
1	1	0	1	0	1	1
1	0	1	0	1	1	1
1	1	1	0	1	0	1

其次，使用 fsQCA 2.0 软件分析样本数据，以 0.8 为一致性门槛值对各省份影响创新产出的各项科技创新政策组合进行识别，得出复杂解。继而结合上文有关不同类科技政策对创新的影响机制，设定简单类反事实前因条件，通过简单类反事实分析和困难类反事实分析得出简洁解和优化解，当一个变量同时出现于简洁解和优化解中，则将其记为核心条件，若变量仅出现在优化解中，而未出现在简洁解中，则将其记为边缘条件，如此获得本章的前因条件构型如表 12-3 所示。

表 12-3　科技创新政策对创新影响机制的前因条件构型

变量	C_{1a}	C_{1b}	C_2
TAX	●	●	●
FIN		⊗	●
TAL	●	●	⊗

续表

变量	C_{1a}	C_{1b}	C_2
FUN	⊗		•
IP	•	•	•
一致性	0.89	1	1
覆盖率	0.50	0.19	0.06
净覆盖率	0.44	0.13	0.06
总一致性		0.92	
总覆盖率		0.69	

注：●或•表示该条件存在，⊗或⊗表示该条件不存在，表格留空表示构型中该条件可存在可不存在，其中●和⊗表示核心条件，•和⊗表示边缘条件

从表 12-3 可知，所得 3 个前因条件构型一致性均大于 0.8 的临界标准，说明所获的所有前因构型都能正向促进创新产出的增加。从覆盖率指标上可以看出，C_{1a} 的构型对结果的解释力度最大。然后按照简单解一致性逻辑，将复杂解中具备相同核心条件的构型进行合并，获得 TAX*~FIN*TAL、TAX*FIN*~TAL 两种构型。

根据计算结果，所有三个构型中，TAX 都作为核心条件存在，说明从样本省份情况来看，税收直接减免政策是促进创新产出的重要手段。主要原因在于，在设备、技术、人才等方面的直接税收减免可以在企业收益上予以直观体现，从而降低企业研发风险、提高企业研发意愿（程曦和蔡秀云，2017），而税率优惠往往以有所得为前提条件，需要科技成果带来收益后再予以优惠，如高新技术企业所得税减免政策既要求认定为高新技术企业又需要企业有利润盈余，在企业本身对创新前景存在一定顾虑的情况下号召力有限。税率调整权限主要集中在中央层面，地方决定权有限，因而税率优惠政策或为全国性统一的普惠制，或为少部分地方独享的试点制（如北京、天津、上海等 21 个示范城市的技术先进型服务企业所得税率减免为 15%），以单独省份为单位考察差异性不够显著。此外，IP 在所有三个构型中都作为边缘条件存在，说明较为严格的知识产权规制对创新产出有一定的促进作用。从样本分布来看，创新产出排名前列的均来自于江苏、广东、上海、浙江等发展领先地区，通过较为完善的知识产权保护制度较好促进了创新产出，进一步验证了 Schneider（2005）关于知识产权保护效用因地而异的观点。除去以上共性的前因条件，剩余的核心前因要素可以分为两种政策组合（图 12-2）。

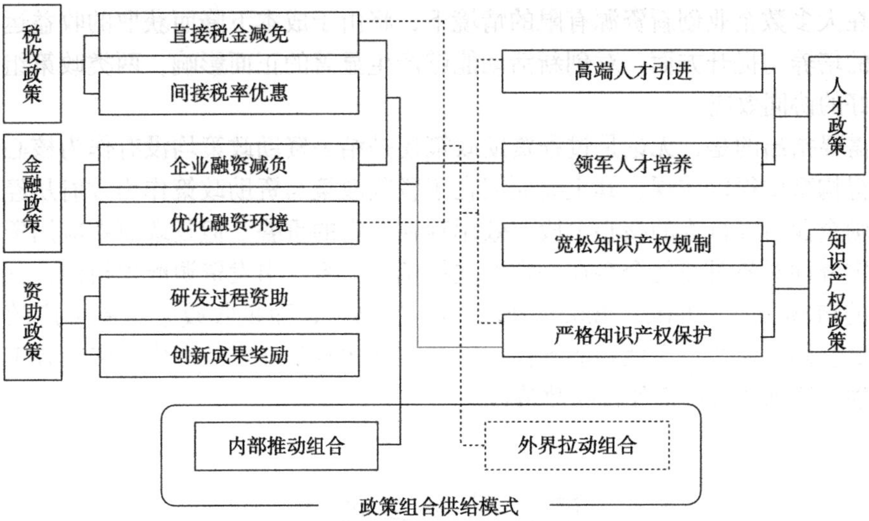

图 12-2　科技创新政策组合供给模式

实线、虚线分别表示两类组合；黑线、灰线分别代表核心条件与非核心条件

1）外界拉动组合

包含 C_{1a} 和 C_{1b} 两种构型，差异化核心条件为~FIN*TAL，代表以环境营造为主的金融政策和以吸引人才为主的人才政策相组合，重点通过优化创新条件、吸引高端要素等手段从外界环境角度激发企业创新意愿。环境营造是吸引高端人才的核心手段之一，两者在政策目标上具有较高的一致性，而且从收集样本情况来看，各地引才的主要思路普遍集中在降低生活成本方面（如给予住房及补贴、特殊津贴、子女教育资源倾斜等），对如何调动人才引入后的工作积极性、有效发挥人才效用考虑较少。借助金融政策对科技金融产品及业务的多样化、便捷化、简单化水平进行提升，有助于促进企业创新活动快速有效地获取资金支持，有利于创新成果向现实收益高效转化，从而调动高端人才迁入后的创新研发活动意愿，同时对人才的迁移决策也存在证明影响。两类政策的组合供给，可以取得较好的互补效用。

2）内部推动组合

对应 C_2 构型，差异化核心条件为 FIN*~TAL，代表直接为企业降低融资负担的金融政策和以自我培养为主的人才政策相组合，重点通过降低企业成本、增加企业核心竞争力等手段从内部角度强化企业的创新能力，属于具备一定综合性的政策工具组合。政府运用行政资源介入金融机构和企业的创新融资博弈，引导、鼓励金融机构以低息贷款、担保抵押等形式针对具备一定发展潜力的创新活动提供金融服务，从而直接降低企业资金成本。人才是创新活动的实施者，也是隐性知识得以传承及扩散的关键载体，其知识技能水平对创新成败具有关键性影响。

因此在大多数企业创新资源有限的情境下，将由于成本下降而获取的收益运用于人才的培养与提升方面，对创新活动能够产生显著的正面影响，两类政策组合具备较好的协同效应。

需要指出的是，无论是过程资助政策还是结果资助政策均没有作为核心条件在所得构型中得以体现，其主要原因在于税收政策与资助政策作为政府从经济角度激励企业研发行为的核心手段，效用存在一定的重叠，但是政府在应用资助政策确定资助对象时往往会存在一定的选择偏离，容易引发资源配置扭曲，甚至产生新的市场失灵（Jaffe，2002；郭炬等，2015），而税收政策具有更广的普惠性，更强调企业的自主性和能动性，因此在此次收集样本数据中，资助政策对于促进创新活动的效用不如税收政策显著。

四、结论与展望

共性技术是介于基础性研究与市场化开发之间的技术，处于产业创新体系的中间环节，科技创新政策组合的高效发挥在共性技术创新产出发展中具有关键作用。本章通过收集我国31个省（自治区、直辖市）有关科技创新的税收政策、金融政策、人才政策、资助政策和知识产权政策，基于政策的目标、对象等要素分别将不同种类政策细分为具体政策手段，运用QCA方法探讨了各类政策对于创新产出的作用机制，结果表明：直接给予传统制造企业必要的税收减免对于提升创新产出具有显著的促进作用，而金融政策和人才政策具有搭配组合作用，具体体现为以环境营造为主的金融政策和以吸引人才为主的人才政策相组合的外界拉动组合和直接以传统制造企业为对象的金融政策和以自我培养为主的人才政策相组合的内部推动组合，与Costantini等（2017）、Guerzoni和Raiteri（2015）所提出的范式相一致。这亦证明了政府作为共性技术创新环节的推动者，其科技创新政策供给能够在一定程度上有效缓解共性技术研发的多重失灵，推动产业创新产出，是实现创新技术扩散的重要前提。同时，本章发现资助政策对创新产出效用不明显，进一步验证了 Klette 等（2000）、郭炬等（2015）税收政策优于资助政策的观点。实践层面，对于政府在共性技术创新发展中的政策供给具有如下启示：第一，多种政策组合供给效果要优于单独某类政策；第二，可以从营造更优环境角度强化配套建设、提升服务质量等吸引高端要素集聚，也可以从聚焦自身能力角度集中资源加强区域内核心企业竞争力；第三，在基于经济角度激发企业创新意愿政策层面，税收政策因其普惠性、自主性和能动性较资助政策更具优势。

第四篇

科技中介催化型传统制造业转型升级的关键理论研究

创新是传统制造业改造提升的核心驱动力量。当前，我国部分传统制造企业因长期得益于原块状经济所带来的规模报酬、品牌效应等集聚优势，对初期因地理邻近而形成的资源载体和竞争模式产生路径依赖，成为引发所在区域陷入技术锁定的主要因素。通过信息和资源交换，科技中介可以有效帮助企业拓展资源获取的广度及增加企业资源获取的深度，因此其能够推动区域内技术的引入、转移和扩散，在传统制造业转型升级过程中扮演着重要角色。因此，以优化科技中介绩效为抓手，减少企业技术成本，帮助企业获取更优创新资源，是促进传统制造企业快速升级、提高传统制造业创新能力的重要手段。

第十三章　基础理论与文献综述

一、科技中介的相关研究

（一）科技中介的概念及内涵

中介一词最早可以追溯到 16~18 世纪英国农业及羊毛纺织工业中的中间人（Hill，1967；Farnie，1979；Smith，2002）。当时的中间人在从事贸易的同时，也是农业、制衣、羊毛分拣改进技术的重要非正式传播者（Howells，2006）。20 世纪后期，随着知识经济时代的到来，科技中介作为技术型企业的重要知识来源，逐渐成为国家创新系统的组成部分之一，受到学术界的关注，不少学者从不同的研究角度对其进行界定。从功能角度看，科技中介是具备介于知识生产者和使用者中间功能的特定机构；Howells（2006）从交易关系角度提出科技中介是在创新过程某一环节中交易双方或者多方的经纪人代理商；Wood（2002）则认为科技中介属于知识密集型服务机构（knowledge intensive business services，KIBS）的一种，向其他单位提供知识型的中间产品和中间服务。相对于国外研究，国内学者主要围绕科技中介的活动内容展开。王涛和林耕（2004）在此基础上进一步指出科技中介的主要业务内容包含信息交流、决策咨询、资源配置、技术服务和科技鉴证等。刘锋等（2004）认为科技中介是在创新主体之间通过沟通、联系、组织、协调等活动从而提供专业技术服务的组织，并提出技术中介与科技中介在本质上没有差异。马松尧（2004）则认为从狭义上来说科技中介是指为科技企业、高校、科研院所提供支撑科技创新活动、促进科技成果转化相关服务的机构，而从广义上来说，只要以技术为商品，面向社会开展技术扩散、成果转化、技术评估、创新资源配置、创新决策和管理咨询的专业化服务机构都属于科技中介，进一步拓展了科技中介的范畴。

目前相对权威的界定有两个，一是科学技术部出台《关于大力发展科技中介机构的意见》（国科发政字〔2002〕488 号）指出：面向社会开展技术扩散、成果转化、科技评估、创新资源配置、创新决策和管理咨询等专业化服务的科技中介机构，是国家创新体系的重要组成部分。二是《国民经济行业分类》（GB/T 4754—2017）中的界定：指为科技活动提供社会化服务与管理，在政府、各类科技活动主体与市场之间提供居间服务的组织。对比两者，最大的区别在于科学技术部涉及较广，凡是能够对技术创新提供支持和促进效用的活动都被列入科技中介服务的范畴；而国家行业分类主要从服务内容的性质进行区分，相关范围较窄。例如，科技创业投资按照科学技术部的标准属于科技中介服务，而按照行业分类标准则属于投资与资产管理行业。一般来说，学术界对于科学技术部的定义认同程度更高（Wood，2002；吴伟萍，2003；刘锋等，2004；王涛和林耕，2004；李文元，2008；Zhang and Li，2010），而关于科技中介机构的官方统计口径则以行业分类为标准。

因此，本章认为科技中介机构是指以技术、信息为商品，旨在加强创新过程中各相关个体之间联系及交流的专业化服务机构，具体包括各类区域科技创新服务（生产力促进）中心、高新技术创业服务中心、科技咨询、技术服务、成果推广服务单位、技术交易所、专利事务所等。

（二）科技中介近似概念相关研究

1. 知识密集型服务机构

知识密集型服务机构最初源于 *The Coming of Post-industrial Society* 中所提及的知识型服务机构，原意是指关注于人力资源的知识水平和创造力，以发挥智力优势为主的服务机构。随着产业经济的发展，其内涵逐渐丰富，主要有如下观点：Miles 等（1995）、Hertog（2000）将知识密集型服务机构定义为依赖于专业知识提供以知识为基础的中间产品和服务的私营公司或组织，它具有较高的创新倾向，能够推动制造业等其他部门的创新活动。Bettencourt 等（2002）认为知识密集型服务机构是通过积累、创新和传播知识为主要活动来满足客户需求的服务型企业。Kemppilä 和 Mettänen（2004）提出知识密集型服务机构应具有如下特征：服务需要知识的大量投入并显著依赖于专业能力，其提供者与客户之间存在高度互动，为知识的扩散及新知识的产生提供可能性。OECD 则从知识密集本身含义的角度将知识密集型服务机构界定为具有较高科技及人力资本投入密度，能够产生较大附加值的服务机构。金雪军等（2002）从信息加工的角度将知识密集型服务机构定义为对信息流进行收集、整理、分析、研究、储存并转化为可用知识，为用户提供信息资源和信息管理的机构。从中我们不难发现，虽然以上概念由于研究角度差异在细节上存在一定的分歧，但均强调了以下几点：①知识密集型服务机构需要大量的知识投入及积累；②知识密集型服务机构的交易围绕知识及技术而展开；③知识密集型服务机构重视交易双方的交流。与科技中介的定义相比较，两者实质上并无显著差别，只是从文字上知识密集型服务机构更注重于知识技术的积累及投入，科技中介更注重于不同节点间的交互。知识密集型服务机构在集群中的重要功能之一就是发挥纽带作用，加速集群内外的知识流动（Muller and Zenker，2001），因此科技中介与知识密集型服务机构在含义上存在着较多的重叠，可以说科技中介也是一种知识密集型服务机构，知识密集型服务机构在集群技术流动中起到重要作用。

目前，关于知识密集型服务机构的文献主要集中于绩效研究，可以分为两个方面：一是关注于知识密集型服务机构自身的绩效和竞争力，如李红侠（2009）基于员工行为将知识密集型服务机构的生产绩效分解为员工与顾客沟通效率、员工的知识生产效率、员工的售后服务效率三大要素，通过投入产出分析厘清三者之间的关系，并给出了知识密集型服务机构生产绩效的测度模型。张传庆（2013）从知识密集型服务机构人力资源的特殊性角度分析了其高绩效系统的工作结构，验证了知识密集型服务机构高绩效工作系统、服务氛围、知识共享等变量与机构绩效之间的作用机制。二是关注于知识密集型服务机构与区域经济、集群绩效之间的互动关系，如 Tomlinson（2000）以生产函数为主要手段对英国 20 世纪 90 年代的产业投入产出数据进行实证研究，结果表明知识密集型服务机构的投入对制造产业的绩效有显著的正向影响。Muller 和 Zenker（2001）从国家创新系统的角度研究了知识密集型服务机构与客户的互动和创新活动的关系，并进一步指明知识密集型服务机构对地区创新和国家创新均有显著的贡献性。潘菁（2008）以我国 1982~2006 年知识型服务贸易进出口数据与国内生产总值增长之间的长期及短期关系为基础，讨论了知识型服务贸易对经济增长的促进作用及具体途径。

2. 知识守门人

知识守门人又称技术守门人，是指产业集群中具有众多集群内外部网络联系、占据集群网络中心位置、具有强大吸收和扩散能力并承担产业集群内外部知识流动的核心主体（郑准等，2014a）。守门人概念引自社会心理学家 Lewin（1947）的论著《群体生活的渠道》，原意为在家庭生活中，食物信息由外界进入家庭的过程中遵循门的渠道，此时食物采购员能够对这些信息进行筛选和过滤，在这里食物采购员就是一个守门人。1977 年，Allen（艾伦）将这一理论应用于企业管理领域，指出企业中也存在知识守门人的角色，主要涉及企业从外部获取知识过程中起关键作用的部分员工。Giuliani（2002）将研究对象进一步放大，认为集群中具有较高知识吸收能力的节点起到了知识守门人的作用，它们通过与外界技术源建立连接，对外部知识进行搜索、吸收、消化、利用，并向集群内传播（Rychen and Zimmermann，2008）。

守门人类似于边界人员，是系统内节点与外部环境之间的重要连接（Paolillo，1982），其主要功能是内外部角色之间的连接和转换（Macdonald and Williams，1993）。具体来说，一方面守门人作为集群与外部环境的接口，可以从外部获得新知识和新技术；另一方面通过自身对新知识及新技术的吸收、加工，产生更适应于集群的本地化信息，将进一步促进知识的扩散。特别是当前由于知识模糊性的存在（Reed and DeFillippi，1990），部分知识无法以文字、图片等显性的状态应用于组织环境，知识转移存在明显的障碍（Levin and Cross，2004），因此更需要守门人以中介的身份在理解模糊的组织环境和文化的基础上，不仅对技术源、知识源进行剖析、管理、吸收、转换，同时将新的知识引入集群，促使其在集群内部各组织之间流动。所以，知识守门人实质扮演了承担集群内部组织与外部世界联系和沟通的知识平台的角色（Lazaric et al.，2008）。

科技中介的主要功能即通过搜索等行为联结技术供需双方，并依靠自身的知识积累加速技术的转化及扩散，这与知识守门人的作用存在着较多的重叠与交叉，因此科技中介在一定程度上可视为集群知识守门人的特殊形式。但是，一方面，知识守门人主要是指集群核心企业等集群生产者，相对来说，科技中介的概念范畴要小得多；另一方面，知识守门人主要强调集群与外部环境之间的交流，而科技中介对集群外部与集群及集群内部节点之间的联系沟通都有涉及，对集群绩效影响更为广泛。

3. 孵化器

1956 年，美国企业家约瑟夫·曼库索受飞禽孵蛋现象的启发，首次提出了孵化器概念，将帮助企业在脆弱的初创时期生存、发展的机构称为孵化器。随着孵化器在实践领域的广泛应用，吸引了大量学者进行研究，对概念做进一步探讨和补充，主要包括如下角度：①强调实体设施，如 Plosila 和 Allen（1985）将孵化器定义为促进创业期企业发展的设施；Lalkaka（1994）认为孵化器是由少数人运行的机构，其主要目的是通过工作空间、公用设备、技术渠道等系统服务以帮助新生企业降低创业阶段的失败率；Allen 和 McCluskey（1990）提出孵化器是向在孵企业提供具有附加价值的战略性干预和商业支持的共享空间设施。这些定义的共同之处在于均认为孵化器是一种实体机构，存在办公场所，需要专人运维。②强调提供服务，这种观点认为孵化器的关键点在于孵化，而不一定局限于独立运行的实体。例如，Mian（1996）提出孵化器是创业者提供建议、指导及各种资源的资源分配者，可以通过援助项目的形式予以体现；Hackett和Dilts（2004）认为孵化器是能够提高入孵企业商业价值的干预网络，包含了与风投、银行、潜在客户等业务单位之间的关系联结，能够帮助企业尽快获得所需资源。

总而言之，虽然不同学者的孵化器概念各有千秋，但均强调了通过提供空间、信息、设备等资源对初创企业进行扶持，从而达到提升企业生存率的目的。这与科技中介的作用功能是基本一致的，特别是对于科技企业孵化器，其在促进科技企业发展壮大的同时也使科技成果转化为市场产品，这一过程中其同样扮演了技术与市场的联结点角色。孵化器在提供各种硬增值和软增值服务的同时，也向在孵企业提供高水平的关系网络（Hansen et al.，2000），客观上也起到了中介的作用。但是，孵化器的关注点在于企业的创办与发展，服务方式包括提供场地、系统培训等多种形式，而科技中介的关注点在于不同企业之间的关系联结，服务主要以信息为载体。以技术成果转化为例，孵化器强调转化后的利润与前景，而科技中介则注重于转化初期的技术与市场双方的沟通与联系。因此，虽然科技中介与孵化器有相似之处，但概念仍属于不同范畴。

目前关于孵化器的研究主要分为两方面，一是辨别孵化器的各种类别，探究其功能和特点；二是分析孵化器的绩效及其影响因素（张力和聂鸣，2009）。关于孵化器的分类主要有如下观点：Hughes 等（2007）认为孵化器主要向在孵企业提供了孵化网络和资源集聚服务，因此可从这两个维度将孵化器分为专业孵化器、动态孵化器、封闭孵化器和共有孵化器四种类型。Becker 和 Gassmann（2006）按照运行目的将孵化器分成营利和非营利两大类，并用是否企业内部细分营利型孵化器、是否政府创办细分非营利孵化器，将孵化器分为大学、科技园、社区、非营利发展、股东、风险投资、虚拟组织、提供服务、技术开发九类。Grimaldi 和 Grandi（2005）提出孵化器不同的所有者和参与者因其目的及行动的差异，会对最终绩效产生重要影响，从而将孵化器从产权归属角度分为商业创新中心、大学商业孵化器、独立私有孵化器和企业所有孵化器四种。考虑到信息技术的发展和全球化趋势的加深，Carayannis 和 von Zedwitz（2005）在此基础上又加入了虚拟孵化器，主要包括依靠网络技术向新企业提供各种信息的各种站点。关于孵化器的绩效，主要集中在其效益如何评估方面。通常认为入孵企业与孵化器之间存在合作共生的关系，因此入孵企业能否按时毕业是孵化器绩效的重要体现（张力和聂鸣，2009）。Rothaermel和Thursby（2005）提出孵化失败、延长孵化时间或成功毕业都可以用来衡量孵化器的绩效。Fukugawa（2006）以孵化器是否参与为研究视角，考查了企业与高等教育机构进行联合研发的情况，并对孵化器的中介绩效进行定性分析。Rice（2002）提出孵化器的基础设施、培训、网络资源是影响孵化绩效的主要因素。Mian（1997）以大学孵化器为例，论述了大学形象、实验室设备、优秀学生构成等因素对入驻企业价值的影响。Autio 和 Klofsten（1998）认为区域环境也应纳入孵化器绩效的研究框架。

4. 技术市场

技术市场是指技术成果供求双方在交易过程中所形成的各种经济关系的总和（赵绮秋和李宝山，1997；李健，2011），其交易对象主要为专利、专利许可及未获得专利或无法申请专利的知识产权（Arora et al.，2001），从广义上来看其实质为一种技术资源的配置机制，目的在于促进技术的应用、扩散和创新。因此，如企业、科研机构等市场主体及科技成果、专有技术等市场客体一样，以信息集散为主要手段参与资源配置的科技中介可视为技术市场的重要组成部分。但狭义角度上，具有实体意义的技术市场将多种技术资源集中于某一范围（如网上技术市场），使交易双方减少搜寻成本、更易达成成交意向，具有科技中介的基本特征，也可视为科技中介的类型之一。所以，科技中介与技术市场在概念上存在交叉重叠、相互包含的情况，两者之间的角色会根据研究角度的不同（狭义、广义）而发生变化，目前关于技术市场的研究主要存在于以下方面。

1）技术市场的测度

指从技术市场本身特征出发，构建指标体系对市场发展程度进行评价。例如，张江雪（2010）从技术市场主体发展程度、技术市场运行的完善程度、技术市场法律政策环境的保障程度和技术市场的效益四个角度出发，采用专家打分法对我国 1991~2006 年的技术市场发展程度进行了定量测算。谢思全等（1998）以市场开发度和发展自由化程度为基础，结合市场公正度和国际市场连接度等几个因素，对我国技术市场的发育程度进行了评估。樊纲和王小鲁（2004）则提出技术成果的市场化程度可以近似地用技术市场成交额和本地技术人员比例来表示。

2）技术市场的区域特征

指以特定区域为研究范围，从地理视角总结概括技术市场的发展特征。例如，柳卸林和贾蓉（2008）基于全国各地区与北京进行技术交易的现状，分析了地理因素在技术交易中的作用。刘璇和刘军（2010）以技术市场的交易合同数及成交金额的流量流向为参考指标，对比了京、沪两地的技术扩散效应。此外，随着信息技术的发展，借助互联网打破地理藩篱的网上技术市场也引起了学术界的关注（Mullins and Crowe，1999），但由于服务雷同和缺乏核心增值服务等因素，大多数市场的吸引力仍旧差强人意，Czarnitzki 和 Rammer（2003）认为不确定性、信任和信息不对称是阻碍网上技术市场发展的主要原因。

3）技术市场的影响因素

张锴等（2003）利用威廉姆森的启发性模型，提出高额交易成本是影响技术市场规模和边界的主要因素，除此之外，交易主体的差异、交易主体的战略及技术输入方的环境等因素也是影响技术市场的重要因素。朱远程和王磊（2006）通过实证研究论证了企业研发与技术市场成交额之间的显著相关关系。Podolny（1994）认为技术提供者的声誉比交易技术本身的品质更容易影响技术的成交意向。Guilhon（2001）也认为交易双方基于共同愿景的频繁交互更利于长期合作关系的形成。

4）技术市场的规制

郝旭东和欧阳令南（2007）基于新古典经济学的价值理论，结合供需两个方面提出了技术资产的定价策略。徐炎章和金加铜（2004）从加强法规建设、完善科研项目评估、建立科研人员信用体系等方面论述了技术市场信用体系建设的工作路径。张江雪（2010）利用我国 1994~2008 年知识产权保护和技术市场发展相关数据，通过实证研究进一步证明了以上观点。

5）技术市场与经济增长的关系

Lamoreaux 和 Sokoloff（1999）通过对美国 1840~1920 年技术市场的分析，提出技术市场对于经济发展存在重要作用。但潘雄锋和刘凤朝（2005）以我国 1987~2002 年的统计数据为基础，运用 Granger Causality 因果关系检验法和回归分析对技术市场发展与经济增长的关系进行了实证研究，结果表明我国经济增长和技术市场发展之间并不存在显著的因果关系。

除上述概念外，不少学者从各自的研究角度对从事联结、沟通，促进信息交换的组织进行了定义研究，英国曼彻斯特大学学者 Howells（2006）对此进行了归纳总结，具体见表 13-1。

表 13-1　科技中介的近似概念及功能

概念	学者	定义/作用
边界组织	Guston（1999）	在技术转移及技术产业化中的边界组织
	Cash（2001）	技术转移中的边界组织
超结构组织	Lynn 等（1996）	帮助系统内企业促进和协调信息的流动
创新桥接者	Czarnitzki 和 Spielkamp（2000）	帮助达成受企业欢迎的知识或服务条款
创新中介	Howells（1999）	作为中介在创新系统中发挥主动作用
创新咨询机构	Pilorget（1993）	包括促进创新的咨询公司和中介代理
第三方	Mantel 和 Rosegger（1987）	介入他方执行性决策的个人或组织
技术经济人	Provan 和 Human（1999）	消弭工业网络中的信息和知识空白
	Hargadon 和 Sutton（1997）	通过在现有技术或者部门之间创造联结生产新产品的组织
经济人	Aldrich 和 von Glinow（1992）	促进创新思维从外界向社会系统内部扩散的代理

续表

概念	学者	定义/作用
拼装者	Turpin 等（1996）	搜寻发展自身领域之外新技术的应用方式
桥接者	Bessant 和 Rush（1995）	在创新过程中起到桥接作用的独立咨询机构
区域研究机构	McEvily 和 Zaheer（1999）	为网络中缺乏联结的公司提供衔接
知识经济人	Hargadon（1998）	促进集成创新的代理人
	Wolpert（2002）	促进企业之间创新信息交换的中介
知识中介	Millar 和 Choi（2003）	帮助接受方评估所受知识无形价值的组织
中介层面的个体	van der Meulen 和 Rip（1998）	帮助科学促进社会经济的发展
中介代理	Braun（1993）	研发政策形成过程中的任务代理人
中介公司	Stankiewicz（1995）	为个体用户在市场中找寻解决方案
中介机构	Watkins 和 Horley（1986）	向小企业提供技术转移支持
	Seaton 和 Cordey-Hayes（1993）	在技术探索中起到中介作用
	Callon（1994）	影响科学网络与区域联合体变化的中介
	Shohet 和 Prevezer（1996）	在用户和技术所有者之间从事技术转移的私人或公共组织

资料来源：Howells（2006）

（三）科技中介的功能与作用

由于创新模糊前端的存在，客观上需要科技中介为企业创新提供服务，以降低创新活动的不确定性。但科技中介具体如何作用于企业创新活动却表现出典型的黑箱效应，吸引众多学者对其方式和机理进行深入研究，相关成果可以大致分为如下几个方面。

1. 知识扩散及转移

根据 Cummings 和 Teng（2003）所提出的研究框架，知识转移系统由知识源、知识受体、转移的知识和转移情境四部分构成，而科技中介是转移情境的重要内容，从而直接作用于转移过程。其实，早在20世纪中期，学者就发现以变革代理人为代表的第三方可以加速信息的传播，从而对一定区域内家庭和企业采用新产品的速度产生影响（Rogers，1962）。此后，Mantel 和 Rosegger（1987）提出第三方可以通过是否为采用新产品提供决策支持、制定标准、评价技术等方式对扩散过程产生影响。随着技术管理研究的深入，科技中介逐渐受到重视，被单独作为变量考察新技术、新知识的转移扩散。Bessant 和 Rush（1995）指出，成功技术转移包括新转入技术的吸收和消化，而科技中介可以通过改变服务性质和范围及利用技术政策来弥合其中的管理缺口。Lamoreaux 和 Sokoloff（1999）提出科技中介可以通过节约技术专利价值评估成本的形式促进技术专利买卖双方的成交，推动技术传播和转移。Shohet 和 Prevezer（1996）通过对英国生物产业技术转移的案例研究，认为科技中介的主要作用是通过合同、许可等形式使非正式合作正式化，从而强化合作保障、促使转移达成。Hoppe 和 Ozdenoren（2005）以发明的产生和使用为例，提出科技中介可以提供促成经济、高效的投资决策，辨识发明的营利性，从而减少技术交易的不确定性。Ahsan 和 Malik（2015）通过孟加拉国电影产业的实证研究，指出缺乏有效科技中介对国外数码技术的转移是该国电影产业技术转型失败的重要原因。Li 等（2015）认为可以将专利代理人视为科技中介，并通过环切镊、关节炎诊断盒和柚子酒三个案例论证了其在发展中国家对于技术转移的促进作用。刘珂和和金生（2005）从生物学角度提出科技中介类似生物酶，从企业知识获取、促进知识传播、熟化知识、优化环境等各环节催化知识的发酵。方世建和史春茂（2003）从比较研究的角度，对比了中介参与和无中介参与的技术交易过程，发现高质量交易在无中介参与的过程中无法达成。

2. 创新管理

科技中介在创新管理方面的作用虽然与技术转移和扩散存在紧密的联系，但对比科技中介在技术转移中的联结功能，技术创新管理更为关注科技中介在创新活动中作为组织的特性和对创新活动的参与程度（Howells，2006）。刘锋等（2004）研究发现科技中介因其对技术的专业性在转移过程中不仅起到牵线搭桥的作用，还能参与技术创新过程，促使技术的改进优化。Hargadon 和 Sutton（1997）认为技术中介类似知识库，可以运用库中知识进行组合，为客户提供解决方案，从而提升客户对知识的吸收能力。Ancori 等（2000）指出，技术中介并非像邮差般只是单纯地传递技术，它往往根据客户需求，对技术进行适应性改造，并以模块形式提交客户，并在此过程中扩充自身技术储备，提升自身技术能力。Knockaert 等（2014）通过对比利时的共同研究中心（Collective Research Centers，CRCs）的实证研究，提出虽然没有直接证据支持科技中介的吸收能力对企业研究与开发活动的额外认知能力能够产生影响，但是较多使用科技中介服务的企业拥有较强的吸收能力，并且能够产生更高水平的额外认知能力。蒋浩等（2006）利用博弈论对技术市场中的买方、卖方和中介方进行分析，提出科技中介不仅有利技术的转化，而且对技术创新存在重要的正向作用。徐雨森和蒋杰（2011）认为除加强技术受收双方沟通之外，科技中介对技术受方有激发转移意愿、弥补转移能力的作用，对技术受方有激发获取意愿、弥补吸收能力的作用，对技术本身有熟化、增加可转移性的作用，并结合问卷进行了实证检验。

3. 系统与网络

许多学者认为科技中介是创新系统（及技术系统）的重要组成部分（Howells，2006；Watkins et al.，2015）。在对瑞典工业自动化的分析中，Stankiewicz（1995）发现牵线搭桥机构的存在有利于技术系统中各参与方的联系和沟通。Lynn 等（1996）提出在创新区域内存在超结构组织，它们向网络和系统成员提供集体产品并加速协调成员间的信息流动，促进系统网络关系的联结与转化。McEvily 和 Zaheer（1999）认为科技中介可以为缺乏建议网络和嫁接联系的企业提供补偿性链接，从而促进网络的扩张和完善。Smits 和 Kuhlmann（2004）提出科技中介的主要功能之一就是进行包含建立和组织创新系统在内的界面管理，为系统提供战略性智力基础结构，使系统的需求、发展更为明朗。Kivimaa（2014）基于两个芬兰中介组织的实证研究，指出政府背景的中介机构可以通过发起、管理新政策或市场进程，扮演中间人或者替网络行动者发声等形式促进系统性的持续转变。石定寰和柳卸林（1999）从经济体制的角度对科技中介进行了研究，他指出计划体制下创新系统由政府、科研机构和企业三部分组成，但在计划向市场过渡的过程中，科技中介将成为单独力量，与上述三部分共同发挥作用。马松尧（2004）进一步强调，科技中介是市场和政府之间的交流通道，科技中介服务体系是国家创新系统的重要基础，在发挥市场对科技要素资源的基础性配置作用方面存在关键影响。李正风（2003）提出科技中介是创新增值链的重要一环，对提高社会知识分配力、克服科技竞争力结构性缺陷具有关键作用。蒋永康和梅强（2014）认为科技中介的特性可以有效解决区域创新中信息不对称性、信息孤岛和专业鸿沟三种障碍，从而促进区域创新系统有效运转，提升区域创新能力的耦合机理。

4. 服务组织

随着技术的发展，知识在生产中地位日益重要，科技中介通过与客户保持紧密的业务联系，在背后为客户企业的创新活动发挥关键作用（Bessant and Rush，1995）。Czarnitzki 和 Spielkamp（2000）认为科技中介的服务具有其他制造企业和服务企业创新黏合剂的功能。Wood（2002）指出，科技中介依赖于专业知识和专门技术，向其他企业提供知识型的中间产品和中间服务，与提供简单生产性服务的其他社会中介服务机构存在重要差别。李允尧（2005）认为科技中介是公共部门与私人部门之间的第三种部门，其所提的服务使资源分配方式区别于企业协调机制和市场协调机制。此外，也有学者从动态视角看待科技中介的功能，指出科技中介功能从最初的桥梁和纽带作用沿着创新链向前后两段扩展，经历了技术交易、技术咨询→信息服务、知识转移→技术熟化、知识转化、综合服务五个阶段（郭兴华和李正风，2014）。

（四）科技中介的研究领域

1. 科技中介的分类

对科技中介进行类别划分，利于根据不同中介所表现出的不同特征进行差别化研究，进一步明确作用方式与功能机理，从而完善研究框架和拓展研究内容，因此一些学者对此进行了探讨。Klerkx 和 Leeuwis（2008）以荷兰农业为研究对象，依据科技中介的功能、关注点、业务范围、资助形式、治理结构等因素将其分为面向个体企业家的创新顾问组织、面向企业家联盟的创新顾问组织、构建企业对等网络的经济人组织、支持高层次创新的系统工具型组织、展示生产相关知识及信息的互联网数据型组织五种类型，并进一步指出不同类型之间是交叠而非互斥的，一家中介可能存在多种类型的特征。Yusuf（2008）根据对显性知识和隐性知识的处理情况，将科技中介分为一般型、专业型、金融型和公共型四种类，其中一般型是指创造和传播多种不同知识的领导型大学中的科技中介；专业型是指搜寻并促进专利编码，将知识传授于商业用户的组织，如大学中的技术转让办公室（Technology Licensing Office，TLO）；金融型是指提供风险资本或者天使投资人的风投机构，这样的机构常常能够为初创企业带来管理诀窍、联系关系、解决问题的技巧、风险评估的技能等隐性知识；公共型是指提供各种服务以促进技术转移和加强研发机构与企业之间互动的公共机构。李兴鑫和穆养民（2007）以我国农业技术推广实践为例，将科技中介分为政府事业型、农业科教单位主导型、专业技术经济合作型、农业龙头企业主导型和商贸业技物结合型五类。王晶等（2006）根据科技中介所提供服务的差别，将科技中介分为科技信息、科技设施、科技贸易、科技金融和企业孵化器五种子类。马松尧（2004）以科技中介在市场发挥的具体作用为标准，将其划分为四类：第一类是行业组织，如软件行业协会、企业家协会等，主要促进企业之间的交流与协同；第二类是提供专业化服务促进技术产业化和技术创新的服务机构，如生产力促进中心、科技咨询机构、工程技术研究中心等；第三类是从市场化角度对科技资源进行整合、优化要素配置的服务机构，如技术市场、产权交易机构、人才市场等；第四类是对市场行为进行监督的机构，如知识产权评估机构、律师事务所、公证和仲裁机构等。丰志勇（2006）从创办主体性质的角度将科技中介分为国家资助设立、大学、科研院所创办、协会设立和商业化组织五类。此外，我国科学技术部对科技中介也有相应的分类标准，主要是按照技术创新活动情况来划分，一是直接参与服务对象技术创新过程的机构，如生产力促进中心、创业服务中心、工程技术研究中心等；二是要利用专业知识为创新主体提供咨询服务的机构，如科技评估中心、科技招投标机构、情报信息中心、知识产权事务中心和各类科技咨询机构等；三是主要为科技资源有效流动、合理配置提供服务的机构，如常设技术市场、人才中介市场、科技条件市场、技术产权交易机构等。

2. 科技中介的规制

在市场经济相对发达完善的国家，科技中介在市场竞争中产生，由市场所主导，因此目前国外较少有在总体上考虑科技中介建设和发展的相关成果，只有部分学者针对具体机构（如孵化器）的管理和运营提出一些理论和设想（常爱华和柳洲，2010）。但在国内，由于政府掌握大量资源，其适当的引导与扶持将对科技中介实现突破性跨越发展起到重要的促进作用，所以政府对科技中介的规制亦是国内学术界研究的重要领域。罗公利和边伟军（2008）将影响科技中介建设发展的因素归纳为政府因素、自身因素、大学及其他科研机构因素、行业协会因素、环境因素、同行业其他机构因素、科技中小企业因素七大类，并指出政府因素和自身因素是发挥决定作用的主要因素。王永杰等（2006）指出，政府对科技中介的管理不宜过细，其主要职能应集中在宏观导向和规划，营造有利的法律政策环境和社会文化环境，从间接角度促进科技中介体系的建设和完善。张景安等（2003）提出市场导向和政府推动是我国科技中介建设的两大方面，建议以信誉体系建设为抓手推动科技中介的发展。熊小奇（2007）从我国目前科技中介的发展现状入手，通过归纳现实问题，从完善联系关系的角度针对性提出建设我国开放式科技中介信息服务体系可以从如下三个层次入手：一是构建联系我国科技中介之间的信息服务网络；二是构建联系我国科技主体之间及与境外机构之间的科技中介信息服务网络；三是构建联系我国企业与跨国企业之间的科技中介信息服务网络。赵芸（2014）指出我国科技中介目前存在角色定位错误、从业人员素质有待提高、相互之间缺乏合作、政策支持不足等几大问题，提出强化政府职能、构建创新驿站网络、打造高水平人才队伍、建设科技金融创新体系等政策建议。曹洋等（2007a，2007b）对我国科技中介现在也存在类似观点，并提出经营管理独立化、服务功能多样化、政府指导科学化三大对策。

3. 科技中介的国别研究

科技中介在发达国家起步较早，发展相对成熟完善，因此国内部分学者通过对比研究国外科技中介的发展状况、管理体系、扶持政策等方面，以期为我国科技中介的建设发展提供借鉴。卜永祥（1994）介绍了美国产业界与大学间科技合作和成果转化的基本情况，指出技术许可经营处是达成双方联系的重要渠道。娄成武和陈德权（2003）以初创时间、经济背景、科技水平、文化特征、发展现状、发展模式、运行机制、发挥功能为指标，对比了欧美发达国家（美国、德国、英国）、亚洲国家（日本、韩国、新加坡）、发展中国家（印度、南非、巴西）与中国的科技中介发展情况，提出加强政府引导、鼓励市场运作、完善网络建设等一系列建议。文岳东（2003）对美国、英国、意大利、日本等发达国家科技中介的现状进行了归纳梳理，认为不同国家间科技中介均存在如下共性特征：经营主体多元化、对中小企业创新较为重视、以商业化公司运作为主、较小的规模、较高的人员素质。吴伟萍（2003）总结概括了美国、英国、法国、德国、日本等国家发展科技中介的成功经验，提出中国发展科技中介应从政府引导、营造氛围、构建网络、培养人才方面入手。王夏阳和胡丹婷（2003）以行业协会为切入点，对美国、日本、德国等行业协会从事科技中介的状况进行了介绍，提出中国行业协会进一步发挥科技中介功能的几点建议。朱桂龙和彭有福（2003）在美国、日本、德国科技中介服务体系要素构成的基础上，以美国农业技术合作推广体系为案例阐述了发达国家科技中介服务体系运作的基本情况，并提出了在科技中介建设发展层面值得中国借鉴的三点经验：一是要在行业体系、组织管理体系、法律政策体系三方面共同进行；二是行政性的政府协调服务、公益性的社会公共服务、商业性的社会中介服务需要相辅相成；三是政府工作重点应在环境及机制的建设和督导而非微观管理。熊小奇（2007）介绍了美国、日本、德国的科技中介发展模式，对各国利于科技中介发展的先进做法结合贝尔-多尔法案、美国小企业发展中心等实例进行了说明。除进行多国的比较外，也有学者单一地对某一国家科技中介的基本情况进行系统描述，如钟鸣（2000，2001）连续发文对日本科技中介的发展情况、法律政策、运营情况进行详细介绍；喻明（2001）在剖析英国科技中介结构的基础上，通过代表性机构的描述勾勒出英国科技园型、专业协会型、慈善型和营利型几大类科技中介的基本情况。这些学者虽没有从理论上对科技中介进行深入的研讨，但其对于国外科技中介细致而系统的描述使国内研究人员、科技管理人员对国外情况有了进一步了解，客观上推动了科技中介理论体系的形成和完善。

4. 科技中介的效率研究

虽然科技中介对于经济及技术发展的重要性已不言而喻，但其具体贡献却难以直接量化测量，因此科技中介效率的相关问题成为学术界关注的又一焦点。根据效率研究的逻辑体系，相关研究可以分为两个部分，一是科技中介效率的评价和测度：科技中介效率的外在表现，具体可以用哪些指标评价；二是科技中介效率的影响因素识别：科技中介效率受哪些因素影响和控制。在评价方面，Muir（1993）以技术转让办公室为例，以技术发明公开数、企业对所公开技术发明的估价、收入来源、企业研发给予的资助、专利数量等指标评估机构的工作绩效。刘勤福（2008）结合科技中介技术交易服务的整体过程，从核心和外延两个角度提出从交易费用效率、投入产出效率、社会经济发展、企业竞争力和技术市场影响五个方面测度科技中介的效率。除此之外，虽然一些文献没有直接研究科技中介效率，但其涉及技术转移效率的评价方法对科技中介效率也有重要的参考作用。Chapple 等（2005）以授权数量及授权收入、公开发明数量、总研发收入、员工人数、外部知识产权支出、医学院设立情况、技术转让办公室设立年限、当地生产总值、当地研发强度等指标为基础，应用数据包络分析和随机前沿估计方法对英国大学技术转移的相对效率进行了评估。薛敏（2007）以技术转移的动态过程为出发点，综合考虑技术供方、技术受方、转移对象、转移中介、转移渠道、转移环境六方面的情况，选取了技术成果转化率和投入产出比、市场与经济发展、转移机会成本三类可量化指标评价转移效率。Bozeman（1994）在以技术授权数量、技术传播能力、技术受方的商业效应、政府研发实验室及其技术人员的货币收入等指标评价政府研发机构技术转移效率的基础上，进一步研究了早期技术合作对不同机构转移效率的影响。Rogers 等（2000）利用发明的公开数量、申请专利数量、技术授权数量、已投产的技术授权数量、创业企业数量、技术授权收入总额六项指标对美国 113 所大学的技术转移绩效进行了评价，并指出高水平转移效率的大学往往具有如下特征：较高的平均薪酬，较多服务人员，较高价值的个人才能、捐赠和合同，较多的研究研发经费资助。范忠仁（2009）以技术交易合同数量和技术交易合同标的额为科技中介效率的评价指标，分析了科技中介的历史因素、规模因素、激励因素、技术交易池规模因素、关系网络因素对科技中介效率的影响，并用问卷所得的数据进行了实证检验，结果显示科技中介的历史因素、规模因素对科技中介效率没有显著影响，激励因素、机构行政级别存在显著的反向影响，关系网络因素和技术交易池规模因素存在显著的正向影响，这与 Rogers 等（2000）和 Chapple 等（2005）的研究结果存在一定差异。曹勇等（2010）以隐性知识为研究对象，根据隐性知识的特征指出在其转移过程中提供方的开放程度、接受方获取知识的主动性和积极性、接受方内在化知识的能力、现有知识存量或基础、双方之间的相互关系等因素会对转移效率存在重要影响，并依此给出了 16 个科技中介转移效率的细化衡量指标。除以上定量研究外，也有学者通过定性研究确定科技中介效率的影响因素，如 Horng 和 Hsueh（2005）通过对台湾四所大学技术转移机构的问卷调查，指出影响其效率的因素有技术转移机构的营销和谈判能力、员工的奖励机制和大学的灵活性等。

二、嵌入性的相关研究

（一）嵌入性理论的发展过程

在与新古典经济学思想市场绝对化的争论中，Polanyi（1944）首次提到了嵌入的概念。他在论著《大变革》中提出“人类经济嵌入并结缠于经济或非经济的制度当中，而且非经济制度非常重要。因为在分析经济的有效性时，宗教和政府的作用可能与货币制度或减轻劳动强度的机器工具一样重要”。在波兰尼看来，经济的本质在于其依附于社会整体，市场臣属于其他社会建制，市场（交换）与互惠、再分配一样，只是经济活动的几种模式之一。在第一次工业革命之前，市场交换机制尚未占据主导地位，经济活动以互惠和再分配为主，嵌入在社会和文化结构之中。第一次工业革命之后，市场价格成为经济活动的决定性因素，人们普遍追求金钱收益最大化，此时经济呈现脱嵌性的态势。一些学者虽然认同波兰尼所提出的嵌入概念，但对其观点却持有一定的质疑态度，他们认为波兰尼提出所有经济均嵌入社会结构，却又进一步指出市场交换机制是脱嵌的，存在悖论（符平，2009；Lie，1991；Gemici，2008）。

1985 年，格兰诺维特在批判经济学社会化不足和古典社会学家过度社会化的基础上，在其著名论文《经济行动与社会结构：嵌入性问题》中提出了嵌入性的概念。他认为经济行为嵌入于亲属、朋友、信任或者其他友好关系所结成的人际网络，并且经济关系和经济制度也由这些具体、不断变化的关系所维系。此观点有效弥补了新古典经济学中忽视现实世界丰富人际关系的缺陷，引起了学术界的普遍关注，截至 2022 年 11 月，文章被引超过 49 000 次，开启了社会学与经济学交叉研究 20 年左右的黄金时期。值得一提的是，虽然波兰尼和格兰诺维特均使用了同一概念来阐述经济与社会的关系，且在时间上存在先后关系，但格兰诺维特的观点并不是对波兰尼理论的延伸和发展，他是在完全遗忘波兰尼相关阐述的情况下进行的相关研究（Krippner et al.，2004），因此大多数学者认为格兰诺维特重新定义了嵌入性概念，也具有开创性的贡献，而且格兰诺维特和波兰尼在对嵌入性的理解上也存在较多的分歧，详见表 13-2。

表 13-2　嵌入性概念的两种取向

项目	Polanyi（1944）	Granovetter（1985）
基本理念	经济活动嵌入于社会关系，市场臣属于其他社会建制	人是嵌入于社会关系的行动者，人与人之间的社会网络维系着经济关系和经济制度

续表

项目	Polanyi（1944）	Granovetter（1985）
研究角度	市场与社会整体化，批判经济自主性	将市场与社会分离，从社会角度看市场，保留经济自主性
理论延伸	Polanyi（1944）：用市场性区分市场，社会因素在低市场性中存在，不否认理性选择模型	Fligstein（1996）：政治对市场形成、发展、稳定和转型具有重要作用 Zelizer（1988）：市场由以文化为根基的多元因素构成 Uzzi（1996，1997，1999）：经验研究方法的引入
存在不足	提出经济与社会无法分割，但认为市场交换和市场经济是自律与脱嵌的，存在悖论	从市场外部研究市场，没有从根源上解决市场效率的产生问题，而且将多种复杂社会因素简化到关系网络单一要素，引发许多学者对于定量网络分析的过度依赖，而忽视了其他经济形式

资料来源：根据相关文献整理

Zukin 和 Dimaggio（1990）对格兰诺维特所提的嵌入概念进行了拓展，将嵌入进一步细化为认知嵌入、文化嵌入、社会结构嵌入和政治制度嵌入四种嵌入机制，将权力、文化、组织三者之间的联系在嵌入性研究中进行了强化，试图在行动理性和经济效率之间寻找平衡。此后研究者在此领域进行了多方面的探索，但操作性层面的研究方向却不甚明晰。

（二）嵌入的分类

1. 对象视角

从嵌入对象的角度将嵌入性分为结构嵌入和关系嵌入是目前理论界应用最为广泛的一个研究框架，最早由 Granovetter（1985）提出。后来，他又对两者进行了进一步的界定和解释，关系是指行动者之间的相互联系，关系嵌入是指基于互惠预期而发生的双向关系，可以用关系的内容、方向、延续性和强度来测度；结构是指关系的分布情况，结构嵌入是指互动双方各为更大结构中的一部分，可以用联结在网络中的规模、密度、位置等指标来测度。

关系嵌入考察的是网络行动者间相互联系的二元关系，重点强调关系联结作为优质信息资源共享机制的基础作用（Gulati，1999）。格兰诺维特早在其 1974 年关于白领求职的研究中就发现不同类型的关系对于求职者的职位有重要影响，往往通过相识得到信息的人能够取得较高地位和收入的岗位，而通过亲属或者朋友得到信息的人缺少晋升的机会。由此他将关系分为强关系与弱关系，提出造成此现象的原因在于强关系主要来自群体内部，信息具有高度的重复性，而弱关系联结于群体之间，信息具有更高的价值。Rowley 等（2000）在此基础上，参考 Contractor 和 Lorange（1988）关于战略联结的分类方式，将企业间的业务关系同样分为强联结和弱联结两类。强联结是指企业间存在较强的资源性承诺，如合资、战略联盟、合作研发等，弱联结是指企业间基于价值对等的普通资源交换，如市场协议、专利许可等。Andersson 等（2002）根据行动者的目的将关系嵌入分为业务嵌入和技术嵌入。业务嵌入是指企业与上下游及客户之间的亲密程度，表征企业适应市场环境的能力；技术嵌入是指企业通过以业务合作为主的外部联结所获取新技术的价值，表征网络中企业相互间的技术依赖程度。在部分情况下，这两种嵌入往往具有共同的关系联结渠道。

结构嵌入考察的是网络行动者相互联系所形成的总体性分布状态，强调行动者所占据位置的信息价值（Gulati，1999）。Burt（2004）根据网络节点间联系的间断情况提出结构洞的概念，并进一步提出占据结构洞越多的节点享有的信息优势越充分。Uzzi（1997）也提出占据结构洞的节点能够提升信息透明度，更快地获知机会或威胁，并由此获得收益。Bekkers 等（2002）提出占据网络中心的节点更容易获取重要技术和市场信息，Li 等（2013）通过实证研究进一步证明节点是否处于网络的中心与所能获得资源的质量和数量存在重要联系。

2. 情境视角

Zukin 和 Dimaggio（1990）认为嵌入是指经济活动在不同的认知、文化、社会结构、政治制度等情境下的不同表现形式，因此提出认知、文化、社会结构、政治制度是嵌入对组织行为的四种影响机制，它们的出现将消减组织经济理性的可能性及行为，由此构成了嵌入的四种类型：社会结构嵌入、认知嵌入、文化嵌入和政治制度嵌入。

社会结构嵌入与格兰诺维特所提的嵌入概念基本相同，主要考量的是经济活动的社会关系情境，强调经济活动受到社会网络的影响和制约，将社会因素引入经济市场行为的分析框架，同时涵盖了格兰诺维特的关系嵌入与结构嵌入两方面内容。这种将行动者之间的联系建构成社会网络的视角为研究社会因素如何影响组织行为的理论及实证提供了方向和框架，并逐渐成了嵌入研究的主流（Dacin et al.，1999）。

认知嵌入主要考量行动者（个人或组织）的认知来源对经济活动造成的结果，强调周边环境及原有思维意识会影响行动者的理性预算从而改变其所做出的经济决策。换言之，认知嵌入认为经济理性受到认知限制，所有经济体的经济理性并非一致的，如企业长期形成的默会认知水平（过度自信、路径依赖等）会影响企业的战略、执行和运营（兰建平和苗文斌，2009），从而导致不同的经营结果。此提法将组织认知的相关理论纳入了嵌入的理论框架，为解释行动者行为差异进一步提供了丰富的成果支持。

文化嵌入主要考量共同的信念、价值观、宗教、传统对经济活动的影响，强调经济理性在受到个体认知水平限制的同时还会受到共享的集体观念的控制。文化有两个层面的含义，一种是指集体的社会规范和价值体系，另一种是指个体的基本行为逻辑。从宏观角度，宗教（James，2005）、价值观（Saffold，1988）等因素均会导致组织行为的差异；从微观角度，个体对于经济理性判断标准亦受制于其基本逻辑，因此文化因素对于经济活动具有显著的影响。Saxenian（1994）对于硅谷和 128 公路的差异，魏江和向永胜（2012）对于集群演进机制的分析等研究均基于此展开。此外，March（1991）还强调相同的文化能够加强组织与个体间的一致性，具有社会化功能，从而影响联系网络。

政治制度嵌入主要考量经济活动处于不同政治环境与制度情境下的差异，强调阶级体系、法律系统、税收系统、权力差距等对于经济交换规则和行为的影响。组织乃至产业必定存在于一定的政治背景下，政治规则、制度构成了组织和产业行为的基础（McGuire and Granovetter，2005），它能够促进经济的协调（Baum and Mezias，1992），也能对交易成本产生重要影响（Jacobson et al.，1993）。例如，Grabher（1993）研究发现，德国鲁尔地区钢铁产业集群衰退的原因之一，就是以政府主导的强力政治行政系统为代表的紧密网络阻碍了生产系统根据市场环境的及时升级与更新。

3. *层次视角*

Hagedoorn（2006）根据组织间合作所处情境差异，将影响组织构建合作伙伴关系的社会因素归集为三个层次，从宏观到具体分别是环境嵌入、组织嵌入和双边嵌入。同时指出，三者虽然呈现出一定的层次性，但它们往往是交互对组织的外部合作预期产生的影响，换言之，三个层次的作用一般是同时发生的，单一强调某一方面对于组织的影响没有实际意义。

环境嵌入可以理解为组织所处的国家特征与产业特性，具体分为宏观和中观两个层次。宏观层次是指组织所处的国别差异对合作带来的影响，如来自市场化程度较低、相对封闭国家的组织与来自成熟市场化国家的组织参与合作的程度和倾向都具有显著差异，以及国家文化对合作意愿、合作行为的影响（Park and Ungson，1997）。中观层次是指组织所处产业特征对合作的影响，如技术相对成熟的传统产业对于技术合作的欲望相较技术更新迅速的高新产业会相对欠缺，Rowley 等（2000）对于钢铁和半导体产业嵌入的分析对此有过一定的阐述。这种分类方式避免了将环境看成单一、无差别的企业外部变量，对格兰诺维特所提的过分社会化进行了修正。

组织嵌入可以理解为组织间合作的历史背景，也可以具化为以往合作关系形成的网络，类似 Venkatraman 等（1994）所提及的交流渠道。它一方面体现组织所具有的合作经验，另一方面也体现组织过去参与多种合作的基本情况。丰富的经验可以促进后续合作的达成和进行，利于合作学习效应的产生和扩散（Dyer and Singh，1998）；过去的合作历史可以降低信息的不对称程度，减少交易成本，引导信任关系的建立，从而帮助组织建立新的合作联结。

双边嵌入可以理解为合作组织两两之间的合作关系。当面对非对称信息的情况下，组织往往会倾向于已有一定合作基础和了解程度的固有伙伴，以达到节省搜索成本和选择成本的目的（Chung et al.，2000）。当组织间存在多次重复的合作之后，双方就会建立起相对稳固的互信关系，增加对合作伙伴信守承诺、非机会主义的预期，从而减少监督、猜疑等负面行为。组织间信任与关系的稳定性相互促进，双方合作次数越多，相互了解程度越高，合作的意向和深入程度就越强，同时也会吸引组织对于维持合作关系的资源投入，改变其经济行为方式。

（三）嵌入与企业行为

企业嵌入于由社会关系联结所构成的广泛社会环境之中，其经济行动将因此受到促进或限制。企业制定战略时，除考虑内部相关因素之外，社会环境及与其他企业的交互作用自然也是必不可少的关键内容。环境并非均匀地影响企业，这种非对称性将会使资源流动出现差异化，改变企业的竞争行为和结果（Gnyawali and Madhavan，2001）。随着嵌入概念的日渐明朗及实证研究的操作化，学术界对于嵌入对企业行为的影响机理表现出浓厚的兴趣，产生了丰富的成果，可以大致归纳为以下四个方面。

1. 技术创新

技术的复杂性使企业孤立进行研发的情况越来越少，取而代之的是企业间的多方交流与合作，因此从外部获取知识的能力已成为企业竞争力的核心组成部分。Gulati（1998）的研究表明，嵌入能够为企业带来显著的信息收益，各类关系联结构成的网络是知识传播的关键载体，其对于企业的知识获取行为和技术创新具有重要影响。从网络整体来看，网络中不同节点的位置差异会带来不同的信息优势，占据网络中心或者结构洞位置的节点能获得更多的信息和资源控制优势（Burt，2004）；从联结关系来看，不同的联结强度对不同类型的信息具有不同的传播效率，强联结有利于隐性知识的传播，而弱联结更利于显性知识的传递（van der Aa and Elfring，2002）。Ahuja（2000）将企业的网络联结分为直接联结和间接联结两大类，分别研究了其对企业创新绩效的影响，结果表明两类联结对创新绩效均有正向影响，而且间接联结的作用受直接联结数量的调节。Hagedoorn 和 Duysters（2002）以 88 家计算机行业从业企业作为研究对象，在论证网络嵌入对获取新知识和提升创新绩效正向影响的基础上，进一步指出企业不同目的的网络行为具有不同的效应：基于学习的网络行为能够对创新绩效产生显著的正向影响，而基于效益的网络行为对创新绩效没有影响。Gilsing 等（2008）通过对制药、化工、汽车等行业的实证研究，发现网络中心度、密度等特征变量对创新绩效存在显著的影响，不同的网络特征产生不同的收益。Ciabuschi 等（2014）利用来自 23 家跨国企业 31 个产业部门 63 家子公司的 85 项创新相关数据，论证了外部嵌入对跨国企业子公司的创新绩效存在正向影响。郑登攀和党兴华（2012）研究了嵌入对创新合作伙伴选择的影响，结果显示结构嵌入在企业选择创新合作伙伴的过程中起到主要作用，而关系嵌入影响并不明显。杜健等（2011）以监控设备、通信设备、电梯配件行业中的三家典型企业为案例，论证了网络嵌入对知识获取能力和整合能力的正向影响机制，从而构建网络嵌入—动态能力—创新绩效的理论框架。赵炎和郑向杰（2013）以 420 家高科技上市公司所构建的 10 个联盟创新网络为样本，将地域根植性引入嵌入与创新之间的作用机制中，通过中心性、网络密度等指标分析网络嵌入、地域根植性与创新绩效之间的关系，论证了地域位置的调节作用。虽然大多数研究成果都肯定了嵌入对于创新的正面作用，但由于信息过载等问题的存在，也有学者指出除研发外，嵌入也有可能在其他方面带来负面作用（Grewal et al.，2006）。

2. 外部认同

虽然外界对企业的形象、声誉、影响力等方面的认定很大程度上取决于企业自身内部的诸多因素，但研究表明企业在关系网络中嵌入情况能够对现有评价产生重要影响，特别是在与知名机构交互联系的过程中。Al-Laham 和 Souitaris（2008）通过观察 853 家 1995 年后成立的德国生物技术企业发现，在本地集群中的嵌入可以帮助企业提升声誉，从而帮助其建立国际性的研发联盟，促进国际化进程。Provan 等（2009）以美国亚利桑那州的一个社区网络为例，以程度中心度、权力中心度等指标表征嵌入，论证了嵌入与节点的可信度、声誉及影响力之间的正向联系。

3. 企业绩效

通过嵌入于外部网络，企业可以获取多种资源及能力，从而提升自身的竞争力和绩效，因此外部网络是影响企业绩效的重要因素。目前，在嵌入相关研究中，企业绩效与嵌入的互动关系是成果最为丰富的方面（林嵩，2013），而且总体上来说均肯定了嵌入对于绩效的正向影响，但涉及的层面和解释的角度存在一定的差异。Uzzi（1997）通过实证研究表明，关系嵌入的强度与绩效存在倒 U 形关系，即在一定限度内联结的加强有助于企业绩效的提升，但如果过度嵌入将限制行动者的视野导致绩效降低。Dyer 等（Dyer et al.，1998；Dyer and Nobeoka，2000）以日本汽车产业为研究对象，发现在该行业内制造商和供应商的强联系能更好地促进合作与交流，而且强联系往往具有不可复制性，能够形成企业的特殊竞争优势。随着研究的开展，一些学者提出嵌入对于企业绩效的影响并非一成不变，其作用机制可能会受到其他因素的影响。Rowley 等（2000）将产业环境作为情境因素引入嵌入与企业绩效的关系研究中，指出产业环境相对稳定时，强关系能够促进企业绩效的提高，而当产业环境相对动荡时，弱关系的作用更大。李新春和刘莉（2009）在 Uzzi（乌西）所提市场关系和嵌入关系的基础上，以 270 家中国企业的相关数据为实证基础，论证了企业年限和规模对市场关系、嵌入关系促进企业绩效的调节作用。也有一些学者从整体角度直接研究嵌入与企业绩效之间的关系，如 Fischer 和 Pollock（2004）研究了社会资本和上市企业生存状态的关系，发现高嵌入的企业在上市五年内失败的可能性显著降低。Echols 和 Tsai（2005）提出网络嵌入会正向调节利基对绩效的影响。刘雪锋（2009）以四家中国制造企业为研究对象运用案例研究方法，提出不同程度的网络嵌入导致了企业战略的差异化，进而影响了企业绩效。McEvily 和 Marcus（2005）突破了将嵌入作为整体变量考虑的框架，将嵌入分为信任、信息共享和共同解决问题三部分，分别研究了其对企业绩效的影响。结果显示，信任机制和信息共享机制虽然促进了企业的绩效，但隐性知识的获取主要依靠共同解决问题，因此信任机制和信息共享机制是通过共同解决问题间接作用于企业。

4. 创业活动

创业活动如同企业其他行为一样也嵌入于社会网络中（Simsek et al.，2003），但由于规模、成立年限等因素的限制，创业企业的资源、网络联结都十分有限，嵌入的影响机制亦有所不同。Kistruck 和 Beamish（2010）通过非洲和拉丁美洲十个组织的案例研究，发现知识嵌入、网络嵌入和文化嵌入均限制了组织内社会创业意识的产生。Seelos 等（2010）指出基于地域性的网络嵌入将有效提升社会企业组织的创业行为。张荣祥和刘景江（2009）用制度信任、信息共享、问题协商解决及和谐共赢来描述高技术企业创业社会网络的嵌入机制，并指出这四个要素机制对创业企业的成长和合作绩效具有显著的正向作用。此外，由于创业企业往往缺少一定的网络联结，所以一些学者将创业者和管理团队的社会嵌入（社会资本）作为创业行为的重要变量予以研究。张玉利等（2008）指出拥有较多社会联结的创业者更容易找寻创新性更强的机会。张青和曹尉（2010）对电子商务背景下的个人网络创业进行了研究，发现结构嵌入能够增强创业者机会识别能力和资源获取能力，关系嵌入能够正向促进资源获取能力，而认知嵌入则直接影响创业者的动机。谢雅萍和张金连（2014）以福建省97个创业团队的调研数据为依托，指出创业团队的网络嵌入能够影响其效能感，进而促进新创企业的绩效。姜翰等（2009）从嵌入的角度对创业者的机会主义倾向进行了研究，结果表明商业关系嵌入能够抑制机会主义倾向，而政治关系嵌入则不会影响其机会主义行为。

第十四章　科技中介嵌入对传统制造集群的提升机制

如前所述，目前存在多种关于嵌入的分析框架，如对象视角的结构嵌入和关系嵌入，情境视角的认知嵌入、文化嵌入、社会结构嵌入和政治制度嵌入（Zukin and Dimaggio，1990），层次视角的环境嵌入、组织嵌入和双边嵌入（Hagedoorn，2006）等。本章以集群及其中的科技中介为研究对象，综合考量节点网络位置、节点功能和网络结构对于网络整体绩效的影响，节点之间活动关系与其在网络中相应地位的相关数据均为重要研究内容，因此选用与研究内容较为符合且最具影响力的对象视角的分析框架（范群林等，2010；兰建平和苗文斌，2009），将科技中介嵌入分为关系嵌入（资源搜索嵌入、交流沟通嵌入和商业化嵌入）与结构嵌入（中心度和占据结构洞程度），从而进一步探究科技中介如何提升传统制造集群绩效这一问题。

一、研究假设与理论模型

（一）传统产业集群的网络联结形式

传统制造集群由传统制造企业、科研院所、地方政府、中介机构、金融机构等行动主体在地理上集聚产生，通过这些行动主体间的交易、合作、交流等活动，技术、信息、知识等要素得以在集群节点之间流动，形成支撑资源共享、优势互补机制的创新网络。换言之，节点之间的交互活动促成了知识等资源的流动和共享，从而构成网络联结。具体而言，网络联结存在如下几种形式（图 14-1）。

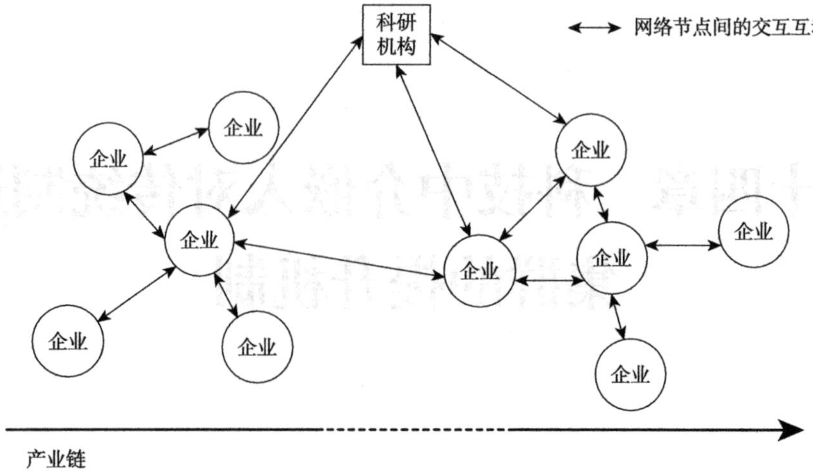

图 14-1 集群网络联结的基本途径

1. 产业上下游的交互

基于产业链的分工配套是集群的基本特征之一，交易成本降低和专业化优势使集群内存在着大量供应商、生产商和销售商，这些厂商往往根据自身特征从事生产销售的某一环节，最终整合为特定产品。一般来说，这种基于产业链的生产配套关系可以分为两类，一类为纯粹的市场合同关系，另一类为彼此承担责任的合作关系（吴晓冰，2009）。纯粹的市场合同关系是指厂商之间只是单纯的商品交换，彼此除交易关系外不存在深层次的交流，相互信任程度也相对较低，在这种关系中，厂商获取的知识十分有限。彼此承担责任的合作关系是指厂商之间通过长期合作等形式建立了较为稳固的供应关系，相互之间具有较高的信任程度，在信息、知识等方面能够达成一定程度的共享。通过产业上下游的配套关系，供应商能够将零配件的市场动态、成本结构等信息提供给生产商，便于生产商对产品进行及时的改进和调整，而生产商也会向供应商提供产品的规格、款式等信息，用于改善零配件的生产。若关系强化到一定程度，双方甚至会共同制订生产计划，通过设计符合双方合作特征的生产工艺来提升生产效率。

2. 同业企业之间的交互

集群聚集了大量从事同种行业的相似企业，这些企业之间往往存在着竞争、合作等多种交互活动，为企业获取生产技术、市场信息提供渠道和支持，构成创新网络联结的重要渠道。竞争是集群发展的必要动力，多项研究显示集群的竞争程度与集群绩效存在显著的正向关系（Sakakibara and Porter，2001；Power and Hallencreutz，2002）。在竞争影响下，资源的稀缺程度会被放大，企业改善知识获取效率的需求被进一步激发（Inkpen and Beamish，1997），会更为珍惜每一次的学习机会，从而提升学习效率。合作不仅是企业降低风险和缩减成本的重要战略，更是企业获取外部知识和能力的主要途径之一（Katz et al.，1996）。目前日益加快的技术更新频率使得很少企业能够在内部产生研发产品的所有知识，而通过与同业企业的合作，可以从外部引入互补性资产，弥补企业自身能力及知识结构方面的缺陷，增加原有知识存量，从而更利于创造新知识，提升创新能力。

3. 企业与科研机构的交互

高校院所等科研机构拥有较多的专业科研人员和较完善的研发硬件设施，在某一领域进行了长时间的深入探索，具备深厚的知识积累和研发能力，而企业对于市场需求及动向往往具有更为敏锐的观察力，生产与管理方面的知识和实践也相对丰富，因此在面对复杂的产品开发及创新时，两者通过合作互动促进知识合理转移和有效共享，将产生“1+1>2”的互利共赢局面。具体而言，科研机构对企业的知识转移具有如下四种形式（王艳等，2009）：①显性知识之间的转移，如科研机构专利的转让、技术文献的共享等。②显性知识到隐性知识的转移，如科研机构通过培训、讲座等形式将编码化的知识传授给企业员工，使其转换为个人技能。③隐性知识到显性知识的转移，如科研机构为企业提供咨询服务，将科研人员的知识技能经过整合形成文本化的咨询报告。④隐性知识之间的转移，主要是指科研人员将经验、技巧通过示范等形式转化为企业研发的诀窍，与前三者不同，隐性知识之间的转移主要依靠非正式渠道产生，对双方的关系强度和持久度有较高的要求。

（二）关系嵌入的作用机制

1. 资源搜索嵌入的作用

（1）资源搜索嵌入有利于形成企业核心能力。

企业在创新过程中往往需要两种知识（Becker and Dietz，2004）：一种为特殊知识，即企业创新所需要的特有知识，如技术要领、技术诀窍等；另一种为一般知识，指非企业所特有，可以传播和分享的通用技术、科学知识等。通过与科技中介的联系，企业从外界获得较为丰富的一般知识，使得其可以将有限资源集中于能够给企业带来核心能力的特殊知识的创造，从而提升创新活动效率。随着与科技中介关系的深入，企业相当于通过重复性使用相同知识元增加了搜索深度，可以减少误差和错误的开端，使得搜索知识更加可靠，并且企业将更容易预测搜索的结果，从而更为合理地定制创新战略（陈学光等，2010）。

（2）资源搜索嵌入能够进一步丰富企业的知识来源，增加信息的多样性。

企业创新一定程度上是对各种知识的重新组合，多样性、异质性的知识可以使企业有更多机会对不同知识进行互补性、新颖性的重组（李强，2013）。科技中介通过与各类企业、研究机构等组织的联系，掌握、积累了大量的具有较强异质性的知识，企业与之联系来获取创新资源时相当于在经过系统整理的资料库中查找资料，有效减少了企业获取异质性知识的难度和成本，使企业更易于获取非冗余的新知识丰富知识储备，进而通过组合新旧知识丰富新产品的新颖度和种类（胡保亮和方刚，2013）。此外，科技中介因为业务属性会经常性、系统性地更新所掌握的信息，有利于与之发生关联的企业不断修正认知偏见，避免陷入思维惯性和能力陷阱（吴航和陈劲，2015）。

（3）资源搜索嵌入可以有效缓解过度搜索所带来的负面效应。

创新搜索能够为企业带来更为丰富的知识源，提升产品研发的绩效和成功率，但随着搜索的开展和深入，由于企业认知能力有限（Ocasio，1997）及搜索成本的提高（Laursen and Salter，2006），反而会引起负面影响，即存在过度搜索的情况。科技中介以信息的收集加工处理为主要业务，与从事生产制造的企业相比在对信息的筛选、吸收方面具有较强的优势，其能够为与之发生业务关联的企业提供经过整理的系统知识，客观上从另一角度提升了企业认知能力。此外，企业虽然在信息资源转移过程中需要支付科技中介一定的成本，但其价格往往相对稳定于某一区间，不存在企业自身搜索所付出资源的边际效用递减现象，对于不同种类资源的搜索成本提升有限。综上所述，本章提出如下假设：

$H_{14\text{-}1a}$：科技中介资源搜索嵌入对集群绩效存在正向影响。

2. 交流沟通嵌入的作用

（1）交流沟通嵌入能够进一步激发企业进行技术交流及合作的意愿。

随着技术的快速发展，原先的线性创新范式已逐渐演化为一个涉及多过程、多主体参与的复杂动态过程，其所需资源的多样性及分散性使得单一创新主体往往无法独立地、按部就班地开展研究和创新，进而寻求融入创新网络获取所欠缺的创新资源。特别对于占集群多数的中小企业来说，其创新过程对外界信息资源的依赖程度尤为突出，甚至内外资源的整合能力在一定程度上决定了其创新能力。但是在现实情况中，企业为寻找合适的互补资源往往需要耗费大量的现有资源（Barney，1991；陈劲和吴波，2012），造成很多规模有限、资源相对不足的企业出于成本角度只是从其固有的技术源中获取资源，而较少从外界寻求所需，造成锁定现象。业务属性决定了科技中介往往与各种研究院所、技术机构及龙头企业存在一定的联系，这种一对多的关系联结使得与科技中介相关联的节点能够营造更为丰富的外界技术环境，有效减少节点为获取外界信息和知识的支出成本（Shane and Cable，2002），从而进一步激发企业的交流及合作的意愿，促进创新联盟的形成。

（2）交流沟通嵌入能够提升企业认知，进一步加强其对外界知识的吸收能力。

大多数作为技术需求方的企业与技术供给方存在一定的技术差距，由于技术条件、管理水平等限制其往往无法完全理解技术的核心（张世君，2007），即使技术实现了完全转移，吸收应用仍需要一定的时间。由于转移过程中各种噪声的存在（王开明和万君康，2000），需求方的需求及供应方的信息并非能够完全准确地、毫无偏差地从一端传向另一端，双方的认知、经验均有可能对传播效果产生重要影响。根据 Ancori 等（2000）的研究，科技中介作为媒介进行中介服务时，并不是简单地将信息由一方送至另一方，而是根据实际情况对标的信息进行加工改造并以模块形式提交客户的创造过程。也就是说，科技中介在技术、知识等信息的传播过程中能够发挥自身的技术优势通过加工提炼相应信息促进技术需求方对技术的消化吸收，缩短技术的应用周期。

（3）交流沟通嵌入有利于集群网络内知识的有效转移和进一步扩散。

科技中介通过关联不同的节点，一方面可以创造新的联结作为知识传播的渠道；另一方面可以减少节点之间相互流通的环节，从而削弱噪声的影响，降低知识转移过程中的遗漏、失真，提升传播效率。另外，科技中介对于企业信息获取和传播成本的消减降低了知识传播的阻力，从而使知识更容易在网络中流动。

综上所述，本章提出如下假设：

$H_{14\text{-}1b}$：科技中介交流沟通嵌入对集群绩效存在正向影响。

3. 商业化嵌入的作用

（1）有利于减少信息的不对称性。

在技术转移过程中，技术需方往往与技术供方存在一定的技术差距，即使技术相关的显性信息都已实现了成功转移，由于技术基础、管理水平、人员素质等方面的不匹配，需方不可能在较短时间内完全吸收技术，对技术的完全了解也自然无从谈起。这就给了技术供方在技术供给博弈中进行蒙骗提供空间，如通过掩盖部分技术细节保障自己的技术优势或者夸大技术效用增加技术转让的收益等。科技中介以达成交易为自身利益出发点，出于长期经营的考虑将在充分了解供需双方的基础上提供相对客观的信息，为需方充分了解技术提供必要帮助及支持。

（2）有利于进一步达成技术转让交易。

技术转让实际上是供需双方对技术实际价值达成一致的过程，一方面技术供方希望技术价格越高越好，总是认为技术价值被低估；另一方面技术需方由于市场的不确定性和对技术的不完全了解，一般在技术价值的评估上往往趋于谨慎，从而导致技术转让交易周期较长，成功率受到一定的限制。科技中介作为专业技术信息提供者，可以根据经验性知识的积累，通过对比相似技术、制定科学指标体系等手段对技术进行相对客观的评价，从而使供需双方在转让交易中更容易达成一致。

（3）有利于科研成果的转化。

由于社会专业分工的细化，技术往往产生于智力资源密集、研发条件优越的科研机构、大学等，但当技术应用向下游拓展时，这些机构却往往缺乏必要的支撑，而很多面向消费者的制造型中小企业又因为无法接触新技术陷入技术锁定。科技中介通过提供信息服务桥接集群网络中的不同节点，对于不同技术的需求及研发均有一定的了解，因而可以减少相应的搜寻成本，缓解技术市场中供需双方的割裂现象，提升技术的利用效率。

综上所述，本章提出如下假设：

$H_{14\text{-}1c}$：科技中介商业化嵌入对集群绩效存在正向影响。

（三）科技中介结构嵌入的作用

结构嵌入所关注的重点在于行动者在网络中所处的位置及行动者之间相互联系所形成的总体分布状态对于网络绩效的影响（Gulati，1999；张利斌等，2012；范群林等，2010）。集群依靠地点的邻近性为企业提供潜在的经济价值（Porter，1998），但邻近性只是经济性得以实现的必要非充分条件，企业如要从集群中获得重要信息或资源还需与外界产生关联（Owen-Smith and Powell，2004），因此可将集群视为由多个企业及公共机构联结而成的网络，知识、信息、人才、技术、资产等各类资源以此为载体在集群内流动，并受到网络结构及节点在网络中的位置等因素的影响（Lipparini and Lomi，1999）。科技中介在集群企业创新过程中起着黏合剂的作用（彭纪生，2000），可以实现原本不相连的节点之间的资源流通。对于企业来说，因为其创新过程实质为相关知识、信息等资源进行处理、重组、整合（林竞君，2004），所以竞争力与资源获取的完备度、有效度有着重要的联系。通过中介的联结作用，能够缩短节点间的相聚距离（提升网络密度），增加资源流速；扩张网络的边界（扩大网络规模），提升资源的种类和可得性，从而促进创新效率的提升。同时，科技中介本身亦为节点嵌于网络中，与其相关联的其他行动者的属性及联结方式均会引起黏合效率的波动，进而影响集群的整体绩效。因此，本章认为科技中介的网络位置等结构嵌入属性可以作为集群绩效的影响因素进行进一步考量。目前，学术界使用较为普遍的衡量结构嵌入的变量是中心度与结构洞（Powell et al.，1996；Zaheer and Bell，2005；钱锡红等，2010；范群林等，2010），中心度以节点与其他网络行动者的联结数为基础，用来考察个体在网络中的重要程度，中心度高则说明节点处于网络的核心位置，中心度低则表明节点处于网络的边缘。结构洞是指网络中某个体与其他个体发生联系，但其他个体之间缺乏直接联系而造成的关系间断现象（Burt，2004），代表其获得非冗余信息的能力，是行动者获利的空间。下面将分别就这两个变量对科技中介与集群绩效的作用机制进行分析。

1. 中心度的作用

（1）高中心度为科技中介带来显著的信息优势。

节点是否处于网络的中心与其所能获得资源的质量和数量密切相关（Li et al.，2015），当节点位于网络中心位置时，将更容易从外界获取重要技术、市场信息及网络内其他行动者所创造的新技术等创新资源（Tsai，2001；Bekkers et al.，2002），从而使具有高中心度的节点享有明显的信息优势，促进工作绩效的提升。例如，Boschma 和 ter Wal（2007）在对意大利巴列塔地区鞋类产业集群的实证研究中发现具有较高中心度的网络节点往往具有较好的创新绩效。Li 等（2013）以浙江省黄岩模具产业集群的 252 家企业为研究样本，以问卷调查为数据收集手段对网络特征与企业绩效的关系进行验证，结果显示节点的中心度对绩效有显著的加强作用。科技中介通过构造两个独立个体之间的联结，引导网络内信息、知识等资源的流动，网络核心位置所带来信息优势将保证其优先获得较大规模的直接支援，有助于筛选整合有效信息，进一步发挥黏结纽带的作用。但也有研究显示，中心度不总是与节点绩效呈现正相关关系。当中心度过高时，节点对新知识的吸收能力有可能因为认知距离等受到限制，因而在某些情况下中心度对节点绩效作用的边际效用逐渐递减，呈现倒 U 形状态（Ferriani et al.，2009；Gilsing et al.，2008）。对于此，本章认为目前中国仍处于市场经济初级阶段，机制体制均未十分健全，大多数集群企业仍处于全球价值链的低端，在此情境下，高中心度所带来的合作机会、网络声望等产生的效益将远远超出节点因吸收能力下降而造成的损害（洪茹燕，2012），因此对于绝大多数中国产业集群，节点越处于网络中心，其因信息优势所产生的绩效越高。

（2）高中心度的科技中介拥有更丰富的信息渠道和信息源。

科技中介的中心度越高，意味着网络中与之联结的节点越多，节点之间存在异质性的概率也相应增加，从而使科技中介的信息渠道和信息源呈现更为多元化的状态，使其能够接触种类更为丰富的信息和技术资源（Stuart et al.，1999）。一方面，多重信息渠道和信息源拓宽了科技中介获取资源的广度，减少了遗漏重要信息的可能性；另一方面，在纷繁的信息中不排除其中有部分是陈旧甚至错误的，通过对不同信息来源的比对及分析，将有助于科技中介从中辨识筛选出正确有效的信息，从而增加获取信息的质量和准确度，提升科技中介活动的效率。

（3）高中心度的科技中介更易于达成企业间的合作。

在现今技术日新月异的背景下，单一企业独自维持多重技术的研发优势的可能性日趋下降，互补性资产将成为提升研发效率的关键要素，而在现实中，此类资源的购买、仿制却因为知识产权、竞争关系等存在诸多限制，因此合作成为企业间获取互补性资源的重要渠道。当科技中介处于网络中心时，供需双方相关信息的汇集将会为互补性资产的交换和配置提供快速而准确的媒介对接（Wellman，1982）。具体而言，当科技中介帮助企业搜寻其需要的某项创新资源时，网络的核心地位可以为其提供广阔的遴选余地，从众多存在联系的节点中选出最为合适的合作伙伴；当科技中介掌握技术资源寻找需方时，核心网络地位使其更容易被其他节点所发现。例如，吴剑峰和吕振艳（2007）基于 19 家成立于2000年的美国产业电子商务平台企业的实证数据，发现节点的中心度与其加入多方联盟的概率呈现显著的正相关关系。

（4）科技中介处于网络中心更利于集群信息的优化。

资源在网络中传递时，会被所经过的节点处理、过滤，因此容易受节点能力的局限性而被限制（刘元芳等，2006）。相对于普通企业和研究院所，一方面，科技中介更专精于信息资源的传播，具有较高的信息加工与处理能力；另一方面，面对激烈的竞争环境，某些企业出于战略原因有可能对于所掌握的资源进行限制甚至通过注入错误信息干扰正常流动（钱锡红等，2010），而科技中介基本功能即在于加速集群内资源的传播与扩散，相较企业而言，出现截流、误导的意愿及可能性均大幅降低。所以处于网络中心的科技中介比同处于网络中心的企业等更有助于集群资源的优化及配置。

综上所述，本章提出如下假设：

$H_{14\text{-}2a}$：科技中介的中心度对集群绩效存在正向影响。

2. 占据结构洞的作用

（1）占据结构洞的科技中介可以获得信息收益。

当两个节点之间缺乏必要的联系时，两者由于发展路径、知识结构、组织形式等因素的影响，更易于产生一定的差异。当科技中介占据结构洞与两者联结时，就能从两侧获取独特的信息流（Hargadon and Sutton，1997；Ahuja，2000），从而加强自身掌握信息的异质性和丰富程度，形成信息优势（Rodan and Galunic，2004；黄波和赵绍成，2013）。此外，结构洞的网络位置使科技中介更易于快速获取第一手信息，对信息时效也提供了一定保障。例如，Zaheer 和 Bell（2005）以加拿大共同基金公司为例，通过实证研究发现结构洞能够赋予节点快速获取信息的能力，从而提升工作绩效。Reagans 和 Zuckerman（2001）以企业研发团队为研究对象，指出占据结构洞能够提升节点的创造力和创新能力，进而带动团队的整体研发绩效。

（2）科技中介占据的结构洞越多，表明其对于集群网络的优化作用越明显。

集群中的任何企业均无法与其他所有节点都发生联系，因此结构洞普遍存在于集群网络之中。从网络节点的组成结构来看，当科技中介占据较多的结构洞时，表明科技中介接触了较多的双边不联系的企业节点，较好地弥补了原本网络中的关系断层，起到更为明显的黏合作用，为相对细碎化的网络提供了较多的资源交流渠道，促进集群的创新活动。当科技中介占据较多结构洞时，其更易于接触新的高级信息、知识和观点（Zaheer and Bell，2005），在提升自身业务能力的同时，也为向集群网络其他节点传播更有效信息奠定基础。

（3）科技中介占据结构洞有助于减少集群关系成本。

集群内企业为了建立和维持相互之间的关系，必然会产生一定的成本，而且由于企业间关系联结往往基于自身角度展开，从集群网络整体来看存在冗余的情况，造成数量过多和结构对等的多方面浪费（胡登峰等，2010）。科技中介占据结构洞意味着与之关联的企业更为侧重科技中介关系的维系，有助于剔除冗余联系，减少不必要的关系投入（Soda et al.，2004）。冗余联系的减少，可以提升网络的有序性，加强信息的有效传递，进一步利于新创意的产生（Frankort，2008）。

综上所述，本章提出如下假设：

$H_{14\text{-}2b}$：科技中介占据的结构洞数量对集群绩效存在正向影响。

（四）关系嵌入与结构嵌入的交互作用

节点之间发生的关系（包含内容、水平等）与其网络位置往往存在一定的交互作用，并对组织的创新和绩效有显著的影响（Tsai，2001）。关系可视为知识、信息等资源流动的渠道，因而当节点位于优势网络位置时，往往意味着其占据更多的资源渠道，拥有更多获得有效资源的机会。具体而言，企业创新很大程度上依赖于互补性资源的获取，缺乏足够互补性资源的交流即使关系再密切对于创新作用也十分有限（Teece，1986）。网络位置较好的节点一方面拥有较多的资源接触渠道，可以提升资源之间存在异质性的可能性；另一方面结构洞所带来的网络权力可以操控其他节点之间的关系联结（如促进纵向分工和横向联合），使自身更易于获得所需的互补性资源。此外，节点与节点之间的密切关系联结很有可能导致路径依赖，当节点在网络中拥有较高地位时，其更可能获得多样化的新奇信息，从而有利于打破路径依赖并导致新路径被发现。

因此，虽然企业通过与科技中介发生关系联结能够在资源搜索、交流沟通、商业化方面获取优势进而影响集群整体绩效，但其具体作用效果还依赖于科技中介的结构特征，主要体现在如下方面：①占据优势网络位置的科技中介可以进一步拓宽企业的创新搜索范围。网络位置越处于中心（中心度越高）意味着声望越高，其他网络成员越倾向于与之建立联系，因而科技中介可更为迅速地发现和接近潜在的技术源（领军企业、科研院所等），从而获得更丰富的信息获取渠道，使与之相连的企业所能拓展的创新搜索范围也相应增加。反之，若科技中介位于网络边缘，所接触的信息和知识将受到限制，即使企业全权委托科技中介进行信息搜索，也往往无法及时获得有效资源，从而影响创新绩效。②占据优势网络位置的科技中介可以提升信息交流效率。位于网络中心的节点可以获得丰富的信息资源（Stuart et al.，1999），增加信息的异质性，在经过结构洞占据者的非冗余筛选之后，将形成价值更高的信息池，更为准确地向企业提供其所需的互补资源，进一步降低企业的信息获得成本，提升信息交流效率。反之，网络地位较低的科技中介将面对大量重复信息，不仅无法发挥交流媒介的作用，甚至成为网络中的信息滞留点，影响网络信息流动的效率，而且位于网络中心的节点更有机会与其他节点沟通，能够更快地将有效信息在网络中扩散。③科技中介可以依据所占网络位置优势进一步降低信息非对称性。占据结构洞可以使科技中介更独立于网络（Madhavan et al.，1998），取得控制信息流动的能力，通过有选择的信息定向扩散等形式可以使其更方便地查明交易双方的资质，从而更有利于降低信息的非对称性，实现公平技术交易。此外，更高的中心度也使得中介机构掌握更多信息，在寻找潜在交易对象、控制交易风险等方面均更具优势。综上所述，本章提出如下假设：

$H_{14\text{-}3}$：a. 科技中介的中心度对其资源搜索嵌入影响的发挥有正向的调节作用；b. 科技中介的中心度对其交流沟通嵌入影响的发挥有正向的调节作用；c. 科技中介的中心度对其商业化嵌入影响的发挥有正向的调节作用。

$H_{14\text{-}4}$：a. 科技中介占据的结构洞丰富程度对其资源搜索嵌入影响的发挥有正向的调节作用；b. 科技中介占据的结构洞丰富程度对其交流沟通嵌入影响的发挥有正向的调节作用；c. 科技中介占据的结构洞丰富程度对其商业化嵌入影响的发挥有正向的调节作用。

综合以上假设，形成的概念模型如图 14-2 所示。

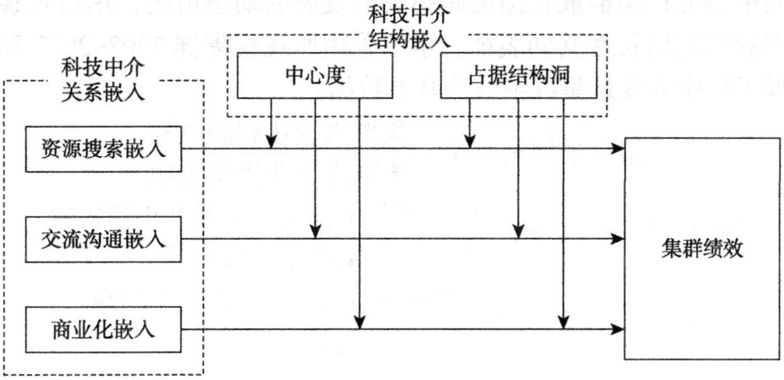

图 14-2 概念模型

二、研究设计与方法论

（一）变量测量

本章中科技中介关系嵌入部分主要考察科技中介与集群内其他企业之间的互动情况，所需数据无法从公开资料中获取，因此对于科技中介关系嵌入的基本情况主要以问卷调查的方式进行了解。要保证所获数据具有一定的信度和效度，必须对问卷所要研究的问题进行总体安排和合理设计，依据相关理论和具体现实决定问卷的基本形式和内容。本研究拟参照定性和定量结合的方法，以 7 级利克特量表为基本形式进行问卷设计，用以反映被调查者对于某个问题的态度或看法，用所选答案所赋的分值来表征问题对应变量的值。根据 Churchill（1979）的研究，当变量的测量题项具有一致性的情况下，多关联题项比单一题项更能提高信度，因此本研究在问卷中对某一变量采用多个题项进行测度。据此，本章研究所涉及的变量主要有四类，集群绩效属于被解释变量，科技中介的关系嵌入（包含资源搜索嵌入、交流沟通嵌入、商业化嵌入）属于解释变量，结构嵌入（包含中心度和占据结构洞程度）是调节变量，以及相关的控制变量。

1. 被解释变量：集群绩效

结合姚先国等（2008）与吴俊杰和盛亚（2011）的观点，参照 Eisingerich 等（2010）的研究方法，本章从集群产出能力及集群成长速度两方面对集群绩效进行衡量，其中集群产出能力是指集群产生商品并以此获利的水平，用所观察集群的平均利润率表征；集群成长速度是指集群发展的动态情况，用所观察集群的销售额增长率和利润增长率共同表征。本章采用所观察集群2008~2013年的平均情况抽取公因子后作为度量集群绩效的基本数据。

$$集群平均利润率=\frac{集群内企业利润总额}{集群内企业销售总额}$$

$$集群销售额增长率=\frac{集群当年销售额-集群上年销售额}{集群上年销售额}$$

$$集群利润增长率=\frac{集群当年利润-集群上年利润}{集群上年利润}$$

2. 解释变量：科技中介关系嵌入

本章在企业实地调研和咨询专家意见的基础上，考虑从集群企业与科技中介业务关系的持久性、业务发生的频率及业务起到的作用三个角度，结合Howells（2006）、Seaton和Cordey-Hayes（1993）关于科技中介功能的相关研究，采用7级利克特量表针对活动的侧重点分别对不同内容的关系嵌入进行度量，如表14-1所示。

表14-1　科技中介关系嵌入的测度

嵌入类型	测量条目
资源搜索嵌入	贵公司与科技中介在创新资源的搜索方面具有长期的合作
	贵公司经常委托科技中介在创新资源搜索方面给予协助
	科技中介能够为技术发展趋势评估、技术路径规划提供完整而翔实的信息
	科技中介能够及时掌握技术提供与需求双方信息，并积极帮助接洽
	科技中介能够有针对性地提供合适信息，对于冗余信息予以过滤
交流沟通嵌入	科技中介长期帮助贵公司联系业务单位
	贵公司经常委托科技中介在与其他业务单位沟通方面予以协助
	科技中介能够整合来自多方的技术，对于交叉领域有较高的兴趣
	科技中介能够准确而及时地提供技术或者产品的测试服务
	科技中介能够为贵公司培训具有较强上岗能力的员工
	科技中介能够主导制定标准化文件，积极沟通企业，促进标准联盟形成
	科技中介积极从事专利注册及保护工作，能够为知识产权调查提供强力的支持

续表

嵌入类型	测量条目
商业化嵌入	贵公司与科技中介在新技术商业化方面具有长期的合作
	贵公司经常委托科技中介在新技术商业化方面给予协助
	科技中介能够为贵公司寻找潜在投资者，提供合适的包装方案
	科技中介能够帮助贵公司制订营销计划、拓展新市场，从而促进销量增长
	科技中介能够为新技术应用绩效或新产品市场反应提供准确的测算评价

3. 调节变量：科技中介结构嵌入

本章将参照池仁勇（2005，2007）、蒋天颖和孙伟（2012）的思路，在浙江省经信委等有关部门的帮助下，从样本集群中选择若干典型知名企业与科技中介进行资料分析及调查研究，同时为了简化问题，将其与众多小企业以小企业群为节点代替。通过整理归纳，认为两个单位之间存在技术合作、供销联系、产权关联、信息交流等活动就在相应关系矩阵中赋值为 1，否则为 0，然后借助 Ucinet 6.237 软件自动生成网络图，从而确定样本集群的网络结构。

1）科技中介中心度

考虑不同规模集群间的可比性，本章采用科技中介节点的相对度数中心度、相对中介中心度和相对 Bonacich 点中心度抽取公因子来表征科技中介中心度系数（各中心度指标数值均由 Ucinet 6.237 软件根据所整理样本集群关系矩阵计算得出），并取样本集群中涉及所有科技中介中心度系数的均值作为集群科技中介中心度的赋值。

2）科技中介占据结构洞程度

考虑到限制值最大为 1，为计量方便，本章将 1 与节点限制值之差用来表征科技中介占据结构洞程度系数（节点限制值由 Ucinet 6.237 软件根据所整理样本集群关系矩阵计算得出），取样本集群中涉及科技中介结构洞系数的均值作为集群科技中介占据结构洞的赋值。

4. 控制变量

1）集群规模

数据来源于浙江省经信委对于 42 个产业集群转型升级示范区的 2012 年统计数据[①]，考虑不同指标间的量级差异及不同集群间企业数量存在较大差距，对集群企业数量取自然对数，并把 5%和 95%分位点之外的离群值做缩尾

① 2013 年之后浙江省经信委没有对示范区内企业数量进行官方统计。

处理。

2）集群年龄

按集群初步形成的时间将样本集群分为 4 个阶段，具体而言以 1 代表 1979 年及以前，2 代表 1980~1989 年，3 代表 1990~1999 年，4 代表 2000 年及以后。

（二）数据收集

本章结合浙江省经信委的研究项目“浙江省省级转型升级示范区试点块状产业标准化工作情况调查”所取得的调查结果和部门官方统计，选取入选浙江省省级块状经济向现代产业集群转型升级示范区的 42 个产业集群作为研究样本，因个别集群数据缺失，最终确定样本 41 个[①]。除保证数据可得性和准确性外，主要基于如下考虑：①入选浙江省省级块状经济向现代产业集群转型升级示范区的产业集群均具有历史悠久、产业基础良好、创新能力较强、产业链较为完善、龙头企业带动性好、品牌综合优势明显的特点，是浙江省众多产业集群的典型代表；②示范区集群内公共服务平台初具规模，中介机构及行业组织在规划制定、行业自律、信息交流、标准制定、应对壁垒、沟通政企等方面均发挥了一定作用[②]，能够为本研究提供丰富的分析对象；③41 个示范区集群占浙江省制造业主导地位的机械、化工、纺织、消费四大行业，符合浙江经济的特色，能起到较好的表征作用，具体情况如表 14-2。

表 14-2　样本集群基本状况与调查机构情况

集群	所属行业	集群初步形成时间	关系嵌入调查有效问卷数	网络位置调查单位数
桐乡濮院秀洲洪合针织	纺织	1980~1989 年	11	65
绍兴纺织	纺织	1980~1989 年	13	209
嵊州领带	纺织	1980~1989 年	14	119
兰溪棉纺织	纺织	1990~1999 年	8	78
诸暨大唐袜业	纺织	1990~1999 年	16	144
萧山化纤纺织	纺织	1990~1999 年	11	94

① 宁波为计划单列市，浙江省经信委进行的产业集群统计中未包含宁波服装集群，因此该集群规模以上企业数量指标数据缺失。

② 根据浙江省经信委办公室《关于开展省级块状经济向现代产业集群转型升级示范区试点和工业行业龙头骨干企业增补申报工作的通知》（浙转升办〔2013〕13 号），此为获评省级转型升级示范区的基本要求。

续表

集群	所属行业	集群初步形成时间	关系嵌入调查有效问卷数	网络位置调查单位数
余杭家纺	纺织	1980~1989 年	13	117
富阳造纸	化工	1980~1989 年	11	35
衢州氟硅	化工	2000 年及以后	9	77
建德精细化工	化工	1990~1999 年	11	32
嘉兴港区化工新材料	化工	2000 年及以后	8	21
台州医药化工	化工	1980~1989 年	12	128
德清生物医药	化工	1980~1989 年	12	74
杭州装备制造	机械	1979 年及以前	13	88
乐清工业电气	机械	1980~1989 年	14	89
瑞安汽摩配	机械	1980~1989 年	12	79
永嘉泵阀	机械	1980~1989 年	14	69
长兴蓄电池	机械	1990~1999 年	15	45
新昌轴承	机械	1980~1989 年	14	178
东阳磁性电子材料	机械	1990~1999 年	11	84
永康五金	机械	1980~1989 年	8	68
舟山船舶修造	机械	2000 年及以后	6	77
黄岩模具	机械	1980~1989 年	12	264
温岭泵业	机械	1990~1999 年	8	189
龙泉汽车空调零部件	机械	2000 年及以后	10	88
遂昌金属制品	机械	2000 年及以后	11	29
慈溪家电	机械	1990~1999 年	9	72
金华汽车和零部件	机械	2000 年及以后	14	73
路桥金属资源再生产	机械	1979 年及以前	9	32
平湖光机电	机械	1980~1989 年	12	98
缙云带锯床	机械	1980~1989 年	11	122
温州鞋业	消费品	1980~1989 年	13	37
安吉椅业	消费品	1980~1989 年	9	79
南浔木地板	消费品	1990~1999 年	10	126
海宁皮革制品	消费品	1980~1989 年	12	173

续表

集群	所属行业	集群初步形成时间	关系嵌入调查有效问卷数	网络位置调查单位数
义乌饰品	消费品	1990~1999 年	13	96
江山木业加工	消费品	1990~1999 年	8	99
舟山海洋生物与海产品深加工	消费品	1980~1989 年	11	136
临海休闲用品	消费品	2000 年及以后	12	143
嘉善电子信息	消费品	1979 年及以前	8	48
余姚节能照明及新光源	消费品	1980~1989 年	13	104
合计			461	3 978

问卷共发放 1 411 份，回收问卷 683 份，其中有效问卷 461 份，具体如表 14-2 所示。笔者及研究团队走访企业直接发放问卷 68 份，回收有效问卷 53 份，有效率达 77.94%，为四种发放方式中最高；委托经信委发放问卷 500 份，以电子邮件形式回收有效问卷 138 份，有效率 27.60%；利用 MBA（master of business administration，工商管理硕士）项目，通过查阅学员资料定向发放问卷 343 份，以电子邮件及当面回收形式回收有效问卷 197 份，有效率 57.43%；利用个人关系委托朋友发放问卷 500 份，以电子邮件及朋友当面回收形式回收有效问卷 73 份，有效率 14.60%。为避免未回复偏差，影响研究结论的有效性，按照 Mohr 和 Spekman（1994）及 Armstrong 和 Overton（1977）的观点，回复较迟的样本更能代表未做出回复的企业，因此本章根据电子邮件的反馈记录，通过比较较早回收的问卷和较迟回收的问卷中体现应答特征的企业员工数、企业存在时间、应答者工作年限三个指标是否存在显著差异来检验是否存在回复偏差。结果表明（表 14-3），较早回收的问卷与较迟回收的问卷在三个样本特征属性指标上均不存在显著差异，可以认为本次问卷不存在未回复偏差。

表 14-3 未回复偏差的独立样本 *T* 检验

检验指标	方差齐性假定	方程齐性检验		均值 *T* 检验	
		F 值	显著性	均值差异	显著性
企业员工数	假设方差相等	0.850	0.366	0.436	0.667
	假设方差不相等			0.436	0.667
企业存在时间	假设方差相等	0.212	0.649	1.225	0.233
	假设方差不相等			1.225	0.233
应答者工作年限	假设方差相等	0.091	0.766	1.111	0.277
	假设方差不相等			1.111	0.277

三、研究发现

在上述所提出的科技中介嵌入对集群绩效的作用机制概念模型基础上，结合前文所涉及的研究设计和研究方法，本章将运用浙江省 41 个产业转型升级示范区的数据对所提的理论假设进行检验。首先，通过信度和效度检验对问卷的测量题项进行检验，并根据结果对量表进行进一步纯化，然后利用多元线性回归分析对相关研究假设进行验证和修正，最后对实证结果展开讨论。此外，利用实证分析中获得的计算结果对科技中介的分类方法做进一步探讨。

（一）信度与效度检验

1. 信度检验

本次问卷共涉及科技中介资源搜索嵌入、交流沟通嵌入、商业化嵌入三个方面共 17 个题项，为检测各题项所测结果的一致性和稳定性，将采用克朗巴哈系数与题项-总体相关系数进行信度检验。结果显示，克朗巴哈系数均超过了 0.70 的临界值，且相关系数均符合研究标准。

2. 效度检验

本章通过验证性因子分析检验效度，以表明从资源搜索嵌入、交流沟通嵌入和商业化嵌入三方面表征科技中介关系嵌入是否有效，测量模型如图 14-3 所示。模型拟合结果显示，卡方检验值 χ^2 为 376.3（自由度 df=87），χ^2/df 值为 4.325，小于 5；比较拟合优度值为 0.972，塔克-刘易斯指数值为 0.938，均大于 0.9 接近于 1；RMSEA 值为 0.062，小于 0.1。可见，该模型拟合效果较好。

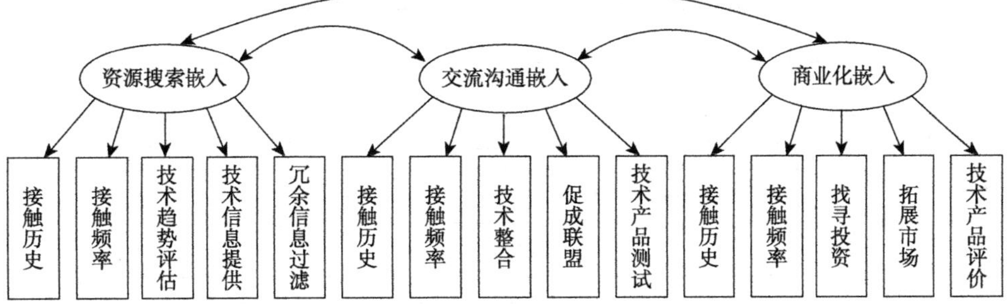

图 14-3　科技中介关系嵌入验证性因子分析测量模型

（二）多元线性回归分析

1. 回归分析

根据所研究问题的性质，本章选用层次回归分析对所构建的概念模型进行验证，被解释变量为集群绩效，解释变量为科技中介资源搜索嵌入程度、交流沟通嵌入程度、商业化嵌入程度，调节变量为科技中介的中心度和占据结构洞程度，控制变量为集群年龄和集群规模。同时因为涉及调节效应的验证，自变量和调节变量经过中心化处理再放入层次回归模型进行计算。

回归模型计算结果如表 14-4 所示。表 14-4 中所有模型的被解释变量都是集群绩效，回归系数为非标准化的系数，其中 M_1 只有控制变量，主要用来控制集群规模和集群年龄对集群绩效的影响。从 M_1 中可以看出，控制变量解释了集群绩效总体方差的 12.3%，其中集群规模在所有模型中回归系数都大于 0，且在 $p<0.1$ 水平上显著，说明其对集群绩效存在显著影响。集群年龄回归系数均小于 0.2，且均不显著，说明从现有样本来看其对集群绩效没有值得关注的影响。M_2 在 M_1 的基础上加入了关系嵌入变量，M_3 在 M_2 的基础上加入了结构嵌入变量，为主效应模型。M_4 是在 M_3 的基础上分别加入用来验证科技中介中心度对不同种类关系嵌入的调节作用的交互项（资源搜索嵌入程度×中心度、交流沟通嵌入程度×中心度、商业化嵌入程度×中心度），M_5 是在 M_3 的基础上分别加入用来验证科技中介占据结构洞程度对不同种类关系嵌入的调节作用的交互项（资源搜索嵌入程度×占据结构洞程度、交流沟通嵌入程度×占据结构洞程度、商业化嵌入程度×占据结构洞程度）。M_6 为全模型，包含了所有控制变量、解释变量和调节变量。从表 14-4 中可以看到，所有模型的 F 统计值的显著性概率都小于 0.1，说明每个模型的总体回归效果都是显著的。同时，所有模型的回归系数、值及显著性水平都没有大幅度的变化，说明统计结果具有一定的稳定性（应洪斌，2010）。全模型的 R^2 为 0.429，较其他模型均有显著的提高，说明全模型拥有更好的解释力。

表 14-4 科技中介关系嵌入、结构嵌入和集群绩效的回归结果

变量	M_1	M_2	M_3	M_{4a}	M_{4b}	M_{4c}	M_{5a}	M_{5b}	M_{5c}	M_6
控制变量										
集群规模	0.238*	0.232*	0.225*	0.234*	0.227*	0.231*	0.228*	0.235*	0.228*	0.223*
集群年龄	0.184	0.135	0.138	0.127	0.136	0.131	0.129	0.132	0.126	0.123
解释变量										
资源搜索嵌入程度		0.429**	0.378**	0.298*	0.369**	0.393**	0.354**	0.388**	0.404**	0.302*

续表

变量	M_1	M_2	M_3	M_{4a}	M_{4b}	M_{4c}	M_{5a}	M_{5b}	M_{5c}	M_6
交流沟通嵌入程度		0.483**	0.421**	0.413**	0.323*	0.454**	0.456**	0.308*	0.452**	0.397**
商业化嵌入程度		0.492**	0.458**	0.473**	0.481**	0.458**	0.471**	0.464**	0.412**	0.313*
调节变量										
中心度			0.453**	0.306*	0.307*	0.427**	0.422**	0.423**	0.424**	0.186
占据结构洞程度			0.425**	0.415**	0.421**	0.402**	0.323*	0.286*	0.397**	0.304*
交互项										
资源搜索嵌入程度×中心度				0.235*						0.192*
交流沟通嵌入程度×中心度					0.243*					0.221*
商业化嵌入程度×中心度						0.184				0.181
资源搜索嵌入程度×占据结构洞程度							0.263*			0.234*
交流沟通嵌入程度×占据结构洞程度								0.238*		0.221*
商业化嵌入程度×占据结构洞程度									0.178	0.172
模型统计量										
R^2	0.123	0.267	0.312	0.335	0.330	0.339	0.329	0.331	0.335	0.429
调整后的 R^2	0.077	0.181	0.204	0.218	0.211	0.223	0.210	0.213	0.218	0.280
R^2 变动	0.123	0.144	0.045	0.023（较 M_3）	0.018（较 M_3）	0.027（较 M_3）	0.017（较 M_3）	0.019（较 M_3）	0.023（较 M_3）	0.117（较 M_3）
F 统计值	2.673*	2.766**	2.460**	2.393**	2.339**	2.437**	2.326**	2.352**	2.393**	2.196**

** $p<0.05$，* $p<0.1$

$H_{14\text{-}1}$ 认为科技中介关系嵌入对集群绩效具有显著的正向影响。由表 14-4 可以发现，加入解释变量之后的 M_2 的 R^2 增加了 0.144，说明加入科技中介关系嵌入之后模型对集群绩效的解释度有所增强。在 M_2 中，资源搜索嵌入、交流沟通嵌入和商业化嵌入的回归系数均为正数，而且最少在 $p<0.05$ 的水平上显著，说明科技中介关系嵌入的各个方面对集群绩效有显著的促进作用，$H_{14\text{-}1}$ 通过验证。M_3 在加入表征科技中介结构嵌入的变量之后，R^2 增加了 0.045，说明 M_3 比 M_2 能更好地解释集群绩效。在 M_3 中科技中介中心度、占据结构洞程度的回归系数在 $p<0.05$ 的

水平上均为正，说明科技中介结构嵌入对集群绩效有显著的促进作用，$H_{14\text{-}2}$ 通过验证。

$H_{14\text{-}3}$ 认为科技中介关系嵌入对集群绩效的影响受其中心度的调节。由表 14-4 可知，对比 M_3，分别加入表征中心度调节作用的交互项后，M_{4a}、M_{4b} 和 M_{4c} 的 R^2 均有一定程度的提升。资源搜索嵌入程度×中心度、交流沟通嵌入程度×中心度两个交互项在 M_{4a} 和 M_{4b} 中的系数均为正数，且均在高于 $p<0.1$ 的水平上显著，表明中心度显著正向调节科技中介资源搜索嵌入和交流沟通嵌入对集群绩效的影响，$H_{14\text{-}3a}$ 和 $H_{14\text{-}3b}$ 得到验证。商业化嵌入程度×中心度没有通过显著性检验，表明中心度调节科技中介商业化嵌入对集群影响的效应不显著，$H_{14\text{-}3c}$ 没有通过验证。

$H_{14\text{-}4}$ 认为科技中介关系嵌入对集群绩效的影响受其占据结构洞程度的调节。由表 14-4 可知，对比 M_3，分别加入表征占据结构洞调节作用的交互项后，M_{5a}、M_{5b} 和 M_{5c} 的 R^2 均有一定程度的提升，说明 M_5 具有更好的解释力度。资源搜索嵌入程度×占据结构洞程度、交流沟通嵌入程度×占据结构洞程度两个交互项在 M_{5a} 和 M_{5b} 中的系数均为正数，且均在高于 $p<0.1$ 水平上显著，表明科技中介占据结构洞程度显著正向调节其资源搜索嵌入和交流沟通嵌入对集群绩效的影响，$H_{14\text{-}4a}$ 和 $H_{14\text{-}4b}$ 得到验证。商业化嵌入程度×占据结构洞程度没有通过显著性检验，表明科技中介占据结构洞程度调节商业化嵌入对集群影响的效应不显著，$H_{14\text{-}4c}$ 没有通过验证。

2. 回归结果与讨论

根据回归分析的结果，验证后的科技中介嵌入影响集群绩效的机制模型如图 14-4 所示。

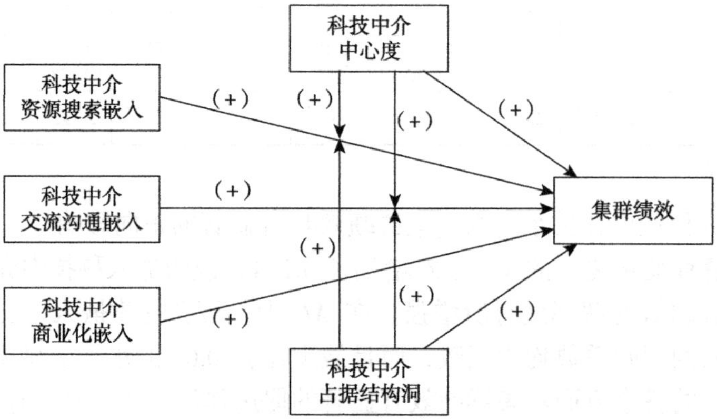

图 14-4 科技中介嵌入影响集群绩效的机制模型

结果表明，$H_{14\text{-}3a}$、$H_{14\text{-}3b}$、$H_{14\text{-}4a}$、$H_{14\text{-}4b}$ 得到支持，即科技中介中心度和占据结构洞程度对其资源搜索嵌入性、交流沟通嵌入性与集群绩效之间的关系存在正向的调节作用。具体而言，科技中介的中心度越高，其资源搜索嵌入和交流沟通嵌入对集群绩效的促进作用就越明显；同样地，科技中介占据结构洞越多，其资源搜索嵌入和交流沟通嵌入对集群绩效的促进作用也越明显。高中心度意味着科技中介位于集群网络的中心位置，与大量网络行动者保持关系联结，能够享有更为丰富且具有异质性的信息源，能够更好地发挥其在辅助企业资源搜索、加强企业对外联系方面的作用，而低中心度意味着科技中介位于网络边缘，缺乏与其他行动者的足够联系，所掌握的信息资源较为有限，也不容易被其他企业所发现重视，因而对于企业资源搜索、交流沟通的辅助作用相应地受到一定限制。科技中介占据较多数量的结构洞意味其在集群中享有大量独特资源，并对网络内信息的流动有着较高的掌控能力，从而在帮助企业资源搜索对外联系方面能够获得更高的效率。占据结构洞较少意味着科技中介往往无法达到桥接的作用，甚至在一定程度上表明企业已越过科技中介而直接联系，两者维持相互关系的意愿和接触频率自然会受到一定的抑制。

$H_{14\text{-}3c}$ 和 $H_{14\text{-}4c}$ 在本章研究中没有得到相应支持，表明科技中介的中心度和占据结构洞程度对其帮助企业实现技术转让、研发成果转化从而促进集群绩效增长的过程没有显著的影响。根据 Polanyi（1944）的研究，经济活动嵌入于社会关系，科技中介帮助企业扩展搜寻范围、提升认知质量，促进相互交流、加速知识吸收等活动必须依靠丰富的网络资源予以保障。但寻找投资、新产品评估等与商业化相关活动更为关注行动效率及速度，当存在更为便捷的固定平台时，行动者就会暂时脱离自身所处网络而直接向平台寻找资源。笔者在对样本集群进行调研的过程中发现，浙江省依托主要集群，围绕各核心产业成立了由科学技术部门牵头，科研机构、高等院校和龙头企业共同发起的重大科技创新平台，其主要功能在于促进产学研的一体化，充当技术交流、交易的重要中介，从而使企业在商业化行为中呈现出了一定的脱嵌性。

四、拓展分析

科技中介作为传统制造集群的重要行动者之一，其网络属性主要依靠结构嵌入得以体现，其中中心度表征了科技中介在网络中与其他节点的联结情况和掌握信息的丰富程度，高中心度往往意味科技中介具有较强的黏合潜力；占据结构洞程度表征了科技中介对细碎网络的桥接作用和控制非冗余信息的能力，占据结构洞较多往往意味着科技中介的黏合行动具有较高的质量。换言之，中心度和占据结构洞程度是科技中介网络属性的两个重要方面，能够从网络地位角度分别体现科技中介对集群绩效影响的不同机制。本章以科技中介的结构嵌入情况为依据对其类型进行归纳及划分，进一步探讨不同类型科技中介对集群发展的影响差异，并结合前文所计算取得的样本集群相关数据对浙江省科技中介的发展现状进行分析。

（一）基于结构嵌入的科技中介类型划分

以中心度及所占据的结构洞为基本测量维度，可以将中介机构分为如下四个大类，具体如图 14-5 所示。

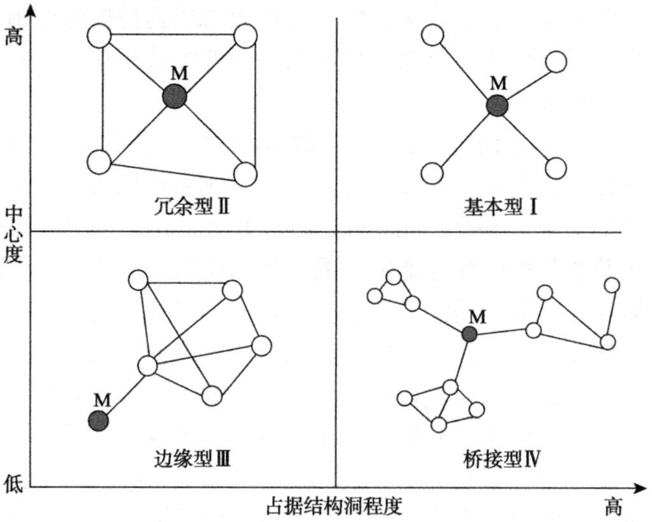

图 14-5 基于网络位置的科技中介类型划分

1. 基本型

此类型中心度及占据结构洞程度均较高，是集群网络中科技中介的理想形态。该类科技中介在集群中具有较高的知名度，往往与龙头企业和知名科研院所均保持着稳定的合作关系，并向集群中小企业提供诸如技术咨询、产品测试等各类科技中介服务，其是集群各类科技资源的聚合点，能够准确而有效地向企业提供技术信息，为供需双方牵线搭桥，是集群创新系统的重要组成部分。

2. 冗余型

此类型中心度较高，但缺乏结构洞，是集群网络中科技中介效率低下的一种形态。该类科技中介虽然与集群中的部分企业都保持着一定联系，但与其联系的企业之间也存在着相对稳定的联结关系，资源交换、信息交流可以绕过科技中介直接进行，造成了科技中介的相对多余。通过高中心度所得的大量信息同样也被周围企业所掌握，换言之，此类科技中介中存在着大量冗余信息，在一定程度上造成了集群创新资源的浪费。

3. 边缘型

此类型中心度及占据的结构洞均较低，是集群中科技中介效率低下的另一种形态。该类科技中介在集群中默默无闻，业务扩展欠缺，只与集群中的极少部分企业存在业务关系，往往处于网络的边缘。所掌握的信息及传播渠道均受到限制，无法形成独特的信息优势，缺乏构建独立节点间联系的基本要素，对集群创新系统贡献十分有限。

4. 桥接型

此类型中心度较低而占据的结构洞程度较高，是集群网络中科技中介的特殊形态，往往存在于较为细碎的集群网络中。该类科技中介一般与少部分龙头企业保持联系，这些龙头企业一方面与其他中小企业存在较多的业务联系；另一方面与同类型的其他龙头企业又保持相对独立的状态，构成网络中的派系结构，从而使得此类科技中介成为派系之间的桥梁。虽然没有与大量企业构成信息交流渠道，但却掌握着不同派系间的异质性资源，是促成集群创新系统资源流动的关键节点。

（二）典型产业集群科技中介类型分布

在对科技中介嵌入对集群绩效影响机制的实证研究过程中，已经计算获取了各样本集群中所有 132 家科技中介的中心度和占据结构洞程度，在经过 Z 标准化之后，以中心度和占据结构洞程度为坐标轴，两者都取 0 值时为原点，可以得出浙江省典型集群内科技中介类型分布，如图 14-6 所示。从图 14-6 中我们发现在第Ⅰ象限的圆点比第Ⅲ象限的原点尺寸明显要大，表明科技中介的中心度和占据结构洞程度与集群绩效呈现一定正相关关系。此外，从图 14-6 中还可以发现浙江省典型产业集群内科技中介呈现如下特点。

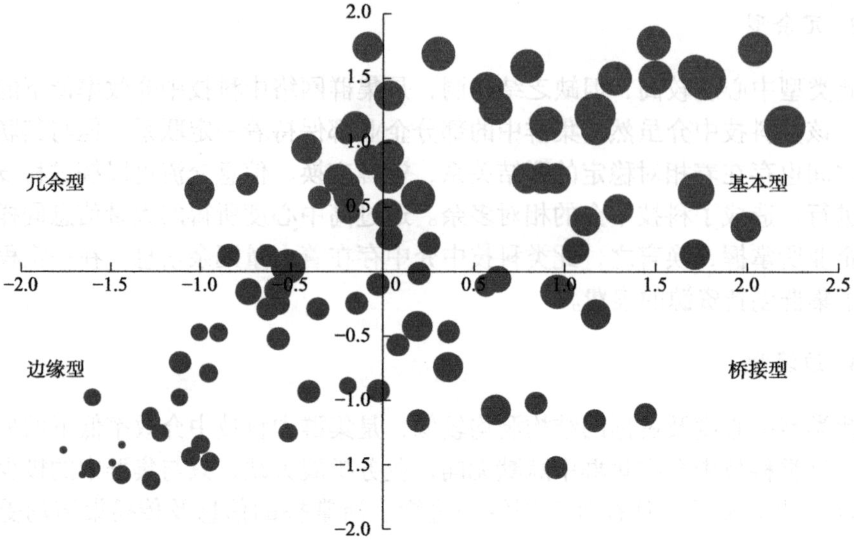

图 14-6 基于结构嵌入的浙江省典型集群内科技中介类型分布

1）不同类型间分布不均匀

所有的点并没有均匀落在四个象限，第Ⅰ象限（基本型）内的点占据了近半数，而第Ⅱ象限（冗余型）只占了总数的10%多一点，表明在41个样本集群中科技中介间的网络位置存在较大的差异。事实上，由于结构洞的普遍存在，高中心度的节点无论有意无意都会占据若干节点间的结构洞，起到缩短网络距离的作用，因此在此次研究的集群样本中拥有较多联结而未占据结构洞的科技中介数量相对较少。

2）不同行业间差异显著

按照样本科技中介所在产业集群所属行业来看（表 14-5），从事不同行业的科技中介类型上存在较大差异。纺织、化工行业中，基本型的科技中介所占比例都在 60%以上，而边缘型均只占少数；而在机械、消费品行业中，基本型科技中介只占到 35%左右，边缘型同样要占到 35%左右。结合调研问卷反馈的结果，说明在浙江省，纺织、化工行业经过长时间的发展，集群内企业之间的技术合作已较为频繁，对于科技中介的需求也相应提升，从而与科技中介产生了较多联结，并通过科技中介进一步拓展交流范围。在机械、消费品行业，虽然企业间也存在着若干交流合作，但部分企业对科技中介认识不足，多数时刻依靠自身搜索创新资源，造成现有的科技中介联结不足，形成一定资源浪费。

表 14-5　浙江省典型集群内科技中介类型及产业分布

科技中介类型	纺织	机械	化工	消费品	合计
基本型	26（70.27）	18（33.96）	8（61.54）	10（34.48）	62
冗余型	1（2.70）	8（15.09）	3（23.08）	3（10.34）	15
边缘型	6（16.22）	19（35.85）	2（15.38）	11（37.93）	38
桥接型	4（10.81）	8（15.09）	0（0.0）	5（17.24）	17
合计	37	53	13	29	132

3）总体网络优势较为明显

从整体来看，132 个样本科技中介中，32 个科技中介属于相对效率较低的冗余型和桥接型，占比为 24.2%，而且从图 14-6 中也可以发现，属于第Ⅲ象限的点近一大半也分布在原点附近，真正位于坐标图左下角的只是少数。说明在 41 个样本集群中的大多数科技中介在创新网络中已起到了良好的中介、桥接作用，与企业存在较为普遍的联系，成为企业扩展创新资源搜寻范围的重要支撑要素。

五、研究结论与启示

（一）研究结论

对于大多数传统制造企业来说，由于其自身资源的限制，往往无法保障与所有重要信息源都存在关系联结，缺乏充分的创新搜索渠道，因而对于初期因地理邻近而形成的资源载体和竞争模式产生依赖，甚至在一定程度上导致传统产业集群出现技术锁定现象（Malmberg and Maskell，2002；Camagni，1991）。科技中介以信息和资源交换为主营业务，可以有效拓展企业资源获取的广度，交叉地位所带来的信息优势又能进一步增加企业资源获取的深度，因此科技中介被认为是集群绩效提升的重要推动因素（Zhang and Li，2010；吴伟萍，2003；刘锋等，2004）。据此，本章以科技中介为研究对象，以嵌入这一概念作为切入点，围绕科技中介嵌入与传统制造集群绩效之间的作用机制这一核心议题，从关系嵌入和结构嵌入两个方面构建了科技中介对集群绩效的作用机制模型，形成如下主要研究结论。

（1）科技中介关系嵌入对集群绩效存在积极的影响。节点构筑关系联结时往往出于一定的目的，不同的目的会引发不同资源的流动，从而体现出不同的特征差异。换言之，如将关系联结视为信息流通的管道，管道中流动信息的内容将对关系的发生对象、基本形式等属性产生重要影响。因此依据科技中介对企业创新活动的不同辅助方面，本章从内容的角度将科技中介与企业的业务关系分为资源搜索、交流沟通、商业化三类，从而科技中介在集群中的关系嵌入也分为资源搜索嵌入、交流沟通嵌入和商业化嵌入三个子项。实证数据表明，科技中介的资源搜索嵌入、交流沟通嵌入和商业化嵌入均有助于集群绩效的提升。资源搜索嵌入可以丰富企业知识源，增加获取信息的异质性，提升获得互补性资源的可能性，并进一步降低企业的搜索成本，利于企业绩效的提升。

（2）科技中介的结构嵌入对集群绩效存在积极的影响。依据目前较为主流的做法，将结构嵌入分为中心度和占据结构洞程度两个维度来考量。根据实证检验结果，科技中介的中心度越高、占据的结构洞越多，越能促进集群绩效的提升。当科技中介位于网络中心时，依靠其显著的信息优势和丰富的联结渠道可以减少集群中信息传播的失真和衰减，加速技术的转移与扩散，优化集群的内部发展环境。科技中介能够从结构洞中取得特殊的信息收益，利于业务能力的提升。此外，在集群网络中占据较多结构洞意味着其较好地弥补了网络中的关系断层，对网络产生了积极的黏合作用，缩减了企业维持必要关系联结的成本，对集群发展起到了促进作用。

（3）科技中介结构嵌入对上述机制存在部分调节作用，节点之间的关系联结往往会受其网络位置的影响。实证研究的结果表明，科技中介的中心度和占据结构洞程度对资源搜索嵌入、交流沟通嵌入与集群绩效之间的关系有正向的调节作用，而对商业化嵌入促进集群绩效增长的过程没有显著的影响。较高的网络地位能够带来丰富而特殊的信息优势，使科技中介能够掌握更多的异质性资源，获得更高的信息操作能力，便于更好地开展业务活动，从而加深与企业之间的关系。这符合 Tsai（2001）、Stuart 等（1999）、Hargadon 和 Sutton（1997）、Ahuja（2000）等提出的关于网络位置能够提升节点工作绩效的基本观点。科技中介的中心度和占据结构洞程度在商业化嵌入对集群的影响中存在调节作用的假设没有得到实证研究支持的主要原因在于，浙江省所设立的重大科技创新平台使企业在商业化相关活动中呈现出了一定的脱嵌性，可能是样本的特殊性造成，有待其他样本的进一步验证。

（4）从结构嵌入角度可以将科技中介分为基本型、冗余型、边缘型、桥接型四种基本形式。结构嵌入是科技中介网络属性的重要体现，因此可以考虑从科技中介自身性质的微观角度着手，以其中心度及占据结构洞程度为基本测量维度，对科技中介的类型进行划分：中心度及占据结构洞程度均较高称为基本型，能够准确而有效地向企业提供技术信息，为供需双方牵线搭桥，是集群网络中科技中介的理想形态；中心度较高，而缺乏占据结构洞称为冗余型，虽与集群中的部分企业都保持着一定联系，但与其联系的企业之间也存在着相对稳定的联结关系，资源交换、信息交流可以绕过科技中介直接进行，是集群网络中科技中介效率低下的一种形态；中心度及占据结构洞程度均较低称为边缘型，只与集群中的极少部分企业存在业务关系，业务扩展欠缺，往往处于网络的边缘，是集群中科技中介效率低下的另一种形态；中心度较低而占据结构洞程度较高称为桥接型，一般与相对独立少数龙头企业保持联系，成为集群不同网络派系之间的桥梁，是集群网络中科技中介的特殊形态，往往存在于较为细碎的集群网络中。

（二）研究启示

实践方面，本章为相关政府管理部门提供了一些有益的政策启示。首先，研究进一步证实科技中介功能的发挥能够促进产业集群绩效的提升，揭示了科技中介与集群发展的因果关系，因此政府政策应进一步鼓励和扶持科技中介在产业集群中的发展。其次，产业集群绩效除了受科技中介功能发挥的影响外，还受科技中介网络位置的影响，因此在规划科技中介发展时，一方面要鼓励现有科技中介做大做强，提升自身网络地位，发挥规模效益；另一方面在建立新的科技中介时要考虑集群现实情况，选取关键节点进行联系。特别是在建立创新服务平台等公益性科技中介时，应该邀请集群中关键节点（如大企业）参与共建，能够起到事半功倍的效果。

第十五章 科技中介与传统制造集群的互动演化机制

科技中介以信息和资源交换为主营业务，通过联结技术供需双方，基于自身的交叉地位对信息进行整合，能够帮助传统制造企业识别非冗余信息、拓展资源获取渠道，推动区域知识的引入、转移和扩散，是集群发展的重要推动因素（Zhang and Li，2010；Howells，2006）。随着集群内各主体要素间互动方式和组合结构的变迁，科技中介在集群中所发挥的核心功能亦会发生相应变化，并最终通过其在集群发展中所扮演角色予以体现。纵观现有科技中介有关文献，以实践为导向的现状分析、经验总结、概念辨析、宏观对策等研究较为丰富，从微观层面特别是从与周边要素的互动匹配视角解释科技中介作用机制的成果却相对罕见，客观上造成部分区域科技中介功能混乱、角色缺位。

而且作为区域经济发展结果表征的集群绩效实质受多种因素影响，其与科技中介功能角色、集群环境要素等特征描述变量之间为典型多种条件并发原因的非线性关系，加上科技中介不同角色间存在功能重叠、相互包含的非对称关系，传统的自变量—因变量的因果逻辑方法无法对科技中介对集群绩效的作用机制进行清晰阐述（王凤彬等，2014）。因此，本章拟采用QCA方法，从动态视角探讨科技中介的角色转换过程及其在不同集群网络结构下对集群绩效的影响机制，从而克服以往定量研究中无法辨别前因条件关联影响和定性研究中结论普适性欠缺的不足，一方面期望进一步明确科技中介的作用机理，推动相关理论体系的构建和完善；另一方面为QCA方法在管理学相关领域的运用提供尝试和借鉴。

一、科技中介在传统制造集群中的角色演化

类似于生态共生组织，集群内各成员节点经过协同进化，能够形成相对有

序、稳定的生产合作关系（王斌，2014），在此过程中，科技中介与其他节点间的互动形式随着周边因素的变化而转换，功能逐渐丰富，业务范围向创新链前后两端拓展，在集群中角色可分为媒介—知识传播者—综合服务商三种形态，且因科技中介业务在一定程度上的不可逆性，导致其功能具备较强黏性，上一形态角色功能将传承至下一形态（图 15-1）。

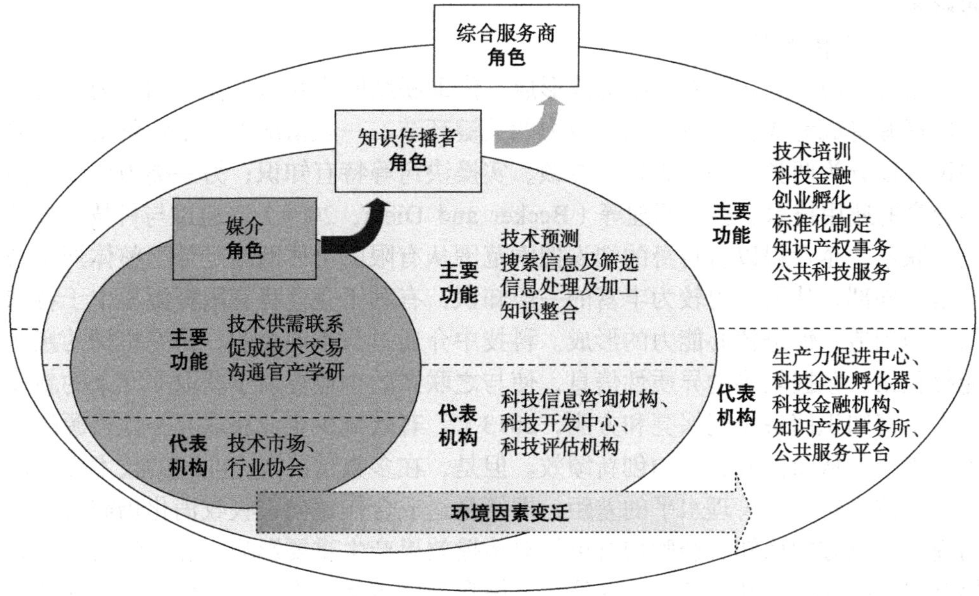

图 15-1 科技中介角色演变

1）媒介

媒介亦可称为桥梁、纽带。集群中单纯以企业间合作、交易等行为形成的关系联结，由于企业的规模、专长领域、技术水平等限制往往容易呈现碎片化的状态（杨锐和李伟娜，2010），科技中介通过提供相应服务能够为相互独立的两个节点提供关联，增加网络闭合回路，从而打通集群网络中信息资源流通的渠道，减少流动距离，降低出现泄漏、失真的可能性，增强网络的流动性。从企业个体视角，技术发展的跨学科集成趋势增加了创新的复杂性，企业不得不花费大量资源从外界寻求合适的互补性资产来提升自身的创新能力（Barney，1991；陈劲和吴波，2012），科技中介出于业务拓展往往需要与科研院所、技术机构、龙头企业保持一定的联系，企业借助科技中介的媒介作用可以快速形成一对多的、包含丰富知识的优良外界环境，从而有效降低为获取知识和信息所支出的成本（Shane and Cable，2002），提升其与外界节点交流合作的意愿。此外，作为集群主体的大多数中小企业和政府之间往往缺乏必要的沟通渠道，科技中介通过与政府及企业之间的业务开展，可以成为其相互之间信息传播的载体（李柏洲和孙立梅，2010），向企业传递、解读政府在财政、税收等方面的优惠政策，向政府反映企业发展现状、资源需求，以便政府及时了解实际情况，因时制宜调整发展管理策略，促进集群快速成长。综上，科技中介的媒介角色可以增加集群内节点的交流沟通渠道，优化信息资源传播路径，从而对集群发展具有显著的正向影响。

2）知识传播者

当集群内节点间关系联结构建形成，借助联结网络获取以技术知识为代表的创新资源将成为成员企业增强竞争力的关键环节。一般情况下，企业创新所需的知识可以分为两类：一类为技术要领、实操诀窍等特有知识；另一类为可以传播和分享的通用技术、科学原理等（Becker and Dietz，2004）。通过与科技中介的业务联系，企业得以将自身的知识搜索范围从有限的个体网络延伸至整体网络乃至集群外部，从而获得较为丰富的一般知识，有利于企业将有限资源集中于特殊知识的创造，促进核心能力的形成。科技中介通过与不同企业、研究机构的接触能够积累、掌握较多的异质性信息，使与之联系的企业更易于获取非冗余的新知识来丰富知识储备（胡保亮和方刚，2013），有效减少企业获取互补性资源的成本和难度，从而提升企业的创新绩效。但是，在多数情况下企业间的技术交流由于双方技术条件、管理水平的差距，即便是达成合作意向，吸收消化仍需要较长的周期，双方的认知、经验均有可能对传播效果产生重要影响。此时科技中介为提升服务的成功率和有效性，往往会发挥自身技术优势根据实际情况对标的信息进行加工提炼，以促进技术需求方快速完成对技术的消化吸收（Ancori et al.，2000），帮助消减集群中技术扩散过程内的各种噪声、优化知识传播效率。因此，科技中介在集群内可以拓展知识传播范围、提升知识传播速度，其所承担的知识传播者角色对促进集群发展具有重要作用。

3）综合服务商

随着知识在集群内的流动和扩散，科技中介将业务沿着技术链向企业内部及研发端拓展，服务形式逐渐丰富，除去人力资源、仪器设备平台、信息资讯、知识产权等共性服务外，在基础研究、应用研究阶段提供科学数据、文献、技术等服务；在试验发展阶段提供技术标准、检验检测、技术集成、研发支持、技术市场、技术评估等服务；在技术商业化阶段，提供创业孵化、科技金融、创新管理等服务（郭兴华和李正风，2014），推动集群向区域创新系统转化。事实上，技术的融合发展趋势使得创新往往呈现复杂的非线性过程，单一科技中介服务形态在由企业、科研机构、政府等多类型组织构成的创新体系中往往面临一对多、点对面的局面（原毅军，2007），从系统性的角度需提供多元化的服务才能更好应对整体发展需求。通过与企业在多方面的业务联系，科技中介可以充分发挥自身所掌握的信息渠道及信息加工处理优势，为企业提供系统的专业服务，从而帮助企业更好地对接集群内各项创新资源，客观上提升了企业的认知能力（Knockaert et al.，2014），并促进集群内各创新要素的黏合，增强集群的资源配置能力。此外，根据 de Silva 等（2018）的研究，不同的企业在经过与固定科技中介在多环节的持续接触后，其战略方向和知识积累会逐渐收敛，在区域范围内趋于一致，从而有利于形成集群创新生态系统的共同知识基础。简而言之，科技中介通过向企业提供系统化的综合服务，有利于集群内创新资源的进一步整合和配置，加速集群向高级化演进。

二、传统制造集群的网络表征

传统制造集群具有典型的网络形态特征（蔡宁等，2006），网络结构是集群属性的重要表征之一。目前学术界多数研究均基于复杂网络理论从现实情况中抽象出目标集群的拓扑结构，利用统计特性计算若干指标来刻画集群网络的具体情况，以此来分析揭示结构如何影响系统整体功能。因此，本章参照当前通用的研究范式，选取网络密度、网络中心势和网络凝聚性三个变量来考察网络结构对集群绩效的影响机制。

1）网络密度

网络密度是指网络节点间实际建立的联结数量占所有可能建立的联结数量的比例（Watts and Strogatz，1998），用以描述集群内各节点间关联的紧密程度。集群内信息传播的效率往往和其传播距离及流经环节有密切关系，高密度网络内节点间普遍存在相互联结，可以有效减少信息流动的节点跨度，从而提升信息的传播速度和影响广度，使集群成员行动（正面如建立联盟、知识共享，负面如拒绝合作、破坏合约等）所引发的后果更快、更广地传至整个集群。换言之，高密度网络可以防范机会主义（Zaheer and Bell，2005），并使声望发挥更强作用（Coleman，1990）。因此，密集网络内成员节点间相互信任程度更高，更易于形成公认的规范、权威和惩罚制度，促进网络内分工协作的开展，进而促进网络内资源的快速传播和相互共享，提升集群的整体绩效（吴结兵和徐梦周，2008；吴宝，2017）。从节点个体角度，高密度网络下节点拥有较多的联结，其获得异质性知识的可能性也大幅增加，促进节点创新能力的提升（Rost，2011）。在声望能够对其他节点行为产生较大影响的情境下，为维持或提高声望，节点共享知识的意愿会更为强烈（Reagans and McEvily，2003），提升集群内知识溢出程度。综上，本章认为较高网络密度能够促进集群内的知识流动速度和共享程度，提高节点决策和行动的效率。

2）网络中心势

网络中心势是指网络内最高中心度的节点与其他节点中心度的差值总和与所有差值总和的最大可能值的比值（刘军，2009），用以描述网络中关系联结的集中程度，也称网络集中度。拥有较高网络中心势的集群网络内节点间的关系联结为非均匀分布，节点间达成的直接联结数量相对较少，多数节点的联系需要借助其他成员，网络内存在较多的结构洞，即网络内存在较多作为桥接或者中间人的节点。如果此类在高中心势集群网络中拥有较多联结的节点为企业，说明集群具备中卫型结构，存在若干龙头企业，其他成员和机构主要围绕这些企业从事配套生产及服务，形成相对稳定的协作关系。在此类关系中，龙头企业为保障提升自身产品的品质和性能将部分非核心技术及生产工艺在合作企业中共享及传播的意愿显著提升，有利于集群网络内知识的流动和扩散，提升产业整体技术水平（顾丽敏和段光，2014）。如此类在高中心势集群网络中拥有较多联结的节点为科技中介等知识型服务机构，则说明科技中介在集群中发挥较好的纽带功能，较好弥补了原网络中的关系断层，为相对细碎的网络提供了较多的资源交流渠道，更好促进集群内资源的流动。科技中介处于网络中心说明相较于与同类企业关系的建立和维系，集群内企业更倾向与科技中介发生关联，有助于剔除集群内企业从自身角度建立的重复冗余联系，消减关系成本（Soda et al.，2004），促进信息的有效传递。因此，本章认为网络中心势较高的集群内信息资源更易集中于龙头企业或者科技中介等具有较强传播能力的重要节点，有助于集群内知识的共享和扩散。

3）网络凝聚性

网络凝聚性是指集群网络内存在派系的程度，可以用子群间的关系联结数及子群内部的关系联结数之差与两者之和的比值来表示（Krackhardt and Stern，1988），体现了网络的细碎化状态。企业间因为长时间的生产协作或是业务联系会提升相互之间的信任感，并随着路径依赖逐渐结为派系，因此一般情况下，派系内的节点相互关系较为密切，知识流入流出也较为顺畅，在一定程度能促进企业创新能力的提升。但企业的资金、人力等资源是有限的，其无法建立并维持无限的关系联结，所以当其在处于派系林立的集群网络时所联结的对象往往均为派系成员，所获得信息知识趋于同质化，从而丧失获取新知识的重要渠道，引发创新能力的下降和核心能力的消减（Cassiman and Veugelers，2002）。从集群整体层面来说，细碎化的网络使知识流动只能局限于派系内部，对知识在集群内的有效传播扩散产生负面影响（赵炎等，2016）。派系的划分意味着不同派系间节点的关系距离大幅增加，进一步增加了信息传播的难度和成员间的交易成本，违背了产业集聚发展的初衷。综上，本章认为网络凝聚性较高的集群内知识流动更为顺畅，节点获得异质性资源的可能性更高，有利于集群整体创新能力的提升。

三、研究设计与方法论

（一）主要方法

本章选用以布尔算术为基础的 QCA 方法为主要研究工具。QCA 方法利用因素之间的集合隶属关系来研究现实问题，有效避开了基于回归分析的定量方法对于大样本、显著性追求的单一逻辑和基于个案的定性方法无法验证结论普适性的缺陷，在目前国内外经济管理研究领域应用较为广泛（Woodside et al.，2014）。选用 QCA 方法主要出于如下考虑。

首先，集群绩效与各影响因素之间存在着显著的非对称关系，如科技中介能够促进集群绩效的提升，但部分科技中介不发达的集群发展速度仍保持在较高水平。传统的统计分析方法只能处理对称的相关关系（若 A→B，则~A→~B），在分析此类非对称关系方面存在较大困难。QCA 方法在处理此类关系具有优势，可以通过一致度进行描述，取值范围为[0，1]，1 代表完美的非对称充分关系，一般只要大于 0.8 即可用来解释实际现象（程聪和贾良定，2016）。

其次，各影响因素与集群绩效提升之间可能存在多条等效因果链，即不同的路径可能导致同样的结果。例如，技术能力提升是集群发展的重要驱动因素，但某些处于中前期发展阶段的集群在快速成长时并非总是伴随着高层次的技术创新。变量导向的统计分析方法虽然可以进一步通过中介、调节等视角来描述不同因素的影响方式，但最终在解释因变量变异时往往形成替代关系或是累加关系，并非完全等效关系（王凤彬等，2014）。QCA 方法认可不同因素组合对于被解释结果的等效性，在此研究中更为适合。

最后，样本数量有限。传统定量分析方法对样本具有较高要求，期望以大样本得出稳健结果。本章受条件所限目前只有 41 个样本，无法达到回归分析的理想状态。QCA 方法研究结果不取决于样本大小，6 个因素条件只需要 16~25 个样本即可满足，样本数量已能保证结果具有较高效度。

（二）变量测度

QCA 方法采用基于模糊集合的校准方法，通过对 0~1 的连续化来代表隶属程度的不同（夏鑫等，2014）。本章对影响产业集群绩效的科技中介角色、集群网络结构和集群绩效按照二分归属原则进行标注（表 15-1），样本仍旧是第十四章所选取的 41 个浙江省省级块状经济向现代产业集群转型升级示范区。赋值标准主要参考唐睿和唐世平（2013）的处理方式将大于等于所用样本中均值的样本因素赋值为 1，小于样本平均数的样本因素赋值为 0。因为科技中介所承担后期角色往往包含前期角色所发挥的功能，所以当样本后期角色赋值为 1 时，其前期角色忽略自身原赋值而新赋为 1，最终构建事实如表 15-2 所示。

表 15-1 前因要素选择与赋值

<table>
<tr><th colspan="2">前因要素</th><th colspan="2">测量标准</th><th>赋值</th></tr>
<tr><td rowspan="9">科技中介角色</td><td rowspan="2">综合服务商（CS）</td><td rowspan="2">为贵企业所在集群服务的科技中介为集群企业提供科技培训、知识产权、创新创业等多种服务</td><td>位于同一集群内所有有效问卷该题项平均得分大于等于所有样本集群平均值</td><td>1</td></tr>
<tr><td>位于同一集群内所有有效问卷该题项平均得分小于所有样本集群平均值</td><td>0</td></tr>
<tr><td rowspan="3">知识传播者（KD）</td><td rowspan="2">为贵企业所在集群服务的科技中介在促进知识传播方面起到良好作用</td><td>位于同一集群内所有有效问卷该题项平均得分大于等于所有样本集群平均值</td><td>1</td></tr>
<tr><td>位于同一集群内所有有效问卷该题项平均得分小于所有样本集群平均值</td><td>0</td></tr>
<tr><td colspan="2">样本集群前因要素知识传播者角色赋值为 1</td><td>1</td></tr>
<tr><td rowspan="4">媒介（BR）</td><td rowspan="2">为贵企业所在集群服务的科技中介在桥接不同单位之间起到良好作用</td><td>位于同一集群内所有有效问卷该题项平均得分大于等于所有样本集群平均值</td><td>1</td></tr>
<tr><td>位于同一集群内所有有效问卷该题项平均得分小于所有样本集群平均值</td><td>0</td></tr>
<tr><td colspan="2">样本集群前因要素知识传播者角色赋值为 1</td><td>1</td></tr>
<tr><td colspan="2">样本集群前因要素综合服务商角色赋值为 1</td><td>1</td></tr>
<tr><td rowspan="6">网络结构</td><td rowspan="2">网络密度（ND）</td><td colspan="2">计算所得样本集群网络密度指标大于等于所有样本集群平均值</td><td>0</td></tr>
<tr><td colspan="2">计算所得样本集群网络密度指标小于所有样本集群平均值</td><td>1</td></tr>
<tr><td rowspan="2">网络中心势（NCT）</td><td colspan="2">计算所得样本集群网络中心势指标大于等于所有样本集群平均值</td><td>1</td></tr>
<tr><td colspan="2">计算所得样本集群网络中心势指标小于所有样本集群平均值</td><td>0</td></tr>
<tr><td rowspan="2">网络凝聚性（NCO）</td><td colspan="2">计算所得样本集群网络凝聚性指标大于等于所有样本集群平均值</td><td>1</td></tr>
<tr><td colspan="2">计算所得样本集群网络凝聚性指标小于所有样本集群平均值</td><td>0</td></tr>
<tr><td colspan="2" rowspan="2">集群绩效（PF）</td><td colspan="2">计算所得样本集群绩效指标大于等于所有样本集群平均值</td><td>1</td></tr>
<tr><td colspan="2">计算所得样本集群绩效指标小于所有样本集群平均值</td><td>0</td></tr>
</table>

表 15-2 事实表

科技中介角色			网络结构			集群绩效 PF	频数
媒介 BR	知识传播者 KD	综合服务商 CS	网络密度 ND	网络中心势 NCT	网络凝聚性 NCO		
1	1	0	1	0	1	1	6
0	0	0	0	0	0	0	4

续表

科技中介角色			网络结构			集群绩效PF	频数
媒介BR	知识传播者KD	综合服务商CS	网络密度ND	网络中心势NCT	网络凝聚性NCO		
1	1	1	0	0	0	0	4
1	1	0	1	1	0	1	3
0	0	0	1	0	0	0	3
1	1	0	0	0	1	1	2
1	1	0	0	1	1	1	2
1	1	0	1	1	1	1	2
1	0	0	0	1	1	0	2
1	0	0	0	0	0	0	2
1	1	1	0	1	0	0	2
1	0	0	0	1	0	1	1
1	0	0	1	0	0	1	1
1	1	1	1	0	1	1	1
0	0	0	0	0	1	0	1
0	0	0	0	1	0	0	1
0	0	0	0	1	1	0	1
0	0	0	1	1	0	0	1
1	1	1	0	1	1	0	1
1	1	1	1	0	0	0	1

四、研究发现

首先，将整理好的浙江省 41 个产业集群转型升级示范区样本的科技中介角色、网络结构各因素赋值归一化后结合所计算集群绩效绘制气泡散点图（图 15-2），其中气泡体积表示各样本集群的发展绩效。从图 15-2 中我们可以发现，网络结构（图 15-2b）大体上都呈现越左下方向气泡体积越小、越外围气泡体积越大的态势，表明网络结构在单因素角度对集群绩效存在正向影响，初步验证了前文所提观点；但科技中介角色（图 15-2a）的气泡主要在媒介角色和知识传播者角色维度呈现出越外围气泡越大的态势，在综合服务商角色维度体积大的气泡主要集中在中间层面，意味从样本初步观察并非科技中介综合服务越强集群绩效就越好，具体情况如何有待进一步研究验证。

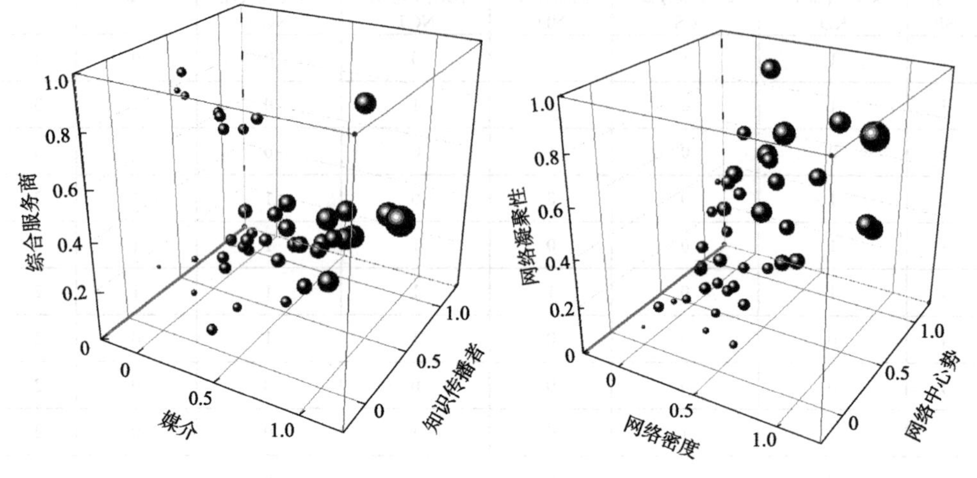

（a）科技中介角色　　（b）网络结构

图 15-2　前因条件与集群绩效分布情况

随后，使用 fsQCA 2.0 软件分析样本数据，以 0.8 为一致性门槛值对影响集群绩效的前因条件构型进行识别，得出复杂解。继而结合上文有关产业集群发展绩效的相关影响要素，设定简单类反事实前因条件，通过简单类反事实条件分析和困难类反事实条件分析得出简洁解和优化解。当前因要素同时出现于简洁解和优化解中，则标记为核心条件，若前因要素仅出现在优化解而未出现于简洁解，则标记为边缘条件，得出集群发展的前因条件构型如表 15-3 所示。

表 15-3　产业集群发展的前因条件构型

变量	C_1	C_2	C_3	C_4	C_5
BR	•	●	●	●	●
KD	●	●	●	⊗	⊗
CS	⊗		⊗	⊗	⊗
ND		●	●	⊗	●
NCT		⊗	•	●	⊗
NCO	•	●		⊗	⊗
一致性	1.000	1.000	1.000	1.000	1.000
覆盖率	0.632	0.368	0.263	0.053	0.053

续表

变量	C_1	C_2	C_3	C_4	C_5
净覆盖率	0.211	0.053	0.158	0.053	0.053
总一致性	1.000				
总覆盖率	0.947				

注：●或•表示该条件存在，⊗或⊗表示该条件不存在，表格留空表示构型中该条件可存在可不存在，其中●和⊗表示核心条件，•和⊗表示边缘条件

从表 15-3 可知，所得 5 个前因条件构型的一致性均为 1，大于 0.8 的临界标准，说明现有前因条件组合中的所有样本都满足一致性条件，即所获的所有前因构型都能促进集群发展。总一致性指标也为 1，说明目前所得的前因构型涵盖了所有可能促进集群发展的前因条件组合类型。从覆盖率指标上可以看出，C_1、C_2、C_3 三种构型对结果的解释力度最大。由于 QCA 方法中存在重复覆盖情况，本章将进一步对前因条件构型进行精简，以获得更为精确的结果。按照简单解一致性逻辑，将复杂解中具备相同核心条件的构型进行合并，获得 BR*KD*ND*~NCT*NCO、BR*KD*~CD*ND、BR*~KD*~CS*NCT*~NCO 三种构型，如表 15-4 所示。从表 15-4 中可知，3 类构型的一致性均为 1.00，C_a 和 C_b 两类构型覆盖率均高于 0.35，说明有较好的解释力度，C_c 覆盖率接近 0.05，说明只有少量样本存在相似情况。

表 15-4 产业集群发展的高阶构型

变量	C_a	C_b	C_c
BR	●	●	●
KD	●	●	⊗
CS		⊗	⊗
ND	●	●	
NCT	⊗		●
NCO	●		⊗
一致性	1.000	1.000	1.000
覆盖率	0.368	0.579	0.053

注：●或•表示该条件存在，⊗或⊗表示该条件不存在，表格留空表示构型中该条件可存在可不存在，其中●和⊗表示核心条件，•和⊗表示边缘条件

五、研究结论与启示

（一）研究结论

从表 15-4 可以发现，所得的三类高阶构型中均包括了媒介这一前因要素，说明科技中介的媒介角色无论环境因素如何变动均对集群发展具有重要的促进作用。经济活动具有区位指向性，具有类似特征的经济活动往往会出现于资源要素相对集中的区域，以便控制资源获取成本及共享公共物品，而这种便利在大多数情况下需要依托于通过产业链、价值链等所产生的业务联系及非正式联系所形成的关系联结才能传达至网络各节点，因此集群实质是地理和关系双重集聚的产物。节点仅处于集群地理范围在严格意义上仍游离于集群网络之外，迫切需要与其他节点建立关系联结才能共享集聚优势，而以科技中介为媒介则是其获取联结的理想渠道。所以科技中介的媒介角色其实是集群内关系网络得以缔结并成长的核心要素，也是集群集聚优势传递至多数节点的重要基础，与 Stankiewicz（1995）、Lynn 等（1996）对于科技中介在创新系统中所产生作用的研究发现观点一致，并提供了源自浙江的实证证据。所有核心要素组合而形成的高阶构型可以将科技中介在不同网络结构情境下的角色演变对集群发展的作用机制归纳为三种模式（图 15-3）。

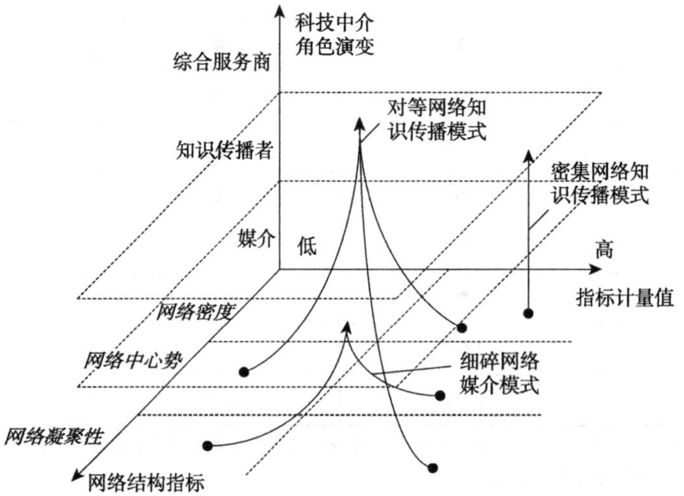

图 15-3 不同网络结构情境下科技中介角色演变对集群发展作用模式

1）对等网络知识传播模式

对应 C_a 构型（BR*KD*ND*~NCT*NCO），包含媒介和知识传播者两种科技中介角色，网络结构特征为高密度、高凝聚性、低中心势，体现了科技中介在企业网络地位相对平等、网络资源分布较为均匀的集群网络中发挥桥接节点和促进知识传播等功能的集群发展模式。网络中心势较低意味着集群内企业所占有的网络联结差异较少，而网络同时具有高密度和高凝聚性则进一步说明网络内各节点之间联系已较为充分，联结断层与结构洞均较少出现，信息和资源在网络内具有良好的流通渠道，多见于行业门槛较低、工序较为简单的产业集群。科技中介一方面作为网络成员之一，在不同节点之间构建多方联系，消除网络内联结盲区；另一方面充分利用网络联结充裕、节点间关系距离较短的优势，通过开展技术咨询、技术预测、知识整合等方面业务，减少企业技术及信息获取成本，提升企业认知能力，促进知识在网络内的快速流动，扩大信息资源在集群内的影响边界，从而推动集群绩效进一步优化。根据 McEvily 和 Zaheer（1999）、Lui（2009）等的研究，科技中介能够通过对技术的加工传播有效提升企业技术管理和创新配置能力，而角色对等、联结通畅的网络环境可以减少知识积聚，降低信息受控程度，从而进一步加强科技中介对企业创新管理的正向影响机制，因此科技中介在对等网络中扮演知识传播者角色可视为提升集群企业创新绩效的重要途径之一，是前述研究在具体情境下的细化。

2）密集网络知识传播模式

对应 C_b 构型（BR*KD*~CD*ND），科技中介角色包含媒介和知识传播者，但不包含综合服务商，网络结构特征为高密度，体现了科技中介在节点联结较为紧密的集群网络中主要发挥桥接节点和促进知识传播等功能而限制提供综合服务的集群发展模式。该模式的网络结构特征属性相对于第一种模式有所减少，可视为更为普遍的一种网络状态，但对科技中介角色存在一定限制，不鼓励科技中介向集群企业提供综合性服务。如前所述，当集群内节点分布较为紧密、相互之间关系距离较短时，科技中介可以利用结构优势加速集群内知识流动和扩散，从而提升集群绩效。但当科技中介在此基础上拓展业务进一步向企业提供更为丰富的多元化综合性服务时，从当前样本来看尚无数据能够支持其对于集群绩效具有显著的正向影响。事实上，优质的科技中介往往在某一领域具有深厚积累，其承接业务具有一定的单一性和较强的专业性，过度在多环节、多领域拓展业务可能会稀释有限资源在关键业务的持续投入，反而对其核心竞争力造成负面影响。从集群整体视角，当前的 41 个研究样本相较于先行国家成熟集群大都仍处于初级阶段，且在国际产业分工价值链中处于中低端位置，离构建相对完善的区域创新系统尚有一定差距，缺乏科技中介向综合服务商演化的环境条件，过早开展部分深层次业务对集群绩效影响有限。此外，大多数样本集群中科技中介仍具有一定官方背景，其在多方面开展业务容易导致政府意志的过度执行，使自身陷入市场与体制双重压力的尴尬环境（李柏洲和孙立梅，2010），无法发挥优化资源配置的基本功能，如部分地区未改制的生产力促进中心人浮于事、陷于半瘫痪状态便是例证。因此，受制于当前网络结构特征和集群实际发展水平，无论区域或者科技中介自身均应将主要资源集中投入知识传播相关领域，暂缓在其他非专业环节开拓业务，从而更好促进集群发展。

3）细碎网络媒介模式

对应 C_c 构型（BR*~KD*~CS*NCT*~NCO），科技中介只有媒介角色，网络特征为高中心势、低凝聚性，体现了科技中介在派系较多、相对细碎的网络中主要发挥桥接功能的集群发展模式。网络中心势较高意味着网络内存在核心节点，而低凝聚性则说明网络内分派现象较为普遍，因此该模式的典型网络状态为由龙头企业为核心的子群网络拼接而成的集群整体，不同子群间联系匮乏，网络相对较为细碎。当集群企业的关系联结限制于派系范围时，虽然派系内部企业间的信任感会增强并促进信息资源在派系边界内的流动和共享，但由于缺乏与外界知识交换的渠道，派系内信息会逐步同质化，最终引发技术锁定现象（Malmberg and Maskell，2002；Cantwell and Iammarino，2003）。所以基于此类网络结构状态的科技中介核心任务应是构建不同派系之间的关系联结，消除集群网络内信息传播壁垒，保障资源在集群范围内的顺畅流动，重点发挥媒介角色的主要功能。这里需要特别指出的是，从表 15-4 可知该构型的覆盖率只有 0.053，意味着此模式对样本解释度较低，可视为较为罕见的特殊模式，不具备较强的普适意义。

（二）研究启示

本章以浙江省 41 个产业集群转型升级示范区为样本，应用 QCA 方法探讨了不同网络结构下科技中介角色转变对集群发展的作用机制，结果表明：由于企业集聚实质为地理基础上的关系集聚，以媒介角色构建不同节点间的关系联结是科技中介作用于集群发展的基本形式，这也是科技中介被引入集群发展过程的初衷之一。随着科技中介所处的集群网络结构发生变化，科技中介的角色定位亦会发生较大改变：当集群网络内各节点地位相对平等、资源分布较为均匀时，科技中介应重点从事技术预测、信息处理及加工、知识整合等知识信息类业务；当集群网络内各节点连接较为紧密、关系距离相对有限时，科技中介应以促进集群知识传播为核心，并限制中介业务的多元化；当集群内派系较多、网络相对碎片化时，科技中介应以优化集群内关系联结为主要任务，消除信息沟通障碍。结论基本与 de Silva 等（2018）、Zhang 和 Li（2010）、Howells（2006）等观点一致，进一步从微观层面对于科技中介对集群的作用机制进行了更为细致的阐述。但在科技中介进一步向综合服务商转变的发展路径上，与现有成果有一定分歧，其主要原因在于一方面科技中介资源有限，过早多元化会分散资源投入拖累核心业务；另一方面在于样本集群仍处于初、中级发展阶段，尚未跨入多项深层次服务业务能够发挥重要作用的发展周期。

实践方面，本章为优化科技中介发展提供了一些有益的政策启示。首先，进一步证明科技中介的桥接功能能够优化区域科技资源配置、提升集群发展绩效，因此应将鼓励和扶持发展科技中介作为区域（特别是各类主体要素间割裂较为严重地区）经济发展的重要抓手。其次，基于我国现阶段大部分传统制造集群发展水平和科技中介管理能力，应暂缓推行科技中介向创新链两端拓展多元化业务，仍需立足于知识传播、信息处理等核心环节。

第五篇

新时期促进传统制造业转型升级的政策保障与对策

推动数字化、智能化、网络化转型，是中国传统制造业升级转型的主要方向。虽然当前中国工业经济已由高速增长阶段转向高质量发展阶段，在“十四五”开局之年取得了一定成绩，但相较于国际同行还存在技术外部依赖、产品中低端制造、供应能力不足等挑战。因此，中央及其各省政府必须坚持多措并举、系统联动，通过制定和实施政策在刺激有效需要的同时吸引创新资源的集聚，这是推动传统制造业转型升级和实现高质量发展的基本战略选择。作为中国创新领头羊的浙江省，一直以来以坚持创新制胜为工作导向，深入实施以技术赋能为主线的传统制造业改造提升工程。因此，本篇紧密结合浙江实际，通过深入分析浙江传统制造业转型升级过程的现状问题及其基本经验，为全国扎实推进产业升级提供省域范例。

第十六章　以经济发展实体化明确战略导向

实体经济是社会生产力的集中体现，是应对新一轮科技革命和产业变革、打造竞争新优势的关键所在。但随着要素成本上升、资源环境约束、出口市场低迷等不利因素日益凸显，浙江传统制造业投资回报率快速下滑，资金、人才等要素纷纷从制造领域抽离流向股市、债市、房地产等以钱生钱的金融领域，导致宏观经济泡沫化，传统制造业生存环境进一步恶化，陷入恶性循环。因此，明确以实体经济为主的经济发展战略，坚持将实体经济作为促进产业升级和经济增长的中坚力量，多方面营造利于振兴实体经济的优质生态，多手段引导资源回流制造业，对浙江传统制造业改造提升具有重要意义。

一、浙江实体经济发展的核心问题

（一）制造产业层次低

制造产业整体产品附加值不高。利润率是反映工业生产的附加值和质量效益的直接指标，2020 年浙江省规模以上工业企业主营收入利润率仅为 7.02%，全国排名第 9，分别低于广东、江苏、山东和上海 0.2、0.4、0.9 和 1.5 个百分点[①]。利润率偏低反映浙江工业总体处于产业链的低端、缺乏核心竞争力，难以适应当前复杂的外部环境、产能过剩和成本持续上涨的大环境。同时，浙江省工业劳动生产率低，2021 年全员劳动生产率为 19.0 万元/人，约为江苏（23.9 万元/人）的

① 根据《浙江统计年鉴 2021》《广东统计年鉴 2021》《江苏统计年鉴 2021》《山东统计年鉴 2021》《上海统计年鉴 2021》相关数据整理计算所得。

79.5%、福建（22.2 万元/人）的 85.6%[①]，表明当前浙江企业设备投入不足，大量中小企业以人力替代机器，有待于进行智能制造的转型升级。

（二）要素成本不断上升

随着浙江人均生产总值突破万美元关口，各项要素价格不断上升，2021 年浙江省城镇单位在岗职工平均工资为12.54万元，而江苏为11.79万元、广东为12.03万元[①]，浙江企业成本优势正逐渐丧失。

（三）创新驱动能力没有形成

研发投入是反映地区科技创新、未来发展潜力的指标之一。“十三五”期间，虽然浙江工业企业研究与开发投入有较大增幅，从 2016 年的 935.79 万元增长为2019年的1 274.23万元，但浙江工业企业研究与开发内部支出占地区研究与开发比例大幅下降，从 2016 年的 82.77%下降为 2019 年的 76.31%[②]。同时，在2014~2019年，在各省工业行业固定资产增长速度前15名的行业中，浙江省属于高科技行业的仅 5 个，占总工业行业数的 19.54%，远低于广东的51.98%、北京的 47.33%、上海的 37.46%、江苏的 35.45%等，面临发展后劲不足的问题[③]。

二、振兴浙江实体经济的两大原则

（一）振兴实体经济必须以供给侧结构性改革为主线

当前实体经济困境在于供需结构失衡、金融与实体经济失衡、房地产与实体经济失衡等，要加强供给侧结构性改革，深入推进“三去一降一补”，矫正要素配置扭曲，在扩大有效供给的同时，减少无效和低端供给。要坚定不移打好“提标”“育新”“汰劣”“扶优”等振兴实体经济组合拳，提升全要素生产率，提高供给体系质量和效率，把“浙江制造”打造成“中国制造”的新标杆。

① 资料来源：中经数据库（https://ceidata.cei.cn/）。
② 资料来源：《浙江统计年鉴 2017》《浙江统计年鉴 2020》。
③ 资料来源：《中国工业发展报告 2021》。

（二）实体经济与虚拟经济要融合发展

李克强总理在2017年第一次国务院常务会议上指出“网店是‘新经济’，但直接带动了实体工厂的销售”①。“虚”“实”并非对立关系，既要传统实体产业的筋骨，也需要商业、流通业、金融、互联网等充实血肉。只有实体经济、虚拟经济融合共生，经济发展才能可持续。浙江省作为国家信息经济示范区和两化深度融合国家示范区，具有“互联网+”基因，要加快推动虚拟经济与实体经济融合发展，选择若干传统产业集聚地，推进传统产业+互联网、工贸一体化等试点工作。

三、优化实体经济发展的对策建议

（1）疏堵金融之水，浇灌实体经济。明确“金融的要义是服务实体经济”这一基本命题，强化金融对经济转型升级供给侧结构性改革的支持服务作用。建议结合行政力量和市场手段，以可控方式和可控节奏逐步消化固有不良资产、降低企业负债，积极推广适合企业转型升级的融资模式；突出投放重点，细化信贷投向政策，引导资金向实体经济重点领域转移；进一步加强金融产品创新，丰富产业融资渠道，借鉴美国小企业管理局成功经验，建立由相关部门与金融机构共同承担的多层次贷款体系；充分激发民资、外资、国资的活力，突出实体经济投资的重要地位，建立重大产业项目的多元融资体系。

（2）补齐科技创新短板，培育实体经济增长动力。浙江科技创新短板十分突出，大院大所等创新载体明显不足。因此，应该加大力度促进科技成果转化，推进杭州城西科创大走廊、宁波甬江科创大走廊、浙南科技城、特色科技小镇等创新载体建设，探索国际高端创新资源的引进和利用机制，打通科技成果转化最后一公里；增加科技资源有效投入，培育研发产业，探索社会资本参与研发活动的新模式，借鉴美国制造业创新网络计划、欧盟第七科技框架计划的操作模式，探寻PPP（public private partnership，政府和社会资本合作）模式在科技创新计划中的应用，寻求科技创新领域的公私合作。

（3）进一步培育龙头企业，做强实体经济。建议加大“三名”企业培育力度，引导企业通过联合、并购、重组优化生产要素配置，加快形成一批总部型、

① 国务院常务会|李克强：抓紧对中央指定地方实施许可事项制定清单. https://www.gov.cn/premier/2017-01/04/content_5156502.htm，2017-01-04.

品牌型、协同制造型、绿色与安全制造型、高新技术上市型的“五型”企业；既要加快打造浙江企业的“航空母舰”，也要培育隐形冠军，鼓励传统制造企业走专精特新发展道路，在产业链细分行业及环节做到细致精致极致，成为领域领头羊。

（4）进一步加大降成本力度，提高实体经济竞争力。成本连着利润，企业最为关心。建议进一步贯彻“放管服”的行政理念，强势推进“最多跑一次”改革，倒逼各级政府减权放权，节省制度性交易成本；进一步削减行政事业性收费和涉政中介收费，建立动态目录清单管理制度；规范整顿行业协会，切实推进协会与行政部门脱钩；落实能源价格调整政策，推广水、电、燃气差别定价，扩大直供电交易范围；降低企业社保负担，对部分保项予以减征或者调低费率；降低土地使用成本，推广工业用地“弹性出让”“先租后让”等用地模式，减少企业资金占用。

第十七章　以制造企业精益化提升产业单元

企业是产业的基础组成单元，产业发展水平实质就是企业综合竞争力的集中体现。企业在个体层面上的做大做强是产业整体能力提升的重要标志，因此本章将根据规模所体现的不同属性分别针对大中型企业和小微企业，从优化个体角度提出推进浙江传统产业提升改造的对策建议。

一、提升大中型企业发展质量

拥有一批具有较强资源和市场整合能力的大企业大集团是一个国家或地区制造业强大与否的重要标志之一。浙江传统大中型制造企业在过去几十年中一直是推动全省经济平稳较快发展的主力军，是增强产业和区域竞争力的核心主体。但国际性全国性知名品牌偏少、创新能力相对不足、环境容量日益缩减等问题也伴随于发展历程，龙头企业对产业整体的引领作用没有得到充分发挥，对小微企业的带动作用没有得到充分体现。近年来受宏观经济下行、消费需求调整、技术变革加剧等因素影响，部分企业又面临增长乏力、营利下降、要素成本上升等新问题，甚至成为全省传统制造业发展减速的重要诱因，迫切需要在进一步提升大中型企业实力的基础上，打造行业领军企业，带动产业整体改造升级。

（一）传统大中型制造企业的发展情况

根据《浙江统计年鉴2022》，截至2021年，全省纺织、服装、皮革、化工、化纤、造纸、橡胶塑料制品、非金属制品、有色金属制品、农副食品加工十大传统制造业共有大中型企业1 367家，占全省大中型工业企业总数的29.7%，是全省工业经济发展的中坚力量。下面将分别从企业成长力、规模影响力、技术创新力、企业营利力四个方面对浙江省大中型传统制造企业的发展状况进行描述分析。

1. 企业成长力

企业的成长速度是反映竞争力的重要指标。根据《浙江统计年鉴 2016》及《浙江统计年鉴 2021》，2015~2020 年全省十大传统制造业大中型企业数量从 1 889 家减少到 1 385 家，减少 26.7%，所占全省大中型企业比例从 39.4%减少到 31.3%，出现了一定的萎缩。这固然有产业结构转型调整的因素存在，但也客观反映了浙江传统制造业成长乏力、后续梯队衔接不足的趋势。

2. 规模影响力

企业规模是综合竞争力的重要体现。根据《浙江统计年鉴 2021》，2020 年浙江十大传统制造业大中型企业平均每家生产规模（总产值）从 2015 年的 7.3 亿元增长到 8.3 亿元，增加 13.7%，但仍低于全省 22.1%的平均水平。根据《中国统计年鉴 2021》，2020 年全国十大传统制造业大中型企业平均每家生产规模为 11.23 亿元，浙江传统大中型制造业的规模影响力显著低于全国水平。

3. 技术创新力

技术创新力是综合竞争力的核心要件。从全省层面看，《浙江统计年鉴 2021》显示，2020 年全省大中型工业企业研究与开发经费支出为 858.25 亿元，平均每家企业支出 1 939.1 万元，低于 2020 年全国的 2 289.8 万元①；平均每家大中型工业企业申请发明专利 4.56 项，与全国平均水平 13.8 项①存在较大差距。综合而言，浙江大中型企业的技术创新力总体较弱，与其经济地位存在明显差距，传统制造业因其产业特征所限情况更为严峻。

4. 企业营利力

营利能力是综合竞争力的结果体现。根据《浙江统计年鉴 2021》相关数据，2020 年全省十大传统制造业大中型企业销售利润率为 11.43%，虽然高于全国十大传统制造业 7.26%①的平均水平，但显著低于 2020 年全省大中型制造企业 12.96%的平均水平。可见，浙江传统制造业营利能力在非资源型省份中居于前列，但与其他行业相比仍有一定距离。

① 资料来源：《中国统计年鉴 2021》。

（二）做强浙江大中型传统制造企业的对策建议

1. 实现创新驱动的发展方式

省内大部分大中型传统制造企业的发展都依靠资本、要素的集中投入，虽得益于制度先发优势形成一定规模，但创新能力普遍不强，在新一轮技术变革中缺乏持续竞争力，迫切需要转变观念，实施创新驱动的发展战略。首先，引导企业加大研发经费投入，在进一步强化科研费用税前抵扣力度的基础上，探索分行业的研发投入奖励制度，对研发费用达到一定比例的企业给予相应奖励。其次，建立适合于企业的研发体系。现阶段浙江的大中型企业的研发机构管理相对混乱，一方面各部门认定的工程技术研究中心、创新平台、工程实验室、企业研究院相互交错、功能重复；另一方面平均每家企业拥有不到 1 家研发机构，建议对企业所拥有的研发资源进行进一步的梳理，基于实际需求进行更合理的配置。最后，鼓励传统制造企业积极应用互联网、大数据、机器人等新技术对现有生产供给进行升级改造。

2. 打造质量过硬的知名品牌

在浙江大中型传统制造企业中，不少企业从事世界著名品牌的代工生产，表明这些企业实际上加工技术、生产质量和管理水平已达到世界级品牌的标准，但受限于产业链的中间环节，只能分得微薄的加工费。因此，品牌是提供产品附加值、提升企业竞争能力和营利能力的关键所在。首先，鼓励具有一定实力的企业通过收购、兼并、控股、联合、虚拟经营、委托加工等多种途径发展成为主业突出、核心竞争力强、产品市场占有率领先的品牌大企业、大集团，增强其对行业整体的带动作用。其次，引导企业发起、参与国际国内产品标准制定，进一步赢得行业话语权。最后，发挥龙头企业的示范作用，培育一批对全省产业发展影响力大、地区经济发展带动力强、市场扩张能力强、产品质量诚信度高、企业综合竞争力强的品牌示范企业，引领和带动浙江省传统制造企业品牌影响力和综合竞争力的提升。

3. 加大生产要素的保障力度

生产要素的日益紧张已构成影响浙江大中型传统制造企业稳健发展的主要障碍之一，建议政府充分利用自身的资源配置协调能力为企业做大做强提供保障。首先，土地供应方面，完善企业用地保障机制，建立大企业用地优先制度，尽量避免有价值的项目因用地难而外流。其次，资金方面，改变因产业调整政策而一刀切的金融政策，对部分实力较强、业务突出的企业实施差别化待遇。最后，劳动力方面，构建职业教育和培训体系，鼓励企业自身培养高素质的产业工人队伍，为企业提供生活服务配套，切实解决企业员工的后顾之忧。

4. 构建合作紧密的配套体系

数字企业与传统制造企业各具特征，基于产业链不同环节的分工协作体系，能够有效发挥这些企业的各自优势，形成良好的互补效应，从而提升产业的整体竞争力。首先，支持龙头骨干企业牵头成立产业技术创新联盟，联合传统制造企业实施重大研发项目开发计划，鼓励构建数字企业负责总装和核心部件的生产、传统制造企业承担普通部件配套生产的分工协作体系。其次，鼓励传统制造企业围绕上游产业，开展创新设计、品牌营销和商务服务等生产性服务；支持龙头骨干企业与零配件企业、设计企业、中介机构在信息服务、产品开发、设计示范、培训服务等领域开展合作，形成以数字企业为核心产业、相关产业或辅助产业共生的健康产业生态。

二、增强小微型企业经营规模

浙江传统制造企业大多成形于 20 世纪 80 年代，除企业自身因素外，主要得益于当时政府在改革开放初期“重实效、轻管制”的管理模式，使得行业整体得以获得先发优势快速成长，但在自然形成过程中也普遍存在着企业低产出、小规模、散布状问题，并逐渐成为产业间低端锁定、竞价竞争的重要原因之一。因此，逐步引导小微企业向规模化发展，推进产业主体升级，对于浙江传统制造企业的改造提升具有重要意义。

（一）“小升规”工作成效[①]

浙江省委省政府于 2013 年提出要加速促进小微企业成长，将引导小微企业向规模化升级（以下简称“小升规”）作为转型升级组合拳的“重要一招”加以推进，在 2013~2015 年的三年工作期内累计完成“小升规”12 694 家，圆满完成“小升规”工作。该项工作是全国首个促进小微企业转型升级为规模以上企业的省域案例，对后续浙江工业经济发展起到了重要作用，成为推动浙江稳增长调结构的新动力，发挥了以下成效。

① 本节涉及“小升规”数据由浙江省经信委 2016 年 4 月统计提供。

1. 成为稳增长的生力军

2016 年 1 月，浙江省纳入统计的“小升规”企业共 11 513 家，占全部规模以上工业企业（41 180 家）的 28%。浙江省入库“小升规”企业 2016 年实现工业总产值 2 092 亿元、工业销售产值 1 965 亿元、出口交货值 330 亿元、利润 68 亿元、税金 55 亿元，分别同比增长 26.6%、23.8%、22.9%、85.6%、42.9%，增幅均超过浙江省规模以上工业增速的 20 个百分点，利润更是超过 68.2 个百分点（表 17-1）。特别是，“小升规”企业贡献了浙江省规模以上工业总产值增量的 62%，拉动工业增长 2.3 个百分点。

表 17-1　2016 年 1 月“小升规”企业与全部规模以上企业 2014 年产值指标比较

产值指标	全部规模以上企业		“小升规”企业		
	实绩/亿元	同比增幅	实绩/亿元	同比增幅	增幅之比/倍
工业总产值	20 048	3.7%	2 092	26.6%	7.2
工业销售产值	5 437	3.4%	1 965	23.8%	7.0
出口交货值	949	0.04%	330	22.9%	572.5
利润	1 131	17.4%	68	85.6%	4.9
税金	838	7.2%	55	42.9%	6.0

2. 成为创新创业的动力源

2016 年 1~4 月，浙江省“小升规”企业科技活动经费支出为 18.5 亿元，同比增长 27.9%，是全省规模以上企业的 2.7 倍；研发的投入大大激发了科技创新和新产品增加，1~4 月新产品产值为 574 亿元，同比增长 50.5%，远高于浙江省规模以上企业 13.6%的增幅。此外，“小升规”企业在扩大就业、保障民生、搞活经济等方面呈现示范作用。

3. 成为优结构的加速器

传统制造业是“小升规”工作的主战场，通过引导小微企业向科技型、创新型、成长型培育，能够有效促进传统产业向高端转型并逐步淘汰落后产能。以装备制造业为例，截至 2016 年 4 月，浙江省 10 978 家“小升规”企业中，装备制造业企业数量占比从 2013 年的 39.6%提高到 2015 年的 42.4%，总产值占比从 2013 年的 37.2%提高到 2015 年的 48.1%，比重分别提高了 2.8 个和 10.9 个百分点；而八大高耗能行业企业数量占比从 2013 年的 27.8%下降到 2015 年的 23.1%，总产值占比从 2013 年的 40.0%下降到 2015 年的 23.8%，比重分别下降了 4.7 个和 16.2 个百分点。

（二）当前“小升规”的现实难点

虽然“小升规”工作取得了显著成效，许多小微企业跃过“龙门”，展现了强劲的产业发展活力，但在具体工作推进过程中还存在一系列问题，具体如下。

1. 小富即安导致规模以下企业不想升

部分企业主竞争意识较为薄弱，主观上缺乏将企业做大做强的需求，而且对上规后给企业带来的发展优势和长远收益认识不足，往往容易满足于客户不缺、小本获利的现状，自主扩大生产规模、促使企业上规升级的意愿和积极性不强。特别是当前经济下行压力加大，客观上也减弱了规模以下企业上规的意愿。

2. 担心利益受损导致规模以下企业不敢升

浙江中小微企业量大面广，政府有关部门往往把监管的重点放在规模以上企业，规模以下企业往往享受着不纳入统计口径、人员开支较少、管理成本较低的显性便利和执法监管较少、税费缴纳不严、社会责任较轻的隐性福利，导致部分小微企业担心上规后享受到的政策优惠抵不上新增的税收开支和工作成本而“躲”在下面不愿上规，即使已经达到上规标准，也不愿申报，甚至上了规还想办法下规。

3. 公共服务体系不健全导致规模以下企业不能升

相对于中大型企业，小微企业在核心技术、管理水平、市场营销等方面处于劣势、抗风险能力不足，也面临着研发人员与熟练技术工人两头短缺、融资负担高居不下、用地指标较为紧张等困局，再加上职业培训、公共技术、法律法规等公共服务体系不健全，规模以下企业想升都力不从心。

（三）进一步推进“小升规”的对策建议

（1）建议把“小升规”作为企业转型升级的核心工作。“小升规”在个转企—小升规—规改股—股上市这条小微企业成长升级链中起着承上启下的作用，抓好了可发挥四两拨千斤的作用。建议将“小升规”工作作为浙江小微企业三年成长计划重要内容加快推进，与供给侧结构性改革结合起来，制定新一轮“小升规”三年行动计划，建立“小升规”重点对象企业培育库，充分调动各地各部门的积极性，形成“小升规”工作的常态化、规范化、制度化。同时，继续加大宣传力度，总结推广成功范例培育模式，开展创业成长之星评选，示范带动全省企业提质升级。

（2）建议加大政策供给，让规模以下企业升得上。要切实落实好兑现好《浙江省人民政府办公厅关于促进小微企业转型升级为规模以上企业的意见》（浙政办发〔2013〕118 号）明确的税费优惠、社保减免、财政扶持等方面的政策措施，让上规企业实实在在得到实惠，吸引更多规模以下小微企业积极主动上规。要结合供给侧结构性改革，研究制定新形势下“小升规”有关政策，在高新技术企业申报、首台（套）产品认定、省市名牌评选等方面对“小升规”企业予以一定程度倾斜。要以全省中小微企业政策宣传月活动为载体，切实加大各级政府出台扶持小微企业发展的一系列政策措施的宣传力度，让广大小微企业知晓政策、掌握政策、运用政策，切实发挥政策的扶持、引导和激励效用。

（3）建议加快构建公共服务体系，让上规企业稳得住。发达国家经验表明，高效服务往往是网络化、体系化的，是一个生态系统。例如，美国小企业管理局下设 10 个地区分局，整合各州 100 多个地区办公室和辖区内的信贷、教育、培训机构及志愿人员为小企业提供服务。建议尽快制定出台省传统制造业公共服务体系建设指导意见，依托于传统制造业公共服务平台网络，建立以省市县三级企业公共服务中心为主体、政府扶持的公共服务机构为支撑、社会化服务主体共同参与的公共服务体系。在温州、台州等地试点基础上，探索完善企业“服务券”制度，为培育库企业提供精准服务和优质服务。继续组织实施企业机器换人、电商换市、创新培育、智能制造、绿色制造、协同创新和协同制造、管理提升、中国质造·浙江好产品、融资服务与法律服务等“小升规”专项行动，组织开展特色化指导服务，更好地服务上规企业。

（4）建议“扶上马、送一程”，让上规企业做得大。上规是“小升规”工作和企业发展的阶段性目标，而推动企业升级和做强做大，才是“小升规”工作最根本目的与企业发展的永恒主题。建议开展以升级为主要内容的管理培训和指导服务，对近三年新上规的企业，开展技术创新、商业模式创新、战略管理、品牌建设、提高投融资能力为主要内容的培训，对科技型、创新型和成长型的新上规企业加强指导和服务。加强与“个转企”“规改股”“股上市”等配套政策的衔接，形成推动小微企业由低散弱向高精优转型提升的扶持体系。深入推进小微企业对接现代技术、现代金融双对接活动，帮助小微企业对接利用省内外高端创新资源，加快其跨式发展。对于产业内具有普遍性、急迫性的共性技术难题，参照美国半导体技术联合体、韩国共性技术开发计划的研发模式，由政府整合科研院所、科技型企业等优质资源建立技术联合体并支付部分科研经费进行攻关，为企业实现快速成长清除技术障碍。

三、推进“浙江制造”标准加速普及

发达国家的发展经验表明，标准化相较于普通生产方式具有多项优势，一方面其能更好保证单个产品的品质，增强企业竞争力；另一方面标准的普及能够促进技术的扩散，从而提升产业整体发展水平。德国质量、美国制造、瑞士产品实质就是消费者对于其产品标准的认同。因此，以先进的制造标准和产品标准为切入点，建立“浙江制造”品牌建设及产品标准制度体系，是浙江制造企业摆脱路径依赖实现跨越发展的重要途径。

（一）“浙江制造”标准建设的推进情况

2014 年，浙江为提升全省制造业高品质产品的供给能力，以国内一流、国际先进为目标定位，在全国率先构建“浙江制造”标准体系。截至 2021 年 10 月，全省已累计发布“品字标浙江制造”标准 2 579 项①，已经形成了一个高于国家标准、比肩国际先进水平，代表数字企业和优良产品的综合性、标杆性的标准体系。综合而言，“浙江制造”标准体系是为了满足国内一流、国际先进的品牌定位和要求而建立的一系列标准的有机组合，代表高水平的产品标准、生产标准、检测标准、安全标准、管理标准，具有如下特征。

（1）特色 A+B 模式，定位“好企业、好产品”。“浙江制造”标准体系采用A+B模式，其中A标准《“浙江制造”评价规范》定位“好企业”，指导企业加强内部管理，对企业提出品质卓越、自主创新、产业协同、社会责任的具体要求。B 标准《“浙江制造”产品标准》定位“好产品”，是“浙江制造”个性产品技术要求，以浙江优势、特色制造产品为基础，瞄准国际先进技术水平，研制的一批与国际接轨的产品技术标准。

（2）突出企业主体，树立行业标杆。目前“浙江制造”标准的实施企业主要是行业龙头、标杆企业、技术领先者、质量和品牌引领者，在国内外市场享有较高的知名度，一些企业是国际行业标准的起草者。首批“浙江制造”标准实施企业均自主拥有产品核心技术的知识产权，对所在产业及浙江经济发展具有较好的带动作用，全部通过卓越绩效管理测评，并获得过省市以上政府质量奖。

（3）对标国际先进，引领技术创新。“浙江制造”标准的技术指标以国际

① “2021 年度浙江省品牌建设联合会会员代表大会暨‘品字标’品牌建设成果发布会”公开数据。

先进标准为参照，结合浙江行业标杆制定，一般高于国际标准/行业标准，部分指标甚至超过国际标准/行业标准 50%左右，代表目前该行业的国内最先进制造，处于行业技术创新领先地位，是行业技术的引领者。在已发布的“浙江制造”标准中，每个标准中有许多指标超过国家标准水平，不少指标已处于国际先进水平。从指标数量来看，“浙江制造”标准指标数量也超过了国家标准 20%。“浙江制造”的高标准要求，为浙江企业提供了技术上的标杆，大大提升了浙江企业的制造水平。

（二）“浙江制造”标准的实施效果

（1）标准创新，增强“浙江制造”竞争实力。标准创新释放创新驱动潜能。“浙江制造”标准融合国际先进技术，代表浙江最先进制造，有效带动标准、产品、工艺、技术及产业的进步，增强“浙江制造”竞争实力。一是产业协同推动浙江制造业转型升级。“浙江制造”标准实施企业主动建立互利共赢的供应商合作关系，供应链中的合格供应商 60.4%源自浙江。在“浙江制造”企业高标准的影响下，处于产业链上下游的浙江企业都必须提高其生产技术水平，与“浙江制造”要求相适应，对产业链上下游产业产生巨大的连带效应，优化、规范整个产业链。二是技改投入促进传统产业改造提升。“浙江制造”对标国际先进，以高标准要求企业进行技术改造，从而推动传统产业改造提升，恢复产业发展动能。近年来，“浙江制造”标准实施企业的技改投入增长率达 30%以上。三是专利制标实现创新产业化。“浙江制造”以国内一流、国际先进为目标，鼓励企业进行标准创新。60%的“浙江制造”标准实施企业把若干专利转化为“浙江制造”标准，实现技术专利化—专利标准化—标准产业化的创新链条，在行业内确立技术优势地位。

（2）标准引领，提升“浙江制造”市场话语权。标准先行赢得市场话语权。“浙江制造”的高标准要求使得“浙江制造”产品在竞争中拥有主导权和话语权。其一，掌握市场话语权实现“浙江制造”优质优价。“浙江制造”高标准要求造就产品的卓越品质，企业市场话语权也逐步增加，在市场中的议价优势逐渐凸显，销售价格大幅上升。2017 年浙江省质量技术监督局与浙江工业大学联合调研发现，53%的企业认为贯标产品议价能力有所增强；12%的企业认为贯标产品价格高于市场同类产品价格 30%以上，12%的企业价格高于市场 20%以上，30%企业高于市场 10%以上，其余企业基本持平[①]。其二，以高标准应对贸易壁垒，推动浙江产品走出去。以技术标准为核心的技术壁垒已成为发达国家限制进

① 浙江省质量技术监督局，浙江工业大学：《“浙江制造”标准评价报告》，2017 年。

口、保护本国产业的主要手段。"浙江制造"与美国保险商试验所、德国技术监督协会等国际知名认证机构实现国际合作互认。截至 2020 年，16%的"浙江制造"贯标产品获得国际互认，贯标产品的企业出口额占比提升了 3 个百分点。另外，6%的企业以"浙江制造"标准应对贸易技术壁垒，认为"浙江制造"有助于克服贸易壁垒。其三，落实质量承诺提升售后市场品质。"浙江制造"标准从产品全生命周期或全过程角度出发，从原材料、工艺、装备保证等角度确保产品质量，并在标准条款中增加质量保证承诺，把产品质量保证从生产制造环节向售后服务品质延伸。落实质量承诺对行业发展起到了良好的示范和带动作用，提高了整个产业的售后服务水平。

（3）标准提档，促进"浙江制造"提质增效。高水平标准助力高档次制造。"浙江制造"先进标准对企业提出更高要求，促进"浙江制造"提质增效。首先标准化制造提升企业经济效益。首批"浙江制造"企业是全省行业领先企业，实施"浙江制造"标准后，企业经济效益持续增长，总产值、销售总额、利润总额等指标均呈现上升趋势，平均利润率超过 11%，远远高于一般制造业的利润率水平。"浙江制造"贯标产品利润占比、产品销售额占比、产值占比等指标在贯标后均提高了 3%以上。其次高标准要求提升品牌竞争力。"浙江制造"标准逐步转化为现实的生产力提升，推动品牌效益不断外溢。"浙江制造"标准实施对提升企业品牌竞争力有较大的影响。88.6%的企业认为"浙江制造"标准对企业品牌竞争力有较大的提高作用①。最后推行卓越绩效模式增强企业管理水平。"浙江制造"标准实施企业推行卓越绩效管理模式，实现企业与世界一流管理模式无缝接轨，提升企业管理水平。课题组调查发现，企业实施"浙江制造"标准后，很多管理方面的指标均发生显著变化，促进了企业管理水平的提升、生产效率的提高，60%企业的生产效率有所提高，其余企业保持稳定。

（三）加速建设"浙江制造"标准体系的对策建议

"浙江制造"标准体系建设虽取得一定成效，但目前已发布的"浙江制造"标准主要集中于高端装备制造、环保和时尚产业，"浙江制造"标准在十大传统产业中的覆盖面较低；获得"浙江制造"贯标认可的企业产品不足总体发布数量的四成，需进一步加强参与单位产品的对标达标程度；仅有少数"浙江制造"认证证书获得国际认证联盟签署的互认证书，"浙江制造"标准的国际化进度仍处在起步阶段。因此，对于"浙江制造"标准的建设仍任重道远。

（1）加大标准供给，促进传统产业改造提升。立足产业基础，标准先行，

① 浙江省质量技术监督局，浙江工业大学：《"浙江制造"标准评价报告》，2017 年。

融合高校、研究机构等资源，开展国际先进标准研究，分行分业主动制定一批国际先进的“浙江制造”标准，进一步完善“浙江制造”标准体系，提升标准水平，填补标准空白，加快传统产业改造提升。精准靶向，对标德国，探索成立德国标准研究中心，紧扣浙江省八大万亿产业和先进制造业，开展德国标准攻关，提高德国标准采标率，提升“浙江制造”标准先进性，引领传统制造业提质增效升级。整合和利用各项研究开发资源，支持“浙江制造”的技术创新活动，鼓励高校、科研机构、公共技术平台等参与“浙江制造”标准制定和监管，鼓励高校、科研机构和企业把最新科研成果、专利转化为“浙江制造”标准，进一步提升“浙江制造”标准的技术水平，推动本土创新产业化。

（2）强化标准营销，提升浙江制造业发展的质量和效益。实施“浙江制造”对标工程，支持传统制造业对行业内“浙江制造”企业进行对标、采标、达标，精准扶持每个细分行业的“浙江制造”领先集团，形成省、市、县多层次多部门的政策合力，政策积极引导和支持企业按照“浙江制造”标准要求开展技术改造，强化“浙江制造”标准实施，支持技术创新和行业升级。积极调动企业实施“浙江制造”标准的积极性，对实施“浙江制造”标准的企业给予政策支持，在政府采购、招投标等方面给予“浙江制造”企业和产品政策优惠。成立“浙江制造”品牌推广工作小组，完善品牌推广工作和考核机制，提供多方位资源保障。增加财政投入，加强“浙江制造”品牌建设，加大“浙江制造”品牌媒体、舆论等宣传力度，鼓励“浙江制造”产品参加各类高规格展会，扩大品牌的知名度、认可度和美誉度。

（3）加强国际合作，提高“浙江制造”标准国际话语权。实施“浙江制造”标准国际化行动计划，拓宽参与国际标准化活动的领域范围，支持“浙江制造”标准起草单位参加国际标准制定，努力推动具备条件的“浙江制造”标准上升为国际标准，提高“浙江制造”国际先进标准采标率，增强标准国际化对“浙江制造”国际竞争力的保障、支撑和引领功能。支持“浙江制造”贯标企业和机构开展国际合作，加入国际标准组织，与国际认证机构加强合作，申请国际相关认证，以“浙江制造”认证走出去带动“浙江制造”走出去。支持“浙江制造”贯标企业、科研机构和行业组织利用国际合作平台积极参与国际技术交流、标准互认、人才培养等合作。推动“浙江制造”与“一带一路”沿线国家、主要贸易国之间的标准互认，建立互利共赢的标准化合作机制，组织开展“浙江制造”标准外文版翻译工作。

第十八章　以产业集群高级化优化产业组织

产业集群是浙江制造业特别是传统制造业的主要组织形态，依靠其地理集聚和分工协作形成的成本优势和品牌效应，有效推动了浙江经济社会的高速发展，成为“浙江模式”的标志性代表。但随着宏观经济发展进入新常态，传统产业集群创新能力薄弱、产业层次偏低、发展方式粗放的问题日益凸显，路径依赖态势加剧，从全省层面反映为部分以产业集群为特色的传统主导产业出现衰退，成为浙江传统制造业竞争力相对下降的主要原因。因此，以企业间的生产组织方式优化为切入点，进一步推进传统产业集群向高端延伸，重新激发其集聚发展优势，对于浙江传统制造业的改造提升具有重要实践意义。

一、高级化的概念及其内涵辨析

（一）国内外关于高级化的相关研究

国内理论界对高级化的理解主要有产业高级化与集群高级化，产业高级化是指三次产业结构的高级化构成，也就是向着第三产业比重更高的方向发展。判断产业高级化的指标有很多，大多数学者认为是产业创新能力和技术学习能力，产业越是高级化，技术创新能力越高，高新技术产业的比重越高。也有学者认为产业高级化是指产业向更高附加值的产业与环节升级的过程。集群高级化是指价值链的高端化，认为产业价值链位置是判断集群高级化程度的指标。与高级化相近的概念是转型升级，学者更多地从新兴产业、传统产业等角度认识转型升级。转型是指经济增长方式的转变，通过低投入、高产出，实现经济从粗放式发展向集约式发展转型，依靠的是制度创新。升级是指产业技术系统的提升，用更高、更新技术代替传统技术，实现产业效率跃升、经济效益提高。

国外专门研究集群高级化的文献并不多见。一种观点认为集群提升是创造一种学习、创新的支撑环境，促进集群制造能力、产品质量提高；另一种观点认为集群升级是各种阻碍集群发展约束条件的解决，能够进一步促进集群发展。还有一种观点认为价值链是衡量集群升级的主要标准，通过融入全球价值链实现集群升级，价值链提升既是企业集群高级的表现，也是一个过程。产业集群的高级化最终体现在对环境适应能力的提高，而环境适应能力是生存与发展能力的综合。

（二）产业集群演进的一般过程

依据先行国家的发展经验，产业集群的发展演进也遵循生命周期规律，可以从企业出生率、死亡率、成长性、网络联结度、产业配套度五个方面进行辨识划分，主要分为孕育、快速成长、成熟、衰退四个阶段，具体如表 18-1 所示。

表 18-1　产业集群发展阶段的划分

发展阶段	评价指标体系				
	出生率	死亡率	成长性	网络联结度	产业配套度
孕育	高	很低	很高	几乎为零	几乎为零
快速成长	很高	低	高	较低	较高
成熟	低	低	较高	高	高
衰退	几乎为零	很高	低	很低	低

1. 孕育阶段

通过考察浙江义乌、温州、绍兴等地的产业集群发展历程，发现这些地区都是在 20 世纪七八十年代由少数几个村民自己创立的小企业萌发出产业集群的初级形态——块状经济。这些小企业主或多或少都具备一定的技术，通过一定渠道为国有企业做外协、外加工，因而市场需求稳定，获取了较多的利润。附近的村民见有利可图，便竞相模仿，开办充实同一行业的家庭作坊。由于企业核心能力的差异，在客观上需要技术的合作，地理位置的集中降低了合作的交易代价和不确定性，因此在一定区域逐渐形成了专门从事某一行业的小规模的作坊企业群。这个时期的产业集群内主要以十几家至几十家的家庭式作坊企业为主，大都从事同一行业中的类似工作，整体氛围较为自由随意，企业间的交流以企业主的私人交往为主，竞争与合作均不明显。

2. 快速成长阶段

经过一段时间的发展，一些具备核心技术和较好管理模式的企业将市场从为单一企业外协加工拓展为自产自销、分包合作的多渠道方式，企业逐渐壮大，在淘汰掉一些实力相对薄弱不适应集聚生存企业的同时，本身也出现了技术人员跳槽或自主创业的裂化现象。此时，块状经济步入快速成长阶段。

这些新成立的企业由于自身的技术及规模限制，一定程度上需要依靠核心企业生存，产业集群内初步形成以代工为主要生产方式的中卫型结构，即核心企业将大部分的零部件委托给外部中小企业制造，而加大其自身的专业化程度。这一组织方式既有利于技术创新，改善中小企业技术创新或转化能力的不足，又避免不同规模、不同技术层次的企业之间过度竞争，使集群内的中小企业数量和质量都有了很大提高，产业集群的规模优势逐渐体现。这个时期里，区域中小企业数目增长速度加快，与大企业在生产、经营、资本、技术多方面展开的协作得到大大增强，发展初期的单一产品经过不断分工改进，形成多种产品构成的产业链。但随着集群规模的快速扩大，区域内的企业与企业之间渐渐出现了信息不通、沟通不便等现象，集聚所带来的成本优势和地域优势出现衰减。同时，产业集群中的核心企业也在自身发展中遇到了诸如资金、人才等技术创新瓶颈，迫切需要外界力量的介入。于是，在核心企业、中小企业和科研单位、政府之间的中间层组织（如各类中介机构）开始萌芽，并且开始通过它们的黏合作用，将区域内各组成部分逐渐组成沟通合作网络。

由于网络外部化作用（网络效应）的存在，最先进驻企业的区位出现了扮演庄家或者孵化器的角色，不断吸引和产生新企业进入区域，促使产业集群向发展临界规模靠近。企业之间组成纵横交错的高度联结网络，联系的关键因素不只是原材料、零部件等物质因素，还有技术、信息等非物质因素。同时由于信息交流渠道和对话模式的建立，初期区域内因市场失灵和制度失效导致的公共物品供给不足亦会大大减少。整个区域的合作性、协调性和配套性得到进一步完善，各项优势作用得到很大体现，并且在达到临界规模后，进入快速发展期。

3. 成熟阶段

在经历快速发展阶段后，产业集群内的各类配套基础设施逐渐完善，各企业之间的信息和资源得以迅速流动，成本优势得到充分发挥，具备了适应于其产业的规模效应；同时，产业集群中卫型结构中的大多中小企业之间分工更加细化，企业增长速度变缓，网络联结度和产业配套度保持在一个相对的高度，整个产业集群逐渐形成以网络为基本连接形式的生产生态结构，步入相对稳定发展的成熟期。在此生态结构中（图 18-1），往往存在几家到十几家的“小巨人”企业（核心企业），它们一方面依靠科研机构以产学研结合的模式不断进行技术创新，保持自己的核心竞争力；另一方面不断地把非技术关键性的生产制造环节通过中介组织转包给区域内的中小企业，彼此之间建立紧密的协作关系，形成类似扁平化组织。在这个组织的底层，各中小企业通过既合作又竞争的方式维持着集群的产业链，在一种动态的稳定中促使产业生态不断优化。同时，此阶段的产业集群一般都具有了区域品牌，即产业区位是品牌的象征，如法国香水、意大利时装、瑞士手表等。这样的区位品牌与单个企业品牌相比，更形象、直接，是众多企业品牌精华的浓缩和提炼，更具有广泛的、持续的品牌效应。

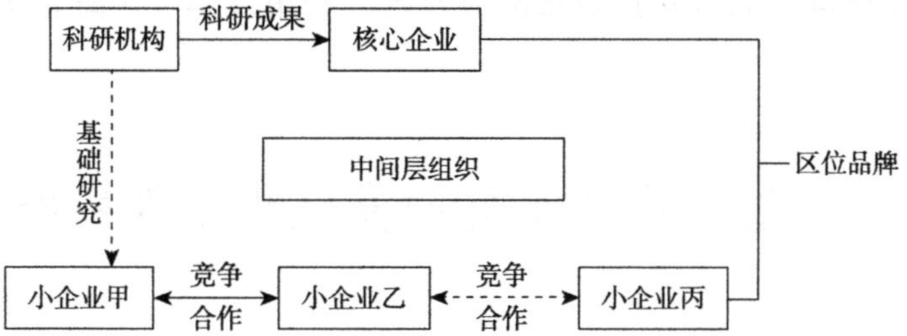

图 18-1　成熟产业集群生态结构

4. 衰退阶段

一般情况下产业集群衰退有两个原因，一是区域内的核心企业因为区域内的企业普遍存在"搭便车"现象，且感觉集聚化生存成本过高而迁徙出集群；二是由于集群所从事的产业受宏观经济或自身生命周期的影响出现全行业的衰退。如图 18-2 所示，这个时期产业集群生态解体，中间层组织迁出，区域网络退化，整个区域缺乏一种必要的总体约束，导致柠檬问题出现的可能性大大增加，大批中小企业难以为继，企业数量急剧减少，产业链发生多处断裂，产业集群在较短时间内便回到发展的初期阶段或完全解散。

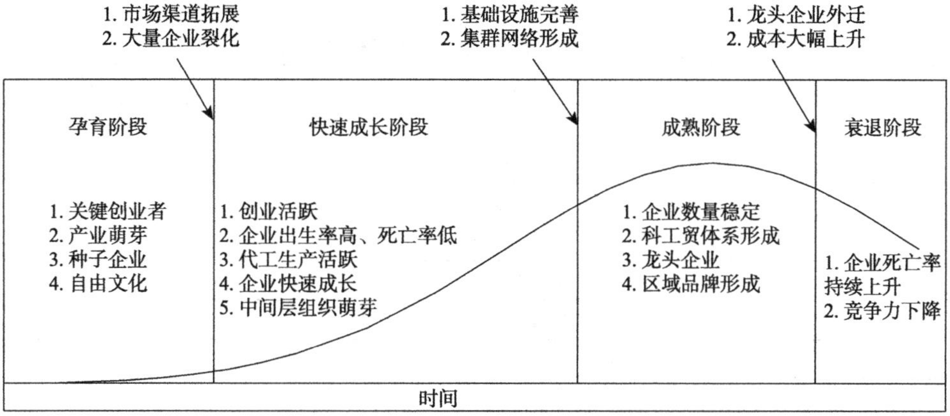

图 18-2　产业集群演进的一般过程

因此，综合而言，产业集群的高级化可以理解为产业集群从初始阶段向后续阶段跃迁并避免进入最终衰退阶段的过程。在具体的跃迁形式上，主要以价值链向两端延伸为主，外在表现为创新能力提升、品牌影响力扩大、产品竞争力增强、生产组织方式的改进等。驱动产业集群高级化的因素主要有两个方面，一方面是外部驱动，主要是指全球价值链的拉动和政府示范工程的引导；另一方面是内生驱动，主要是指产业集群内部成员企业及其关联机构所引发的推动力量，其中内生驱动因素决定产业集群对外因的利用效率，在高级化过程中起到关键作用。

二、浙江产业集群的发展现状及特征

以特定产业为主导的产业集群分布于全省各地，在浙江版图上形成块状明显、色彩斑斓的经济“马赛克”。截至 2013 年[①]，90%以上的浙江省（市、区）存在工业总产值超过 5 亿元的产业集群，相对集中在环杭州湾和温台沿海地区。在全省 11 个地级市中，产业集群的总量规模（按工业总产值计）排在前 5 位的是杭州（约占全省的 18%）、宁波（约占全省的 17%）、台州（约占全省的 14%）、绍兴（约占全省的 13%）、温州（约占全省的 11%），以下依次是嘉兴、金华、湖州、衢州、丽水和舟山[②]。

从行业分布来看，浙江产业集群已覆盖绝大部分制造业。在 31 个制造业标准行业分类中，26 个行业均存在程度不同的产业集群，列入浙江省经信委统计范围的 313 个产业集群行业分布如表 18-2 所示。从中不难发现，浙江产业集群主要集中于纺织、化工和机械三大行业（占了总数的 86.2%），以传统制造业为主。

表 18-2 浙江省主要产业集群行业分布

序号	标准行业分类	数量
1	纺织业	29
2	电气机械和器材制造业	35
3	汽车制造业	20
4	铁路、船舶、航空航天和其他运输设备制造业	4
5	通用设备制造业	33
6	金属制品业	15
7	纺织服装、服饰业	20

① 浙江产业集群发展的数据统计由浙江省经信委负责，2013 年后相关工作暂停，官方统计数据缺失。

② 根据浙江省经信委提供数据整理计算所得。

续表

序号	标准行业分类	数量
8	石油加工、炼焦和核燃料加工业	2
9	皮革、毛皮、羽毛及其制品和制鞋业	15
10	计算机、通信和其他电子设备制造业	11
11	木材加工和木、竹、藤、棕、草制品业	10
12	家具制造业	3
13	专用设备制造业	19
14	化学原料和化学制品制造业	10
15	化学纤维制造业	3
16	橡胶和塑料制品业	15
17	非金属矿物制品业	12
18	造纸和纸制品业	5
19	医药制造业	13
20	农副食品加工业	5
21	黑色金属冶炼和压延加工业	4
22	有色金属冶炼和压延加工业	6
23	废弃资源综合利用业	2
24	文教、工美、体育和娱乐用品制造业	17
25	印刷和记录媒介复制业	2
26	仪器仪表制造业	3

虽然产业集群是支撑浙江工业经济发展的重要产业组织形态，在强化专业化分工协作、优化资源要素配置、吸纳劳动力就业、提高产业竞争力等方面发挥了重要作用，但在长期发展中也积累了一些矛盾和问题，具体如下。

1. 创新系统薄弱

浙江产业集群的区域创新体系尚未完全建立，完善程度较低。一是作为产业集群主体的企业技术创新不够，企业大多缺乏优秀的人才和自主创新能力，集群中规模以上制造业企业的研发支出占销售收入的比重长期低于全国的平均水平，较多依赖技术模仿和装备更新，导致产业集群的技术路径被锁定，产业长期低度化。二是区域合作创新机制不健全，主要是单个企业与科研机构、高等院校进行技术合作，缺乏企业之间的合作创新和知识交流，即建立在企业互信和利益共享基础上的竞争型合作创新，而合作创新是国外产业集群重要的创新战略。

2. *产业层次偏低*

产业集群存在明显的产业结构缺陷。低层次产业、低端产品、低加工程度、低增值环节，构成大多数集群的产业结构特征。产业升级不快，轻纺和机械等传统产业依然是产业集群的主体，高技术产业、新兴产业发展不足。许多产业集群将国际市场作为主导产品的主要市场，但企业处于国际垂直分工的底端，研究开发、营销和品牌等主要增值环节为发达国家的公司所掌控，陷于不利的国际产业地位和贸易地位。

3. *发展方式粗放*

一方面，主要实行低成本、低价格竞争。浙江的产业集群凭借独特的运行机制，在许多产业和产品上将成本降得很低，将卖价压得很低，实现了低成本扩张。这种发展方式的缺陷则是明显的：其所依赖的劳动力、原材料及交易成本的廉价状况是要改变的，更低成本的区位是不难复制的；在全球竞争空前激烈，竞争焦点日益从价格竞争转向技术竞争、创新竞争的情势下，低成本的竞争优势难以长期维持。目前不少走在产业低端道路上的产业集群，因价格恶性竞争而难以自拔。另一方面，主要依靠物质资源消耗增长。相当部分产业集群缺乏创新能力，实行以消耗能源、原材料为基础的数量扩张，资源利用效率不高，给资源供给和生态环境带来较大的压力，可持续发展面临较大挑战。随着能源、原材料和劳动力成本的上升及环保意识的加强，浙江产业集群“三高一低”的发展模式难以为继。

三、产业集群高级化的影响因素

由高级化的概念及内涵可知，产业集群的内生驱动因素是影响高级化的关键要素。具体而言，内生因素可以分为直接因素和辅助因素两部分，直接因素是指区域内从事主导行业生产的企业及其相互关系，辅助因素是指产业集群内非从事直接生产但能够辅助企业获取更高利润的关联要素，如专业市场、行业协会、区域品牌等。

（一）直接因素

一个产业集群内部必然包含了大、中、小型等众多企业单位，按照其配比组成比例及方式，可以将其构成方式分为三大类别：主导型企业结构、中卫型企业结构与扁平型企业结构。主导型企业结构是指产业集群内主要由一两家龙头企业占据创新主导位置及产品价值高端，而其他中小企业则实施跟随、模仿战略，处于价值链低端。例如，浙江省瑞安汽摩配产业集群就是由绝对核心企业瑞立集团及 800 余家中小型企业所组成的。中卫型企业结构是由大批中小企业围绕若干大型企业以供应业务和服务业务为轴线形成有序的竞合关系，如温州乐清低压电器产业集群。扁平型企业结构是指大量中小企业在地域内集聚所形成的竞合网络，主要以横向竞争为主，这种企业结构产生过度竞争的概率较大。

现有研究结果表明，三种模式产业集群的创新能力、价值定位等都存在着显著差异。一些企业集中度较高的产业集群自主创新能力比较强，而产业集群的企业分布结构与集群竞争优势之间也存在着关联性。当然，除了产业集群内大中小企业之间的构成外，它们之间的联系方式也会影响集群生存与发展能力。许多国外实证研究也提供了有力的证据，如研究结果表明大企业集中度与产业整体利润率呈显著正相关。对欧洲 5 个国家 628 个地区数据的分析结果也证明了企业集聚程度与区域经济增长的正相关关系（Ciccone，2002）。

（二）辅助因素

产业集群除了包括大量的同类型生产企业、零部件供应商、分销商、互补产品制造商等外，还包括提供专业的相关职业培训、信息研究和技术支持的政府或非政府机构，如大学、公立性质的研究机构、技术培训机构及行业贸易协会等。它们伴随着整个集群产业规模的扩张及分工合作网络的形成而发展，并进一步对产业集群的发展起到正向的辅助作用（图 18-3）。具体地，可以将辅助因素分为区域品牌、专业市场、公共科技平台、行业协会四部分。

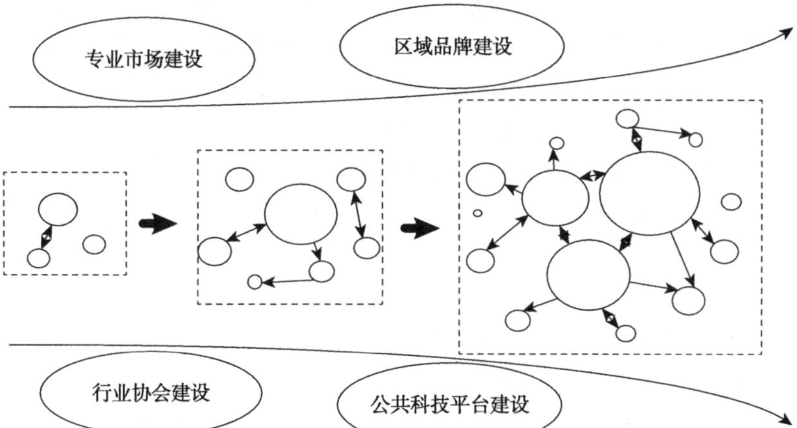

图 18-3　影响产业集群高级化的辅助因素

1. 区域品牌

品牌是产业集群市场声誉、产品质量水平、售后服务质量等属性的集中体现，是支撑所有企业市场竞争的文化基础。一个较好的集群品牌能够吸引更多的客户与集群企业建立合作关系，更多的消费者购买企业产品。产业区域品牌也具有地域性，带有地域文化色彩，与地域企业家精神、市场诚信关联，具有价值性和不可复制性，因此也是产业集群核心竞争力的重要因素。区域品牌主要体现在龙头企业及其品牌，它对广大中小企业会产生辐射，使得中小企业跟随其品牌成长，同时中小企业自主创新与发展对龙头企业品牌、区域品牌建设又产生贡献和推动。因此，产业集群发展是基于大中小企业专业化分工与平等协作基础上形成的动态品牌链。

2. 专业市场

专业市场是许多产业集群发展的摇篮，也是产业集群中广大中小企业生存发展的重要支柱。专业市场肩负着商品交易场所、市场信息集散地、产品展示窗口等功能，为广大中小企业提供低门槛的购销平台，发挥降低企业销售成本与交易成本的作用。浙江省产业集群数据分析结果表明，有九成以上集群在发展过程中至少存在一个专业市场，专业市场与产业集群是一对相生相伴的孪生兄弟，而专业市场成交额成为产业集群成长的晴雨表。例如，绍兴纺织产业集群中的中国轻纺城，海宁皮革产业集群的中国皮革城，义乌小商品产业集群中的中国小商品城等都是典型实例。

3. 公共科技平台

产业集群公共科技平台主要包括生产力促进中心、研发中心、中试基地、科技孵化器等为企业提供技术研发、测试、技术转移等服务的科技实体。广大中小企业由于自身特征原因，没有技术研发机构，而大企业往往又不愿意将自身的技术与其他企业共享，因此中小企业必须依托外部科技机构获取技术与人才开展研发活动。规模较大、发展历史较长的集群拥有公共科技平台的数量和规模也较大，如绍兴轻纺产业集群就拥有多家省级和地区级公共科技创新机构。

4. 行业协会

市场竞争的有效性是建立在充分信息、公平竞争及相应的法律法规基础上，但是产业集群内往往出现过度竞争、低端竞争、恶性侵权等现象。行业协会，包括同业公会、技术促进会、商会等，承担起制定行业竞争规则、协调业务纠纷、沟通行业信息、推广先进技术、培训专业人才、监督法规实施等作用，是广大中小企业生存与发展的重要支撑。

四、实现产业集群高级化的三大路径

（一）以区域品牌引领高级化

在以上影响产业集群高级化的因素中，又以区域品牌尤为重要。一方面，在全球化竞争中，成功的区域与成功的企业一样，其所拥有的核心竞争力是依托区域比较优势而形成产品竞争力、品牌竞争力。通过打造区域品牌，可以提高区域产品的定价话语权和附加值。另一方面，集群内单个企业特别是中小企业创牌较难，加上目前浙江产业集群多数仍面临的“低小散弱”的低端化锁定问题，更难以与国际大牌相抗衡。通过打造产业集群区域品牌，为其立“大名”，以区域品牌统领产品，可以让块状内相关企业搭上区域品牌的“便车”，共享公共品牌效应，共拓国内外市场，“五指合握成重拳”，真正形成“一个拳头”打天下的局面。此外，特色小镇作为产业集群的升级版，已成为新常态浙江创新发展的战略选择。国际经验表明，打造“小而精”的特色小镇，区域品牌建设是不可或缺的一环。通过打响特色小镇区域品牌，能够提升小镇国内外知名度，形成小镇特有认知符号，产生品牌效应、带来集聚效应，吸引小镇发展所需的人才、技术、资金等各类高端要素，形成富有吸引力的创业创新生态。

1. 区域品牌建设的国际经验和启示

如今，在全球范围内已有一批具有一定知名度的区域品牌，按照其培育主体的不同，可以分为三种类型：第一类是政府主导型，如班加罗尔软件产业、武汉光电子信息、澄海玩具、浏阳花炮、台湾新竹电子产业等。此类品牌创建及培育，主要依靠政府对产业的规划、财力的扶持、大力气的招商引资与品牌激励政策的出台。第二类是企业主导型，如日本丰田城汽车、美国好莱坞电影、底特律汽车、意大利佛罗伦萨皮具、青岛家电等。这类品牌是以区域内较强实力的龙头企业为核心，通过构建以产业链配套为基础的企业联盟体，依靠企业个体品牌影响力带动产业整体发展和区域品牌提升。第三类是协会主导型，如瑞士手表、荷兰花卉、比利时巧克力、美国新奇士橙与爱达荷土豆、法国波尔多红酒等。在这类品牌建设过程中，由企业家、政府相关部门负责人、其他利益相关者组成的行业协会扮演着重要角色，为区域品牌管理、使用、规范、推广、运营提供强力保障。总结国内外成熟区域品牌发展经验，有如下三点特征。

（1）区域品牌组织是区域品牌崛起的关键。无论政府、企业还是行业协会，都是所在区域品牌建设的主要推动力量。印度政府通过税收政策、进出口政策、投融资政策、政府采购和科研政策、知识产权政策等为班加罗尔营造了良好的发展环境，吸引了包括印度本土三大软件企业、索尼、东芝、飞利浦等一大批跨国企业入驻，也提高了软件区域品牌全球知名度。美国爱达荷土豆协会和新奇士橙农协会的出现，改变了原先农户分散经营、各自为营、恶性竞争的混乱状态，通过集中收购、统一标识、联合推广、共同研发等手段，培育出爱达荷和新奇士这两大世界500强品牌。

（2）共性技术研发是区域品牌发展的动力。通过解决产业普遍性的技术问题，可以促进产业技术水平和生产绩效的整体提升，增强产业竞争力。70%的荷兰花卉由温室种植，供暖降温、通风排气、遮光补光、水肥施用均由计算机控制，完全不受外界自然气候影响，可按订单要求交货时间和具体植物状态进行生产，而且花卉的播种、移栽、采收、分级、捆扎、包装几乎完全机械化，既减少了损耗也提升了质量。日本丰田城内的众多中小企业在与丰田长期的产业配套合作中形成了较为坚固的联盟机制，依托丰田的研发能力及其长期倡导的共享理念，使丰田城内企业技术整体处于世界汽车工业的领先水平。

（3）严格标准制定是区域品牌生存的保障。通过制定标准、实施认证能够有效地规范区域内产品品质，防止“搭便车”现象，避免柠檬市场的出现。瑞士钟表协会联合政府和企业制定“商标及原产地标志保护法”与“表类‘Swiss’标识使用条例”，对产品的制造工艺、零配件采用等环节做出详尽规定，只有符合要求才能使用有关标识，从而确保了“瑞士制造”标志的名誉及品质形象。比利时巧克力、夹心巧克力、饼干和糖果糕点产业皇家协会，也对什么样的产品可以冠以比利时巧克力名称，制定了严格标准、进行了细致描述。

2. 推进浙江产业集群区域品牌建设的对策建议

（1）建议把区域品牌建设作为打响“浙江制造”品牌的一项重要而长期任务来抓。国外经验表明，发达国家都把产地品牌建设作为制造业崛起的有力推手，越是在稳增长、调结构、促转型的时候，质量元素就越能成为经济发展的内生动力，品牌建设就越不可忽视。例如，日本实施的品牌战略，载体是设立了“G 标志”，成为“日本制造”高品质、高性能、高稳定性的象征。“德国制造”也曾是劣质产品的代名词，在经历了 100 多年为质量而战的努力，从山寨变成了名牌。从浙江来看，自2004年提出打造“品牌大省”战略以来，一直将“形成一批具有较大影响力的区域品牌”作为重要工作来抓。建议结合“浙江制造”品牌培育工作，把区域品牌创建作为一项重要而长期任务来推进，结合“浙江制造”品牌“七县十业百企”试点培育工作，选择一批基础条件较好的县域和产业集群进行先行试点，加大对区域品牌宣传、推广、培育和保护力度，让众多标杆区域品牌与“浙江制造”品牌形成众星捧月之势。

（2）建议把标准和认证作为区域品牌建设的两大抓手来抓。要以标准和认证为抓手，通过高标准的运用实施来引领区域品牌的高品质发展，对符合高标准、高品质要求的区域块状产品进行认证，为市场提供高品位、高质量产品。要结合“浙江制造”标准体系构建和区域产品特点，研制形成一系列国际先进、国内一流、拥有自主知识产权的区域产品标准。要借鉴“浙江制造”认证模式，按照企业自主申明+第三方认证+政府监管的思路，形成区域品牌认证模式，让区域内中小企业统一使用品牌，确保权威性和有效性。

（3）建议把线上推介与线下营销作为区域品牌建设的两大渠道来抓。通过线上线下互动、实体虚拟结合等方式，实施多样化营销策略，进一步加大国内外市场开拓力度。在线上，要借助阿里巴巴的网络销售优势，继续开展“中国质造·浙江好产品”行动，推进消费品制造企业直接面向终端市场，严格质量控制，提升本地产品的品质，争取三年内提升 100 个消费品制造块状产品，培育 1 000 个中小企业自主品牌。目前，浙江已作为“中国质造”的全国样板，首批 27 个特色产业集群已先行先试，省内入驻企业超 1 500 家，占 25%以上。在线下，要结合“三名”工程，重点实施“浙江名品进名店”工程，充分借鉴杭州大厦的名品集成店模式、解百集团的百货联营模式、联华华商的商超对接模式，严格筛选标准、突出市场主导、强化舆论宣传，进一步扩大浙江区域品牌产品的市场影响力。

（二）以特色小镇助推高级化

特色小镇以良好的核心产业生态系统为基础，融合生产、创新、人文三大理念，通过高端要素的集聚提升创新能力和孕育新增长点，同时辅以历史人文因素的整合提升产业内涵、优化区域发展动能，在集聚基础上实现了产业链、创新链、服务链、要素链的有机统一。相比传统制造业产业集群中以分工协作为基础的同业生产企业集聚，特色小镇的集聚以创新为核心，将文化创意、研发创新、成果转换、生产制造、体验应用等要素整合形成立体化的产业系统，更有助于实现企业间的知识外溢、技术扩散和收益共享，可以视为产业集群的升级版，是产业集群发展的高端形态和转型方向，也是浙江传统制造业顺应经济发展阶段演变重构产业生态位、打造产业新增长极的重要途径。

1. 国外特色小镇的建设经验及启示

西方发达国家的小镇建设与工业化、城镇化伴随发展，目前已形成众多独具特色的小镇，概括而言，主要存在两种类型。

一种是特色产业为核心的城镇，此类城镇主要以产业发展为牵引，通过产业链集聚和特色形成，带动城镇相关配套设施发展。例如，美国格林尼治基金小镇，位于美国康涅狄格州的长岛海峡，距离纽约40分钟左右的火车车程，虽只有174 平方千米，却集中了世界上 500 多家对冲基金，单单桥水基金一家公司就掌管着 1 500 亿美元的资金规模，其形成主要基于早期优惠的税收和毗邻华尔街的区位优势。法国的格拉斯香水小镇，位于花草优生地带，通过对花草的处理逐渐形成香水生产业，目前拥有花场、香水工厂、香水博物馆等完整的产业链条，其香水产量约占法国全国产量的 80%。

另一种是旅游资源为核心的特色小镇，将自然历史观光与文化、生活体验相结合，度假、旅游有机融为一体。例如，英国的海伊旧书小镇，不到 2 000 的人口拥有40多家书店，图书馆、图书集市随处可见，书店建筑风貌各异，有些书店依山而建，书架就镶嵌在山石上；也有户外书店，只设置钱箱，自助取书，被誉为天下旧书之都，每年五月底举办的海伊文化艺术节会聚约八万名来自各国的作者、出版商及文学爱好者。法国的薇姿小镇，是拥有千年历史的温泉泉眼集中地，小镇内有15座温泉，法式药妆店和温泉疗养院随处可见，是世界著名的温泉疗养和旅游度假胜地。

综观世界各种特色小镇，其发展及建设过程存在着一定的共同点：第一，拥有便利的交通：大多数小镇都位于大都市的郊区或者距离大都市圈不远，往往承担着大都市区域与地方空间的枢纽角色，因而易于获得政府的关注和良好的基础设施建设。第二，产业特征明显：小镇拥有核心产业，并逐渐从最初的生产制造业拓展到主题旅游等相关产业小镇，从业者大部分都从事与核心产业相关的工作，如奥地利瓦腾斯水晶小镇约三分之一的居民是施华洛世奇的员工，另外三分之二居民 80%以上从事着与施华洛世奇相关的旅游、餐饮和服务行业。第三，环境风景秀丽：无论是产业型特色小镇还是资源型特色小镇都具有良好的景观风貌，宜居宜业，与周边环境具有高度的相容性，大多都是当地甚至世界著名旅游景点。第四，政府起到辅助作用：国外特色小镇发展大多是市场自由选择的结果，政府在其中主要起到扶持推动的作用，如通过税收等降低成本，引导鼓励企业集聚。

2. 推进浙江特色小镇建设的对策建议

（1）科学区分市场与政府职能分工。要坚持市场在资源配置中的主导地位，按照市场需求趋势选择产业方向，顺应市场规律完善产业发展体制机制，明确企业是投资主体、实施主体、创新主体和受益主体；合理发挥政府的引导和保障作用，吸引社会资源参与小镇建设，同时通过基础设施建设、维护区域环境和安全等途径为小镇长期持续性发展提供保障。

（2）根据产业特征合理规划小镇布局。传统制造业产业集群在浙江星罗棋布，但并不是所有的产业集群都可以升级成为特色小镇。要结合产业特征、地理人文、环境承载能力等要素综合考虑特色小镇的建设部署，做到不同规模、不同产业特色、不同功能的特色小镇有机组合，避免求大求全、重复建设。

（3）坚持创新导向。特色小镇与传统制造业产业集群的重要区别之一就是高端创新要素的高度集聚，因此必须把创新作为特色小镇的核心功能，促进高端人才、创新企业、研发机构、科技中介等入驻小镇，积极构建核心产业的创新生态系统，提升入驻制造企业的技术水平和创新能力，使特色小镇成为传统制造业改造提升的着力点和增长极。

（4）加强公共配套服务。完善的公共服务是特色小镇吸引高端人才和优质企业的必备条件，因此特色小镇建设需要将医疗、教育、居住环境等配套设施放在优先发展的位置。此外，除现行在土地、财政政策外，政府应在其他方面进一步探索政策的可能性，对资金保障、后期业态招商、居民入驻等做更细致更完善的考量，从制度供给上为小镇发展也提供配套。

（三）以科技中介护航高级化

1. 发展科技中介破解集群技术锁定

科技中介能够促进集群内企业间的知识流动和技术扩散，有利于突破企业对于固有资源的路径依赖，减少集群技术锁定的发生，营造集群内良好的创新环境，为集群企业创新活动提供支撑。具体地，发展科技中介可以从以下方面着手。

1）适当给予资助扶持

在现行环境下，科技中介发展可能会出现一定的市场失灵，需要政府通过经济手段予以弥补。一方面，政府可以直接出资建立公共服务机构，或在某些新兴领域先行投资设立科技中介，打造示范效应，引导社会资本进入；另一方面，设立专项基金对符合标准的特定科技中介提供财政支持，标准主要依区域经济发展方向制定，如服务中小企业比例、主要从事技术领域等。

2）释放企业中介需求

企业技术需求是科技中介的出发点和立足点，因此可以通过营造良好氛围、鼓励技术改造、培养创新意识等手段增加企业对技术的获取意愿，并通过税收减免鼓励企业采用科技中介服务。

3）坚持市场化运作

政府资助固然重要，但不能越俎代庖，要鼓励民间投资设立科技中介，在适当阶段通过产权、收购、合并等手段对部分设立的公共服务平台进行改革，保证市场对科技资源配置的主体地位。

2. 利用品牌效应更好地实现科技中介的各项功能

科技中介的结构嵌入可以进一步发挥其对于集群绩效的促进作用，因此要鼓励科技中介做大做强，提升自身知名度，打造品牌效应，吸引更多企业委托相应业务，进而进一步提升自身的业务能力。具体可以从如下方面着手：①与集群内龙头企业等关键节点建立业务联系，在获取信息资源的同时扩大自身的影响，提升网络地位；②聚焦于某一技术领域，注重积累相关资源，通过提供专业化服务提升用户的信任度；③主管部门建立业务情况评价及档案制度，定期记录评价科技中介的业务开展情况，对表现良好的服务机构予以公开表彰，进一步提升其知名度。

3. 通过加强科技中介间的相互联系促进区域创新活动的开展

一方面，科技中介所占有的非冗余联结越多，所掌握资源越丰富，操作信息的能力也越强。通过科技中介之间的相互联系，可以进一步优化集群网络，打通关键信息节点之间的交流渠道，促使知识等有效资源的快速流动；另一方面，科技中介通过相互联系可以实现信息交换，提升其获取异质性资源的可能性，促进工作效率的提升。具体地，可以通过建立不同地区间的科技中介联盟予以实现。由科技管理部门牵头，联系区域内业务能力较强的科技中介和若干龙头企业建立信息交流机制，倡导相互间信息共享。例如，瑞典的创新中继中心网络和产品、工艺、系统的技术投入网络，英国的企业联系办公室体系等。

第十九章　以融资机制多元化增进变革资源

党的二十大报告指出“强化企业科技创新主体地位”“推动创新链产业链资金链人才链深度融合”（习近平，2022），指明了助力传统制造企业技术创新能力建设的重点和方向。资金是重要的生产要素，是推动其他创新要素向企业集聚的重要力量。当前，研发投入相对不足、融资难和融资贵问题较为突出，一定程度上制约了传统制造企业科技创新能力。破题的关键在于有针对性地做好筹融资工作，以促进创新要素集聚为目的、以发挥资金保障作用为主线，为传统制造企业自主创新以实现转型升级提供强有力支持。因此本章依据我国金融工作的重点，在间接融资领域选择以征信体系建设为切入口、在直接融资领域选择以科创板上市为切入口，在对现状进行充分调研的基础上，力图为浙江省建设多管齐下、定位精准、相互协调的多元化融资机制提供政策建议。

一、健全征信体系促进间接融资

对于传统制造企业而言，征信体系建设能够优化社会信用环境，有利于扩大银企之间的信用信息来源范围、延长信用信息使用时间、提高信用信息内容精度及降低信用信息收集成本，在有效解决借贷双方信息不对称，降低商业银行不良贷款方面发挥了积极的作用。因此，征信体系建设能较大范围地覆盖传统制造企业。对于想要筹措资金进行转型升级的传统制造企业而言，需要打通与银行等金融机构之间的信息沟通渠道，降低信息收集成本及融资成本，最终实现融资与发展。

（一）健全传统企业征信体系的现实背景

通过推进征信体系建设实现传统制造企业信用的准确描述和科学评价，能够有效消除借贷双方的信息隔阂，为授信机构进一步预估风险提供重要参考，从而大幅提升借贷活动的成功率。相关调查显示，61%的传统制造企业存在资金紧张或者非常紧张的现象，只有 5%的企业表示资金充裕。主要原因就是浙江省传统制造企业征信体系建设显著落后于现实需求，传统制造企业与银行等信贷机构之间未能有效打破信息藩篱，具体存在如下问题。

1. 传统制造企业成为征信体系信息孤岛

浙江省内的制造企业绝大多数为中小微规模的传统制造企业，这些企业为浙江工业经济的发展提供活力。但现行征信评价框架仍未摆脱传统金融机构重实物轻无形的风控理念，对这些企业重视不足，导致绝大多数企业因规模、资产等限制游离于征信体系之外，无法获取相应的金融服务。人民银行相关资料显示，截至 2022 年浙江备案企业征信机构仅有 8 家（北京 34 家，上海 21 家），其中营业范围涉及中小微企业征信不到一半，与浙江庞大的中小微传统制造企业基数相比，征信服务存在较大缺口。

2. 征信数据采集缺乏有效途径

目前依靠以人民银行征信部门为主体的单一行业体系无法实现对浙江省传统制造企业信用数据及信息的有效归集和整理。除去财务等日常运营数据，即使是公开信息（如司法、税务、市场监督等公开数据）也因发布周期、发布格式等差异需要耗费较高的采集成本，数据质量和可持续性维护无法得到保证。

3. 信用指标体系不能反映小微企业特征

浙江省企业信用数据主要来自人民银行征信系统中各金融机构根据统一目录所报送的信贷信息，但传统制造企业自身积累少、投入大，业务稳定性不足，资金需求呈现量少、紧急、频繁等特征，固定统一使用同一指标体系不但造成部分企业信用信息空白，而且还导致传统制造企业在信用评价中处于劣势，未能如实、准确反映经营状况，反而加剧了传统制造企业融资困境。

（二）构建先进征信体系的新鲜经验

浙江省历来具有敢为人先的优良传统，作为制造大省，部分地区及企业依托自身地域特征及技术优势对推进征信体系建设、破解传统制造企业融资困境做出了诸多尝试，部分做法及经验对全省推进相应工作具有重要参考价值。

1. 台州小微金改：系统优化小微企业信用服务

2012年底，浙江省委省政府决定在台州设立小微企业金融服务改革创新试验区，经过多年探索与建设，台州小微金融品牌在全国已有广泛影响，并于2015年底升格为国家级小微金改试验区，其主要经验如下。

1）以打通信用数据为基础

由市政府牵头成立信息平台，实行政府建设、财政出资、人行代管、免费查询的运作模式，对分散在公安、财税、法院、国土、市场监管等部门的公共信息进行整合，有效提升小微企业透明度，大幅提高金融机构贷前调查、贷中审批、贷后管理等各环节效率。

2）以专营信用机构为主体

积极发展各类小微企业金融服务机构，依托产业集群和商圈设立电商特色银行、科技银行、文化产业银行，重点为电子商务、科技创业、文化创意等专业化小微企业提供个性化服务，目前全市设立小微企业金融服务专营机构200多家，约占新设网点的80%，有效满足了小微企业的多样化需求。

3）以差异信用服务为核心

针对小微企业轻资产、薄积累的发展特征，将信用评价标准从抵押、利润等硬指标向发展潜力等软指标倾斜，产生了如泰隆银行的“三品三表”（人品、产品、抵押品，水表、电表、海关报表）、台州银行的“三看三不看”（不看报表看原始、不看抵押看技能、不看公司治理看家庭治理）、民泰银行的“九字诀”（看品行、算实账、同商量）等行之有效的实际操作模式，大幅提升了小微企业融资成功率。

2. 蚂蚁金服：基于大数据创新征信模式

互联网技术为信息的归集和处理提供了新的方式和手段，蚂蚁金服依托母公司阿里巴巴所掌握的海量数据，结合大数据和数据挖掘技术对基于互联网的信用描画进行了探索及尝试，为客观反映企业和个人信用状况提供新渠道，主要做法如下。

1）有效利用信息渠道

蚂蚁金服将自身支付、融资、理财、保险四大平台在开展业务过程中的用户信息收录数据库，并依托阿里巴巴业务网络进一步归集诚信通及淘宝中的个人与企业交易数据，从而通过互联网进行实时、高频的数据采集。

2）深入挖掘数据价值

通过应用深度学习等顶尖的大数据技术对所掌握数据进行分析，实现对个人及小微企业的具体形象进行描画。例如，通过历史交易数据和现金流判断企业实际经营状态，利用沉淀消费数据分析顾客消费习惯和未来行为等。

3）营造多元应用生态

基于大数据获得的信用情况通过芝麻信用分直观展示，被广泛应用于贷款、出行、医疗、租赁等多种场景，为服务机构提供重要参考，缩短业务流程，提升服务效率。信用主体所产生的交易和行为数据又将被再次收集，用于丰富数据库，以便未来做出更全面、真实、可靠、有效的信用评估。

（三）完善浙江省征信体系建设的对策建议

（1）把征信体系建设作为破解传统制造企业融资困境的一项重要而长期任务。传统制造企业融资“难、贵、繁”问题表面上看是缺钱，实质是缺信息、缺信用。国际上无论是发达国家（如美国、英国）还是新兴经济体（如印度、马来西亚），或通过商业盈利驱动，或通过公共部门推动都将发展小微企业征信服务作为扶持中小微实体经济的主流选择。建议结合“小微企业三年成长计划”和“531X”工程，把中小微传统制造企业征信体系建设作为重要而长期的任务来推进，在继续深入推进台州小微金融服务改革试点的基础上，将部分成功经验在杭州、宁波、温州等城市逐步推广，创造便利条件，营造良好氛围，加速打造信用浙江升级版。

（2）完善公共服务平台，构建信息归集机制。国际经验和省内实践表明，由政府主导的公共部门往往在征信体系中发挥核心作用。建议进一步强化浙江省信用中心的相应职能，强化与人民银行征信中心业务联系，以统一社会信用代码为唯一标识，指导制定传统制造企业信用信息采集标准。同时针对台州小微金改试点情况所呈现的公共信息共享盲点、痛点，将有关直属部门信息的查询权限向地市下放，全面构建公共部门间横向到边、纵向到底的信用信息共建共享、协同推进机制。

（3）借鉴国外成功模式，优化信用评价体系。建议结合传统制造企业特征研究建立信用评价模型，借鉴美国小企业信用评分系统、日本八千代银行个体经营者和小企业的信用评价模型等国外较为成功的信用评价方法，在兼顾体现当前经营状况的同时，重点突出企业主个人特质、质量安全、守法经营、社会责任等非财务信息，更为准确地反映传统制造企业潜在风险和营利能力，为授信机构提供科学参考。

（4）协同多种机构资源，丰富信用服务形式。传统制造企业量大面广，征信服务需求日益多样化，仅靠公共征信机构无法完全满足。建议结合商事制度改革简化征信机构的设立流程，培育发展社会征信机构，发挥市场作用鼓励征信机构通过专业化、精细化丰富服务种类，提升服务水平，引导征信服务从信用调查、信用报告等基础类服务向信用评分、信用管理咨询等增值类服务拓展，驱动浙江省传统制造企业征信服务向多样化、综合化、定制化方向发展。

（5）利用信息技术优势，实现征信手段升级。浙江省作为国家信息经济示范区和两化深度融合国家示范区，具有“互联网+”基因，建议利用阿里巴巴技术优势加速打造标准化企业云平台，推进传统制造企业和征信机构共同上云，在降低企业信息系统构建成本的同时，为打通征信机构和小微企业的信息传递渠道奠定硬件基础；推广蚂蚁金服征信服务模式，引导征信机构利用大数据技术弥补传统制造企业财务信息缺失、资产抵押不足等先天缺陷；鼓励征信机构通过互联网提供在线服务的同时，向移动端拓展，营造便捷、友好的征信服务环境。

二、抓住科创板机遇助推直接融资

作为我国极具开创性和突破性的系统工程和改革攻坚任务，科创板增强了对科创企业的包容性，其设立初衷聚焦支持硬科技企业，依托制度创新优化投资生态。因此，科创板一方面能够扶持一批传统实体经济细分行业的龙头，间接通过产业集聚推动产业强链，并能够通过畅通资本循环推动形成“投早投小投科技”的市场生态；另一方面，在资源需求与外部环境的刺激下，科创板能够倒逼传统制造企业，使其聚焦科技创新进而加快转型升级的步伐。综合来看，科创板的设立为传统制造企业开出了一道加速转型升级的快车道。

（一）科创板赋能传统制造业转型升级的重要意义

（1）从全球看，纳斯达克等科技型资本市场已成为推动科创产业腾飞的助推器。纵观世界科技产业史，以美国纳斯达克、英国伦敦交易所、日本东京证券交易所、韩国交易所等为代表的资本市场，已成为推动本国科创产业和新经济的催化剂，并且形成相对稳定成熟的操作模式。以纳斯达克为例：一是形成多层次的市场结构，小型市场、全国市场和全球精选市场的三级分层制度，既增加了市场包容性，也降低了投资者风险。二是建立多元化的退市机制，纳斯达克年均退市率为 8%，其中主动退市占 2/3，保证了交易对象的基础活力和动态性。三是建立竞争性的做市商制度，每家纳斯达克挂牌企业的平均做市商已达到10家，高度的竞争性使做市商切实履行职务，从而完善市场定价机制、增进市场稳定性。

（2）从全国看，设立科创板并试点注册制是深化资本市场改革开放的基础制度安排。设立科创板并试点注册制是近年资本市场最大的改革举措之一，是推进金融供给侧结构性改革、促进科技与资本深度融合、引领经济发展向创新驱动转型的关键部署。2019 年 1 月中国证监会发布的《关于在上海证券交易所设立科创板并试点注册制的实施意见》指出，科创板精准定位于“面向世界科技前沿、面向经济主战场、面向国家重大需求”，主要服务于符合国家战略、突破关键核心技术、市场认可度高的科技创新企业，重点支持新一代信息技术、高端装备、新材料、新能源、节能环保及生物医药等高新技术产业和战略性新兴产业。在科创板这片“试验田”里形成的可复制可推广经验，能以增量带动存量的方式，引领中国资本市场走上全面深化改革的新征程。

（3）从浙江省看，支持科创企业上市是打造两大科创高地的重要发力点。浙江省政府工作报告指出，深入实施凤凰行动，提升上市公司质量，制定支持科创企业上市行动方案。科创企业代表着行业领先水平，其成功上市能迅速产生示范效应、带动效应和品牌效应，促成产业梯队形成和产业生态完善，加速风险资金、高端人才等资源集聚，形成滚雪球态势。当前，浙江省正处于全面实施科技新政、加快打造“互联网+”和生命健康两大科创高地的关键时期，迫切需要找准科创企业爆发式增长的撬动点，而支持科创企业上市，无疑是一条重要途径。

（二）科创板赋能传统制造业转型升级的浙江发展情况

2019 年 7 月 22 日，科创板正式步入交易时间。然而，截至 2019 年 8 月，在上海证券交易所披露的全国 149 家科创板受理名单中，浙江省企业只有 14 家，而北京 31 家、广东 25 家、江苏 24 家、上海 21 家，在受理数量上与先进省份存在较大差距，这直接折射出浙江省科创企业不强不多的问题。

1. 浙江企业与先进省份的对比表现

通过梳理浙江省与北京、上海、广东、江苏五省市科创板受理企业招股材料（表 19-1），浙江省企业主要呈现如下特征。

表 19-1　五省市科创板受理企业主要情况（排名）

省市	数量/家		2018 年平均营业收入/万元	排名	研发投入占比	排名	平均拥有境内发明专利数量/件	排名	平均募集金额/万元	排名	平均资产利润率	排名	成立10年以上的企业占比	排名
浙江	14	5	66 096	5	8.87%	2	37.9	4	70 005	5	13.43%	1	46.20%	5

续表

省市	数量/家		2018年平均营业收入/万元	排名	研发投入占比	排名	平均拥有境内发明专利数量/件	排名	平均募集金额/万元	排名	平均资产利润率	排名	成立10年以上的企业占比	排名
北京	31	1	222 717	1	4.98%	3	65.4	2	111 477	1	6.62%	4	74.19%	3
上海	21	4	73 151	4	12.58%	1	76.8	1	103 481	2	11.63%	2	80.96%	1
江苏	24	3	171 116	2	4.71%	5	61.8	3	88 022	3	0.12%	5	70.83%	4
广东	25	2	156 965	3	4.80%	4	35.3	5	78 056	4	9.39%	3	80%	2

资料来源：根据2019年8月上海证券交易所科创板股票审核公开网页（http://kcb.sse.com.cn/renewal/）整理

1）企业整体规模偏小

浙江省企业无论是平均营业收入还是平均募集金额都居于五省市最后，其中平均营业收入不到排名第一北京的30%，平均募集金额为北京的63%。

2）新创企业占多数

北京、上海、广东、江苏受理企业中，成立10年以上的企业占70%以上，大部分企业均为专精于某一领域持续投入的深耕型企业和隐形冠军，在行业中具有较强的领先性。浙江省成立10年以上的企业仅占46.20%，多为近几年抓住技术变革机遇在短期发展的先锋企业。

3）高端制造业不多

浙江受理企业集中于互联网和电子信息等相关行业（占61%），高端制造业等需要较大资产投入的企业占比不到30%，与北京43.8%、江苏47.8%、上海47.6%、广东64%的装备制造企业占比存在较大差异。

4）研发投入产出效率不高

浙江受理企业平均研发投入占比为8.87%，排名第二，但平均拥有境内发明专利数量排名第四，不到上海的一半。

2. 浙江省企业科创板掉队的内在原因

1）科创板上市易成为凤凰行动的短板

目前，浙江省共有境内外上市企业555家，其中境内市场上市440家，总量位居全国第二，走在全国前列。但科创板目前受理浙江企业上市申请只有14家，位居北京、上海、广东、江苏、浙江五省市末尾，数量不及排位第一北京的50%，必须引起高度重视。

2）科创企业综合实力不够强

从数量上看，浙江省高新技术企业有1.19万家，而广东有4.53万家、江苏有

1.82万家[①]，分别比浙江省多3.34万家和6 300家。从质量上看，科学技术部火炬中心根据科技型企业规模、研发、产出等因素综合评价显示，浙江入库企业2018年平均得分为82.2，而江苏为84.3，上海、北京、广东均在86分以上。从梯队上看，浙江省80%以上的高新技术企业无法达到科创板5套上市标准中的营收1亿元的最低门槛，加上预计市值、累计利润、研发投入等筛选指标，符合要求的未上市企业更是寥寥。

3）缺乏关键核心技术有效支撑

研发经费投入方面，广东、江苏分别为2.65%和2.64%，浙江省是2.52%[①]。大科学装置方面，北京7个、上海及广东各5个、江苏2个、浙江1个[②]。国家重点实验室方面，浙江省为9个，北京为79个、上海为32个、江苏为20个、广东为11个[③]。这些卡脖子关键核心技术不解决，科创企业发展或将变为“无源之水”。

（三）加快推动科创企业上市的对策建议

（1）在思想战略上，建议把支持科创企业上市作为凤凰行动的重中之重。把科创企业培育和上市作为提升浙江省企业科技创新能力、加速高新技术成果转化和推动上市公司高质量发展的重要举措，纳入凤凰行动整体工作中加以统筹和谋划，按照坚持“三个面向”、主要服务“三大领域”、重点支持“六大行业”等要求，做好科创企业培育工作。尽快落实制定支持科创企业上市行动方案，有条件的地方可对科创板上市制定出台新的激励政策，将科创板上市工作纳入凤凰行动考核体系，争取在三年内推动浙江企业在科创板上市50家以上。

（2）在培育主体上，建议动态更新科创板上市企业培育辅导重点清单。浙江省地方金融监督管理局会同经信、科技、人才等部门挖掘“科技+人才+资本”各类资源，对照科创板定位和上市标准，对符合上海证券交易所条件和香港交易所《新兴及创新产业公司上市制度》的企业进行排查，以浙江“六大行业”骨干企业为基础，与科技企业双倍增计划联动，按照“上市一批、辅导一批、培育一批”的要求，依据企业发展阶段及竞争力分类分层，逐步建立覆盖三年以上的滚动清单，实施动态监测、递进培育。好中选优，选择符合科创板定位、科技创新能力突出、经营成长性好且已改制或已辅导企业作为浙江省重点培育企业，制定“一企一策”，重点加以培育。

（3）在发展基础上，建议聚焦两大科创高地加快实施双倍增计划。一是培

① 时任浙江省省长袁家军《在2018年度全省科学技术奖励大会上的讲话》。

② 根据公开资料整理，整理时间：2019年8月。

③ 科技部.《2019年国家重点实验室年度报告》，2019年。

育创新产业集群，深入实施科技企业双倍增计划，提升产业创新服务综合体建设实效，加快培育一批独角兽企业、细分行业龙头企业和创新型领军企业，大力发展数字安防、新能源汽车、绿色石化、生物医药、集成电路等世界级先进制造业集群。二是打造高能级创新载体，做强做优一批“高、尖、精、特”创新载体，全面提升国家自主创新示范区、国家级高新区、科创走廊、特色小镇等创新区块能级。三是攻克关键核心技术，建立“卡脖子”技术清单，挂图作战、全力攻关，实施好重大科技专项，力争尽快取得一批标志性、突破性科研成果。

（4）在制度供给上，建议加快构建支持科创企业上市的服务保障体系。签订《长三角科创板企业金融服务一体化合作协议》，主动对接上海证券交易所，建立常态化工作联络机制，推动企业改制，帮助建立健全现代企业制度。邀请证监部门、上海证券交易所专家及财通、浙商等本土头部券商，组建由券商、会计、法律、投资等机构专业人员构成的上市辅导咨询团队，就政策制度、规范要求、上市规则及标准、规范管理等为入库企业展开系统性、针对性业务培训和答疑解惑。发挥总规模50亿元的凤凰行动投资基金的引导作用，引导社会资金加大对科创型企业支持力度，鼓励具备条件的企业尽快申报上市。深化省股权交易中心特色板块建设，发挥区域股权市场在多层次资本市场的塔基作用，打造浙江科创助力板。

第二十章　以公共服务精准化提供引导保障

在以市场为主导的资源配置体系中，往往会因为对个体利益的过度强化而导致市场的失灵。中小微企业是浙江传统制造业的主力军，占从业企业总数的 95%以上、贡献了近 80%的上缴税费与超过 75%的工业产值①，但由于规模、设施、人员等先天不足，投入产业的有限资源中的大部分被大型企业所占据，生存空间不断受到挤压，部分企业竞争力日益衰退，逐渐沦为全省传统制造业低附加值、低竞争手段、低创新层次的重要诱因，因而政府介入资源配置作为补充就显得尤为重要。优质的公共服务可以帮助企业节省管理成本、缓解资金压力、提升技术能力，弥补中小微企业的固有劣势，是引导资源配置向中小微企业倾斜、保障中小微企业发展必需要素供给的有效手段，因此通过完善中小微企业公共服务体系，促进公共服务资源进一步精准化投放，是浙江改造提升传统制造业的重要抓手和突破点。

一、公共服务体系的概念及内涵辨析

（一）公共服务体系的概念

公共服务是指社会全体公民不论种族、职业、收入差异，都应普遍、公平地享有的服务。从范围看，公共服务不仅包含通常所说的公共产品，也包括市场供应不足的产品和服务。在广义的层面上还包括产权保护、宏观经济社会政策、制度安排等。公共服务可以由政府公共部门直接提供，也可以仅由政府部门提供资

① 资料来源：《浙江省中小企业发展报告 2019》。

金支持，私人部门参与提供服务。公共服务体系是指以政府为主导，以社会中介服务组织、专业性的服务机构及企业或个人为补充的供给主体，旨在为公民或组织提供公共服务而建立的有关服务形式、服务内容、服务要素、服务机制、服务政策等的一系列制度安排。公共服务体系主要表现为政府主导、社会参与、体制创新。中小企业公共服务体系则是以政府及其公共服务机构、非营利性组织和市场营利性组织或机构作为服务提供主体，以营造公平、开放的经营环境为目的，能够满足中小微制造企业需求，多元主体通过分工、合作、互补实现对传统制造业支持的动态服务网络。公共服务的提供模式如图 20-1 所示。

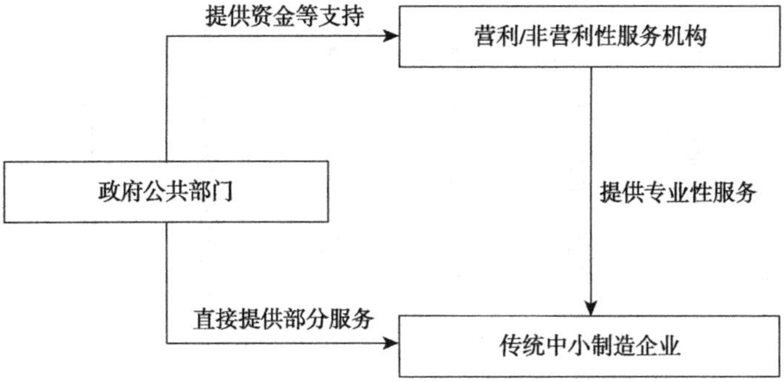

图 20-1　传统中小制造企业公共服务的提供模式

（二）公共服务体系的内涵

从本质上考量，公共服务体系是政府向社会提供的一种产品服务，该产品的作用就是提供一种合适的载体，使得社会性的公共服务和行为能够顺利进行，进而促进科技进步、经济发展和社会文明。我国政府公共服务体系主要是由四个方面的服务组成：第一，基础性的服务，包括就业和基本社会保障服务等；第二，公共事业性服务，包括医疗、公共文化、教育等方面；第三，公益性服务，主要由基础设施建设和环境保护等方面构成；第四，公共安全服务，包括提供生产安全、消费安全、社会安全等服务。完善的公共服务体系能为各类公共服务的开展提供优质的基础设施，包括建设公共服务设施、合理配置资源、公共设施的维护和提升；能为各类公共服务活动的有序开展营造良好的文化氛围，包括制定和完善公共服务秩序、建立和优化良好的公共环境、协调各类公共关系；能够对各类公共服务的具体运行实施监督管理。公共服务体系提供的服务具有明显的公共产品的特征，因此政府在体系中起到主导的作用，企业、服务机构、研究机构等其他主体参与其中。当公共产品主要专门适用于某一具体领域的时候，就成为某一类专门的服务产品。

中小企业公共服务体系按照社会化、市场化、专业化的发展方向，能够为中小微制造企业的创立和发展提供多层次、多渠道、多功能、全方位的服务。该公共服务体系的基本功能，在于整合社会资源并充分优化社会资源配置，通过转变政府职能、开辟实用的融资渠道、制定合适的法律政策和有效的财税措施、创新传统制造业社区服务体系，为这些企业提供创新技术和信息化支持，进而帮助其克服先天不足，使其能够更好地生存、发展、壮大（图 20-2）。

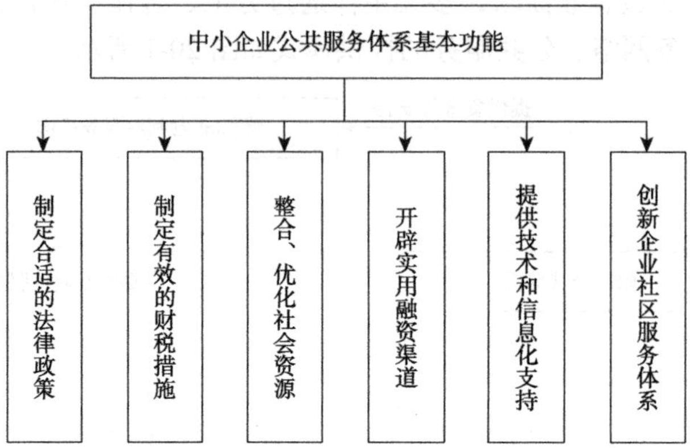

图 20-2　中小企业公共服务体系基本功能

（三）传统中小制造企业公共服务体系的构成要素与特征

1. 传统中小制造企业公共服务体系的构成要素

1）政府等规制机构

传统中小制造企业公共服务体系的一个重要特征就是提供的服务内容具有公共性。这一特质直接影响了部分市场参与者的热情，造成许多公共服务内容供应不足的情况。这些服务的供给不能单纯依靠市场机制，因此当市场上某些公共服务产品供给不足时，政府作为市场的调节者，有责任对市场进行适当干预。例如，建立专门的政府公共服务机构，以政策法规为手段，明确服务机构的业务内容和服务方式，提供其他市场主体不愿提供的公共服务，确保这些公共服务资源能被企业所使用，这也是转变政府职能、建设服务型政府的现实表现和有效方式。此外，由于公共服务体系不是单一的组织机构，其主体结构有多元化的特征。各个不同的主体在公共服务体系中具有不同的定位和职能差异，因此各个主体在体系运转中有可能出现协调不一致的情况，在这种情况下，如果没有政府作为公权力代表在从中调解，整个系统就可能无法有效运行。政府作为传统中小型制造企业公共服务体系的领导者，必须要协调各个主体的优势，让整个系统有机地联合在一起。

2）传统中小制造企业

构建传统中小制造企业公共服务体系的目的是满足这些企业发展的需求。完善公共服务体系需要走进企业当中，了解企业在发展过程中会具体面临哪些问题。企业的发展状况也可以作为检验传统中小型制造企业公共服务体系是否完善的一个标准。在理想化的观点中，企业在以利益最大化为目标进行市场活动时，会自然形成资源的有效配置，从而达到社会资源最优的状态。但是在现实的经济活动中，由于信息不对称、垄断等会制约市场机制的正常发挥，许多社会资源在分配时出现失衡现象，公共资源就是其中之一。为了改善这一情况，必须存在一种干预措施，能对资源的初始配置和经济剩余进行重新分配，改善企业发展的外部环境，对企业提供有益的帮扶，但是不管外在环境有多优越，外部的作用永远取代不了企业内部的努力。不管如何强调、推动传统制造业公共服务体系，企业发展的关键还是在于企业自身竞争力的提升。

3）高校、科研院所等支持机构

创新是企业提高市场竞争力的根本所在，没有创新企业终将走向衰败，因此提高企业的创新能力是传统制造业公共服务体系的一个重要功能。高校和科研院所在协助传统中小型制造企业提高创新能力上具有许多天然的优势。首先高校和科研院所拥有着大量的知识型人才，他们可以不断创造出新的知识、新的技术、新的产品及新的理念，他们是转化创新知识的主体，能够实现创新知识的真正价值。其次高校和科研院所拥有着大量的科研基础设备，如仪器设备、实验室、工程中心等，能够为创新提供基本条件。推进高校、科研机构和企业的深入合作，既有利于转化高校、科研机构的科技成果，扩大高校、科研院所的影响力，同时也有利于企业转型升级，为企业的创新带去源源不断的动力和技术支持，形成双赢局面。因此在中小微制造企业公共服务体系的建设中，以高校和科研院所为代表的支持机构是重要的一环。

2. 传统中小制造企业公共服务体系的特征

1）公共性

公共服务体系由政府主导，提供的服务具有很明显的公共属性，并且服务体系的服务对象是中小微制造企业，也具有公共的基本属性，这也是公共服务体系冠以公共的由来。

2）开放性

中小微制造企业公共服务体系是为特定区域的企业提供服务的，而不是仅面向某些特定企业。无论企业的类型是什么，无论企业的技术实力怎么样，只要在中小微制造企业公共服务体系辐射范围内，都能享受体系带来的好处。

3）多元性

中小微制造企业公共服务体系并非由单一的组织或机构构建而成。政府、企业、高校、科研院所等不同类型的主体以组合的形式参与其中，具有多元的特征。这种多元性有利于公共服务体系将各个主体的优势整合起来。

4）非营利性

中小微制造企业公共服务体系的运行是以非营利性为目标的。虽然公共服务体系在提供服务时也会收取一定费用，但这是为了维持整个体系运转所需要的资金，并非为了获取利润。

二、传统中小制造企业公共服务体系建设的现状与主要问题

（一）浙江传统中小制造企业公共服务体系建设的现状

1. 公共服务的基本架构初步形成

浙江是中小企业集聚大省，同时又是制造强省，其传统制造业占实体经济半壁江山，而中小制造企业是其中最积极最活跃的有生力量。目前浙江已在省级层面、所有地级市及近30个县（市、区）设立综合性中小企业服务中心，结合通过认定的省级中小企业共性服务中心、浙江省中小企业服务机构、省级中小企业公共服务示范平台及各类民办的融资、培训、技术、创业、市场等专业社会化服务机构，以省市县三级中小企业公共服务中心为主体，政府扶持的公共服务机构为支撑，社会化服务主体共同参与的公共服务体系已具雏形，为中小制造企业转型升级提供重要保障。

2. 公共服务的平台网络持续延伸

浙江率先在全国开展中小企业公共服务一张网建设，在国内首位开通以“96871”为统一标识的中小企业公共服务平台网络，结合线上线下两大渠道，通过服务大厅、服务热线、互联网、多媒体终端、移动终端五种服务载体，为全省中小微企业提供信息咨询、人力资源、技术支持、知识产权、创业辅导、市场开拓、管理咨询、融资服务、法律维权、质量标准十大类服务，已基本形成以省枢纽平台为中心，10个市平台、42个块状经济（制造产业集群）窗口服务平台为

基础，汇聚全省各类优质服务资源，具有高度产业和地区适应性的“1+10+42”中小制造企业公共服务平台网络。

3. 公共服务的内容形式更为多样

目前，我国中小制造企业面临共性的三难问题，即转型难、创新难、融资难。针对随着中小制造企业发展而不断产生的问题，浙江公共服务的范围已从原先的单一业务延伸至企业经营的各主要环节，内容形式不断拓展。例如融资服务，通过连续举办成长型中小企业投融资大会、建设融资服务示范区、引入第三方信用评级等多种形式积极为中小制造企业搭建融资平台。创新服务方面，积极整合高校、科研院所、重点实验室等创新资源，广泛征集优质科研成果和企业技术难题，建设对接平台，促进企业技术升级。培训服务方面，除定期与浙江大学等名校合作举办高管研修班外，还依托国家“银河工程”培训项目平台，积极开展知识产权、农产品加工、行业转型升级等专题培训，帮助处于天然技术弱势的传统中小企业更新知识结构、夯实人才基础。除以上传统方式外，率先在温州、台州、嘉兴等地市推进小微企业服务券试点，将原先单一的政府资金补助变为服务券形式向企业发放，由企业自行选择服务机构所需服务，进一步促进了企业需求与提供服务的精准对接。

（二）浙江中小制造企业服务体系主要问题

1. 缺乏引领性政策和顶层设计

虽然公共服务在中小制造企业相关政策中的曝光率逐渐提升，但目前尚未有专项综合政策对各类中小制造企业服务机构的设置、建设、推进进行系统的规划。从横向层面看，创业服务体系、融资担保体系、行业服务体系、人才培训体系、培育监测体系、社会化服务体系等单项的体系和服务职能都分散在各个处室和中心，缺少整合与联动，难以形成合力。从纵向层面看，省、市、县三级中小企业服务中心建设还不够完善，人力、财力、物力方面投入不足，尚未形成以省中心为龙头和引领，省市县三级服务中心联动的格局。从平台网络看，目前还没有将分散在省经信委各个部门及各个省级职能部门的服务资源有效汇聚，形成大平台、大服务的格局。部门藩篱导致工作各头独立推进，缺少有效整合与协同，职能交叉重复与无人问津并存。

2. 综合性中小企业服务机构不健全

目前浙江综合性中小企业服务机构建设不健全、职能普遍偏弱、作用地位不突出。省级层面虽已实行政事分离，但仍然存在多中心并存的局面，职能总体较弱，难以起到龙头示范作用。市级层面，虽然多数地市已设有性质不同的综合性中小制造企业服务机构，但部分事业性质的中心仍被用于补充机关行政人员编制不足，混岗使用。县级层面，设立综合性中小企业服务机构的不到四分之一，基本与行政科室合署，独立运作的较少。

3. 平台网络建设深度有限，功能设置交叉

2011 年启动的中小企业公共服务平台网络建设本来是推动综合性中小制造企业服务机构建设的契机，但由于该项目建设时间紧、上马快，加上浙江各级综合性中小企业服务机构独立运作的不多、服务能力不强，因此两者没能很好地结合起来。省级层面部分中小企业相关事业单位、部分地市及大部分区县中小企业服务中心未参与平台建设与运营，造成网络运营机构与中小企业制造服务机构存在脱钩现象，网络节点未能实现服务对象全覆盖，部分地区服务功能衰退。此外，省内目前已存在多个具有与平台网络功能类似的线上服务平台（如科技部门的网上技术市场、商务部门的电子商务公共服务平台等），由于缺少统一的入口，反而让中小制造企业在寻求服务时面临多种选择无所适从。

4. 服务精度不够，供需适配较低

虽然浙江各类服务机构所提供的服务种类丰富、涵盖广泛，但大部分仍以集中培训、技术推介、政策解读等群体性服务为主，无法完全顾及中小制造企业的个体差异，服务形式与内容缺乏针对性，不能准确而及时地提供中小制造企业所真正急需的服务。目前尚未形成科学评定标准对各类服务机构的服务内容、服务效果、服务能力进行准确评价，导致有关部门不能有效掌握各类机构运行状况和分布结构，在服务供需双方对接中无法起到有效的协调作用。

5. 公益服务欠缺，减负效应淡化

目前浙江相关机构所能提供的服务仍以有偿服务居多，需要中小制造企业支出相应成本进行购买，在提供便利的同时无形中增加了因规模限制、资源有限等原因在竞争中处于弱势的中小制造企业的负担，特别是没有对最需要扶持的中小制造企业发展形成有效支撑，既违背政府通过公共服务扶持中小制造企业的初衷，削弱了部分企业的服务获取意愿，对服务的推广扩散产生不利影响，也降低了相关政策的有效性，造成行政资源的浪费。

三、推进中小制造企业公共服务体系建设的对策建议

（1）谋划顶层设计，强化系统布局。国外经验表明，公共服务体系的建设推进离不开核心部门的牵头与协调，如美国小企业管理局下设10个地区分局，结合分散各州 100 多个地区办公室和辖区内信贷、教育、培训机构及志愿人员为中小制造企业提供服务；日本在通产省设立中小企业厅，在各都、道、府设立中小企业课，形成全国性的行政服务网。应尽快在对现有具备传统制造业公共服务功能的相关机构进行规范、梳理的基础上，确立相关企业公共服务推进工作的主导部门，建立跨厅局跨处室的分工协调机制，细化行政、事业、企业等不同属性机构的权责内容，进一步整合有效资源。同时制定各地传统制造业公共服务体系建设指导意见，明晰服务机构职能定位、建设原则、发展目标和运行机制，为实现持续发展提供支持和保障。

（2）整合现有资源，完善平台网络。充分发挥平台网络的窗口作用，加速实现网络在区县一级的全覆盖。对已设立传统制造业服务中心的市、县（区），推动服务中心与平台网络的工作融合，鼓励将当地政府及社会优质服务资源整合后通过线上进行推广；对尚未设立企业服务中心的市县，倡导资源的开放共享，利用附近已经建成的产业集群平台向其他传统中小制造企业提供服务，并逐渐将其拓展成面向本区域所有传统制造企业的综合性平台；如集群平台未覆盖，综合性服务中心也没有设立，则由当地传统制造企业部门牵头，通过政府购买的方式，选择当地实力较强的社会化服务机构承担传统制造中小企业综合性服务职能，并与平台网络建立联系，融入服务网络。

（3）创新服务形式，提升服务效率。在温州、台州等地试点的基础上，总结经验、查找不足，将企业服务券向各地推广，实现公共服务由企业被动接受到主动选择的根本性转变，进一步促进公益性服务精准化投放。借鉴日本中小企业诊断制度的成功经验，以诊断士（咨询师）的注册认证为切入点，筛选理论基础扎实、实践经验丰富的传统制造企业经营管理人才，通过政府出资补助、企业无偿使用等形式，结合线上线下多种途径，为传统制造企业提供及时专业的针对性经营建议。

（4）增强政府购买，加大财政投入。在发达国家，无论对于服务机构还是企业，政府部门均较少直接干预指导其经营活动，市场行为是其实现服务职能的主要方式。例如，日本政府主要通过全部或者部分承担中小企业服务机构向企业提供技术培训、技术指导等政府制定服务的费用来帮助中小企业。应发挥市场在

资源配置中的决定性作用，按照政府扶持中介、中介服务企业的思路，加大对公共服务平台、机构、项目、活动的财政支出，并将政府购买作为相关部门参与中小制造企业公共服务的重要形式，进一步明确政府购买服务的范围、程序和标准，优化财政专项资金的使用绩效，真正做到中小制造企业最基本的公共服务由政府买单。

参考文献

白俊红，李婧. 2011. 政府 R&D 资助与企业技术创新——基于效率视角的实证分析[J]. 金融研究，（6）：181-193.

卜永祥. 1994. 美国大学与产业界间的技术转让——机制、OTL 的中介作用[J]. 科学学与科学技术管理，15（3）：37-40.

蔡宁，吴结兵，殷鸣. 2006. 产业集群复杂网络的结构与功能分析[J]. 经济地理，26（3）：378-382.

操龙灿，杨善林. 2005. 产业共性技术创新体系建设的研究[J]. 中国软科学，（11）：77-82.

曹洋，陈士俊，王雪平. 2007a. 科技中介组织在国家创新系统中的功能定位及其运行机制研究[J]. 科学学与科学技术管理，28（4）：20-24.

曹洋，云涛，陈士俊. 2007b. 科技中介服务业与中小科技企业的协同互动及其启示[J]. 科技管理研究，27（11）：52-56.

曹勇，黎仁惠，王晓东. 2010. 技术转移中隐性知识转化效果测度模型及评价指标研究[J]. 科研管理，31（1）：1-8.

常爱华，柳洲. 2010. 科技中介研究综述[J]. 科技管理研究，30（9）：224-226.

常春，杨婧，李永泽. 2019. 知识组织生态系统构架形成与研究进展[J]. 图书情报工作，63（7）：146-150.

陈锦其，徐明华. 2013. 战略性新兴产业的培育机制：基于技术与市场的互动模型[J]. 科技管理研究，33（2）：97-101，108.

陈劲，王飞绒. 2005. 创新政策：多国比较和发展框架[M]. 杭州：浙江大学出版社.

陈劲，吴波. 2012. 开放式创新下企业开放度与外部关键资源获取[J]. 科研管理，33（9）：10-21，106.

陈劲，张学文. 2008. 日本型产学官合作创新研究——历史、模式、战略与制度的多元化视角[J]. 科学学研究，26（4）：880-886，792.

陈静. 2008. 共性技术的筛选标准问题研究[D]. 北京机械工业学院硕士学位论文.

陈静，唐五湘. 2007. 共性技术的特性和失灵现象分析[J]. 科学学与科学技术管理，28（12）：

5-8.
陈菊红，孙琪霞，朱玉岭. 2007. 企业知识缺口识别方法及弥补策略研究[J]. 科学学研究，25（4）：750-755.
陈俐，冯楚健，陈荣，等. 2016. 英国促进科技成果转移转化的经验借鉴——以国家技术创新中心和高校产学研创新体系为例[J]. 科技进步与对策，33（15）：9-14.
陈学光，俞红，樊利钧. 2010. 研发团队海外嵌入特征、知识搜索与创新绩效——基于浙江高新技术企业的实证研究[J]. 科学学研究，28（1）：151-160.
陈永伟. 2019. 模块化：推进产业互联网的中间道路[J]. 清华管理评论，（4）：52-57.
程聪，贾良定. 2016. 我国企业跨国并购驱动机制研究——基于清晰集的定性比较分析[J]. 南开管理评论，19（6）：113-121.
程华，赵祥. 2008. 企业规模、研发强度、资助强度与政府科技资助的绩效关系研究——基于浙江民营科技企业的实证研究[J]. 科研管理，29（2）：37-43.
程曦，蔡秀云. 2017. 税收政策对企业技术创新的激励效应——基于异质性企业的实证分析[J]. 中南财经政法大学学报，（6）：94-102，159-160.
池仁勇. 2005. 区域中小企业创新网络形成、结构属性与功能提升：浙江省实证考察[J]. 管理世界，（10）：102-112.
池仁勇. 2007. 区域中小企业创新网络的结点联结及其效率评价研究[J]. 管理世界，（1）：105-112，121.
储节旺，夏莉. 2021. 国内知识生态系统研究述评[J]. 情报科学，39（8）：184-193.
杜传忠，郭树龙. 2011. 中国产业结构升级的影响因素分析——兼论后金融危机时代中国产业结构升级的思路[J]. 广东社会科学，（4）：60-66.
杜健，姜雁斌，郑素丽，等. 2011. 网络嵌入性视角下基于知识的动态能力构建机制[J]. 管理工程学报，25（4）：145-151.
杜运周，李佳馨，刘秋辰，等. 2021. 复杂动态视角下的组态理论与 QCA 方法：研究进展与未来方向[J]. 管理世界，37（3）：12-13，180-197.
段翔钰. 2010. 产业共性技术扩散问题研究[D]. 中国海洋大学硕士学位论文.
樊纲，王小鲁. 2004. 中国市场化指数——各地区市场化相对进程 2004 年度报告[M]. 北京：经济科学出版社.
范群林，邵云飞，唐小我，等. 2010. 结构嵌入性对集群企业创新绩效影响的实证研究[J]. 科学学研究，28（12）：1891-1900.
范忠仁. 2009. 关系网络对科技中介技术转移效率影响的实证研究[D]. 上海交通大学硕士学位论文.
方福前，张平. 2008. 论政府因何和如何参与共性技术研发[J]. 财贸经济，（10）：88-94，109.
方世建，史春茂. 2003. 技术交易中的逆向选择和中介效率分析[J]. 科研管理，24（3）：45-51.
丰志勇. 2006. 基于科技中介服务机构的产业密集区技术扩散研究[D]. 华东师范大学博士学位

论文.
符平. 2009. “嵌入性”：两种取向及其分歧[J]. 社会学研究，24（5）：141-164，245.
顾丽敏，段光. 2014. 基于网络集中度的产业集群知识共享研究——以江苏省科技型产业集群为例[J]. 南京社会科学，（9）：142-148.
关新华，谢礼珊. 2019. 价值共毁：内涵、研究议题与展望[J]. 南开管理评论，22（6）：88-98.
郭炬，叶阿忠，陈泓. 2015. 是财政补贴还是税收优惠?——政府政策对技术创新的影响[J]. 科技管理研究，35（17）：25-31，46.
郭晓林. 2006. 产业共性技术创新体系及共享机制研究[D]. 华中科技大学博士学位论文.
郭兴华，李正风. 2014. 从开放式创新看科技中介机构角色演变及政策选择[J]. 科学管理研究，32（3）：5-8.
郭兴华，李正风. 2016. 中国 NIS 演进视域下科技中介的角色及走向[J]. 自然辩证法通讯，38（3）：105-112.
郭艳婷. 2021. “退可守、进可攻”？小米生态互补者的战略抉择[J]. 清华管理评论，（Z1）：64-70.
郝旭东，欧阳令南. 2007. 技术资产交易中的定价策略分析[J]. 价格理论与实践，（9）：68-69.
何轩，宋丽红，朱沆，等. 2014. 家族为何意欲放手?——制度环境感知、政治地位与中国家族企业主的传承意愿[J]. 管理世界，（2）：90-101，110，188.
洪茹燕. 2012. 集群企业创新网络、创新搜索及创新绩效关系研究[D]. 浙江大学博士学位论文.
胡保亮，方刚. 2013. 网络位置、知识搜索与创新绩效的关系研究——基于全球制造网络与本地集群网络集成的观点[J]. 科研管理，34（11）：18-26.
胡登峰，王丽萍，王巍. 2010. 集群剩余模型及集群剩余的效应分析——基于“结构洞”理论的研究[J]. 华东经济管理，24（11）：70-73.
黄波，赵绍成. 2013. 结构洞理论对培育与发展科技中介机构的启示[J]. 软科学，27（7）：138-141.
黄鲁成，张静. 2014. 基于专利分析的产业共性技术识别方法研究[J]. 科学学与科学技术管理，35（4）：80-86.
黄奇，苗建军，李敬银，等. 2015. 政府科技资助是否影响了中国工业企业技术创新效率[J]. 科技管理研究，35（20）：38-44.
黄少卿，从佳佳，巢宏. 2016. 研发联盟组织治理研究述评及未来展望[J]. 外国经济与管理，38（6）：63-81，99.
吉峰，周敏. 2007. 基于联盟的企业技术创新策略关键成功因素研究[J]. 科技导报，25（1）：65-68.
贾晓璇. 2011. 简论公共产品理论的演变[J]. 山西师大学报（社会科学版），38（S2）：31-33.
江诗松，李燕萍，龚丽敏. 2014. 中国产学研联结的发展历程、模式演化和经验教训[J]. 自然辩证法研究，30（4）：48-55.

姜翰，金占明，焦捷，等. 2009. 不稳定环境下的创业企业社会资本与企业“原罪”——基于管理者社会资本视角的创业企业机会主义行为实证分析[J]. 管理世界，（6）：102-114.
蒋浩，纪延光，聂锐. 2006. 技术中介运作及管理机制的博弈分析[J]. 中国管理科学，14（Z1）：182-186.
蒋天颖，孙伟. 2012. 网络位置、技术学习与集群企业创新绩效——基于对绍兴纺织产业集群的实证考察[J]. 经济地理，32（7）：87-92，106.
蒋永康，梅强. 2014. 科技中介的特性与区域创新能力的耦合机理研究[J]. 科学管理研究，32（3）：72-75.
蒋樟生，胡珑瑛，田也壮. 2008. 基于知识转移价值的产业技术创新联盟稳定性研究[J]. 科学学研究，26（S2）：506-511.
金雪军，毛捷，潘海波. 2002. 中国知识服务业发展问题探析[J]. 软科学，16（3）：12-16.
兰建平，苗文斌. 2009. 嵌入性理论研究综述[J]. 技术经济，28（1）：104-108.
李柏洲，孙立梅. 2010. 创新系统中科技中介组织的角色定位研究[J]. 科学学与科学技术管理，31（9）：29-33，189.
李晨光，张永安. 2014. 区域创新政策对企业创新效率影响的实证研究[J]. 科研管理，35（9）：25-35.
李丹，杨建君. 2017. 关系嵌入的二元性及其对机会主义基础假设的调节机理研究[J]. 南开管理评论，20（4）：129-139.
李国昊，李滕滕，李守伟. 2013. 基于群体博弈的产业共性技术创新“市场失灵”研究[J]. 上海经济研究，25（11）：86-95，129.
李红玲，钟书华. 2002. 企业技术联盟的组织形式及选择[J]. 科研管理，23（5）：64-69.
李红侠. 2009. 基于员工行为的知识服务企业生产率研究[D]. 辽宁大学博士学位论文.
李纪珍. 2001. 产业共性技术供给体系研究[D]. 清华大学博士学位论文.
李纪珍. 2004. 产业共性技术供给体系[M]. 北京：中国金融出版社.
李纪珍，邓衢文. 2011. 产业共性技术供给和扩散的多重失灵[J]. 科学学与科学技术管理，32（7）：5-10.
李健. 2011. 基于国际技术转移的中国技术市场发展研究[D]. 中国科学技术大学博士学位论文.
李强. 2013. 外部知识搜索宽度的前因及其创新绩效影响机制研究：基于正式—非正式搜索的视角[D]. 浙江大学博士学位论文.
李文元. 2008. 科技中介机构功能完善和体系构建研究[D]. 江苏大学博士学位论文.
李新春，刘莉. 2009. 嵌入性—市场性关系网络与家族企业创业成长[J]. 中山大学学报（社会科学版），49（3）：190-202.
李兴鑫，穆养民. 2007. 论我国农业科技中介服务体系的建设[J]. 西北农林科技大学学报（社会科学版），7（1）：40-43.
李毅中. 2010. 加快产业结构调整促进工业转型升级[J]. 求是，（6）：34-36.

李允尧. 2005. 不同理论视角下的中介组织[J]. 五邑大学学报（社会科学版），7（1）：75-78.
李正风. 2003. 从“知识分配力”看科技中介机构的作用与走向[J]. 科学学研究，21（4）：405-408.
林竞君. 2004. 嵌入性、社会网络与产业集群——一个新经济社会学的视角[J]. 经济经纬，（5）：45-48.
林嵩. 2013. 国内外嵌入性研究述评[J]. 技术经济，32（5）：48-53.
凌守兴，许应楠，仇荣国. 2015. 产学研合作演化博弈模型构建及其稳定性分析[J]. 统计与决策，（17）：56-58.
刘锋，王永杰，陈光. 2004. 对科技中介几个基本问题的研究——基于技术创新的分析和认识[J]. 科学学与科学技术管理，25（4）：55-58.
刘凤朝，马荣康. 2012. 公共科技政策对创新产出的影响——基于印度的模型构建与实证分析[J]. 科学学与科学技术管理，33（5）：5-14.
刘凤朝，马荣康，姜楠，等. 2011. 基于“985 高校”的产学研专利合作网络演化路径研究[J]. 中国软科学，（7）：178-192.
刘军. 2009. 整体网分析讲义：UCINE 软件实用指南[M]. 上海：格致出版社.
刘珂，和金生. 2005. 从知识发酵效率看科技中介对创新的促进作用[J]. 中国地质大学学报（社会科学版），5（6）：11-14.
刘勤福. 2008. 长三角科技中介机构效率评估的实证研究[D]. 上海交通大学硕士学位论文.
刘璇，刘军. 2010. 区域技术创新扩散强度与效应研究——以京津冀和长三角地区为例[J]. 经济问题，（9）：113-116.
刘雪锋. 2009. 网络嵌入性影响企业绩效的机制案例研究[J]. 管理世界，（S1）：3-12，129-130.
刘洋，董久钰，魏江. 2020. 数字创新管理：理论框架与未来研究[J]. 管理世界，36（7）：198-217，219.
刘元芳，陈衍泰，余建星. 2006. 中国企业技术联盟中创新网络与创新绩效的关系分析——来自江浙沪闽企业的实证研究[J]. 科学学与科学技术管理，27（8）：72-79.
刘云，梁栋国. 2007. 跨国公司战略技术联盟稳定性的影响因素及评估研究[J]. 科学学与科学技术管理，28（4）：5-9.
刘云，周友富，安菁. 2013. 基于专利共引的电动汽车核心技术领域分析[J]. 情报学报，32（3）：328-336.
柳卸林，贾蓉. 2008. 北京地区科学技术成果在中国的扩散模式——从技术市场的角度看[J]. 科学学与科学技术管理，28（12）：32-38.
娄成武，陈德权. 2003. 国内外科技中介服务机构的比较与启示[J]. 中国软科学，（5）：105-109.
卢纪华，王锐，赵希男. 2012. 技术联盟契约承诺与成员绩效的关系研究[J]. 科学学与科学技术管理，33（3）：149-157.
栾春娟. 2012. 战略性新兴产业共性技术测度指标研究[J]. 科学学与科学技术管理，33（2）：11-16.
栾春娟. 2015. 共性技术测度体系及其应用[M]. 北京：科学出版社.
栾春娟，王续琨，刘则渊. 2008. 基于《德温特》数据库的核心技术确认方法[J]. 科学学与科学技术管理，29（6）：32-34.
罗公利，边伟军. 2008. 我国科技企业孵化器孵化力影响因素研究[J]. 青岛科技大学学报（社会科学版），24（2）：75-83.
骆正清，戴瑞. 2013. 共性技术的选择方法研究[J]. 科学学研究，31（1）：22-29.
马家喜，仲伟俊，梅姝娥. 2008. 企业技术联盟与一类"产学研"合作技术创新模式选择研究[J]. 管理学报，5（6）：824-831.
马名杰. 2005a. 共性技术的内涵与评判标准[J]. 调查研究报告，（153）：1-14.
马名杰. 2005b. 政府支持共性技术研究的一般规律与组织[J]. 机械设计与制造工程，34（7）：14-16.
马松尧. 2004. 科技中介在国家创新系统中的功能及其体系构建[J]. 中国软科学，（1）：109-113，120.
宁萍，杨蕙馨. 2020. 平台企业进入互补市场会推动互补商创新响应吗——以苹果公司进入摄影与录像市场为例[J]. 当代财经，（3）：102-113.
潘菁. 2008. 开放经济下知识型服务贸易与经济增长研究[D]. 湖南大学博士学位论文.
潘文安. 2012. 关系强度、知识整合能力与供应链知识效率转移研究[J]. 科研管理，33（1）：147-153，160.
潘雄锋，刘凤朝. 2005. 中国技术市场发展与经济增长的协整分析[J]. 科学学研究，23（5）：645-649.
彭纪生. 2000. 论技术创新网络中的中介组织[J]. 自然辩证法研究，16（6）：50-52，57.
彭珍珍，顾颖，张洁. 2020. 动态环境下联盟竞合、治理机制与创新绩效的关系研究[J]. 管理世界，36（3）：205-220，235.
浦墨，郑彦宁，赵筱媛，等. 2014. 共性技术识别研究进展[J]. 情报理论与实践，37（11）：140-144.
钱锡红，杨永福，徐万里. 2010. 企业网络位置、吸收能力与创新绩效——一个交互效应模型[J]. 管理世界，（5）：118-129.
任声策，宣国良. 2005. 基于学习和能力互补动态的研发联盟稳定性研究[J]. 中国管理科学，13（5）：113-117.
申佳，李雪灵，马文杰. 2013. 不同成长阶段下新企业关系强度与绩效研究[J]. 科研管理，34（8）：115-122.
沈满洪，谢慧明. 2009. 公共物品问题及其解决思路——公共物品理论文献综述[J]. 浙江大学学报（人文社会科学版），39（6）：133-144.
石定寰，柳卸林. 1999. 建设面向二十一世纪的国家技术创新体系[J]. 求是，（10）：22-24.
唐睿，唐世平. 2013. 历史遗产与原苏东国家的民主转型——基于 26 个国家的模糊集与多值 QCA 的双重检测[J]. 世界经济与政治，（2）：39-57，156-157.
田宵依. 2011. 基于无标度网络理论的共性技术创新网络研究[D]. 中国科学技术大学硕士学位论文.
汪秀婷，程斌武. 2014. 资源整合、协同创新与企业动态能力的耦合机理[J]. 科研管理，35（4）：44-50.
汪旭晖，张其林. 2017. 平台型电商声誉的构建：平台企业和平台卖家价值共创视角[J]. 中国工业经济，（11）：174-192.
王斌. 2014. 基于网络结构的集群知识网络共生演化模型的实证研究[J]. 管理评论，26（9）：128-138.
王凤彬，江鸿，王璁. 2014. 央企集团管控架构的演进：战略决定、制度引致还是路径依赖?———项定性比较分析（QCA）尝试[J]. 管理世界，（12）：92-114，187-188.
王凤彬，王骁鹏，张驰. 2019. 超模块平台组织结构与客制化创业支持——基于海尔向平台组织转型的嵌入式案例研究[J]. 管理世界，35（2）：121-150，199-200.
王慧瑾，孙明贵. 2010. 技术联盟影响因素研究[J]. 科技进步与对策，27（12）：6-9.
王节祥，陈威如，江诗松，等. 2021a. 平台生态系统中的参与者战略：互补与依赖关系的解耦[J]. 管理世界，37（2）：126-147，10.
王节祥，杨洋，邱毅，等. 2021b. 身份差异化：垂直互联网平台企业成长战略研究[J]. 中国工业经济，（9）：174-192.
王晶，谭清美，黄西川. 2006. 科技服务业系统功能分析[J]. 科学学与科学技术管理，（6）：37-40.
王开明，万君康. 2000. 论知识的转移与扩散[J]. 外国经济与管理，22（10）：2-7.
王涛，林耕. 2004. 科技中介服务体系的经济学视角[J]. 科学管理研究，22（3）：70-72.
王伟光，冯荣凯，尹博. 2012. 基于动态演化的产学研合作创新机制研究——兼论辽宁省产学研合作应对策略[J]. 辽宁大学学报（哲学社会科学版），40（1）：70-77.
王夏阳，胡丹婷. 2003. 国外协会组织在科技中介服务体系中的作用及其启示[J]. 研究与发展管理，15（3）：55-59.
王艳，曾刚，王灏. 2009. 基于知识转移视角的产学研合作模式研究[J]. 科技进步与对策，26（14）：4-7.
王永杰，刘锋，濮德璋. 2006. 政府在营造科技中介发展外部环境中的作用[J]. 西南交通大学学报（社会科学版），7（3）：55-58.
魏江. 2003. 小企业集群创新网络的知识溢出效应分析[J]. 科研管理，21（4）：54-60.
魏江，陈光沛. 2021. 同构如何影响企业融入开源社区创新：认知合法性的中介作用[J]. 科学学研究，39（10）：1860-1869.
魏江，向永胜. 2012. 文化嵌入与集群发展的共演机制研究[J]. 自然辩证法研究，28（3）：114-118，103.
魏永莲，唐五湘. 2009. 共性技术筛选指标体系及模型研究[J]. 科技管理研究，29（4）：46-48.
文岳东. 2003. 发达国家科技中介机构的发展特点及启迪[J]. 高科技与产业化，（10）：42-44.
吴宝. 2017. 从个体社会资本到集体社会资本——基于融资信任网络的经验证据[J]. 社会学研究，32（1）：125-147，244-245.
吴航，陈劲. 2015. 企业外部知识搜索与创新绩效：一个新的理论框架[J]. 科学学与科学技术管理，36（4）：143-151.
吴剑峰，吕振艳. 2007. 资源依赖、网络中心度与多方联盟构建——基于产业电子商务平台的实证研究[J]. 管理学报，4（4）：509-513.
吴结兵，徐梦周. 2008. 网络密度与集群竞争优势：集聚经济与集体学习的中介作用——2001~2004年浙江纺织业集群的实证分析[J]. 管理世界，（8）：69-76，187-188.
吴俊杰，盛亚. 2011. 网络强度、网络开放度对产业集群绩效的影响机制研究——以浙江产业集群为例[J]. 经济地理，31（11）：1867-1873.
吴伟萍. 2003. 国外科技中介组织的成功管理经验及对我国的启示[J]. 科技管理研究，23（5）：12-13.
吴伟强，万劲波，陈玉瑞. 2005. 共性技术 R&D 战略——整合技术预见和产业预见[M]. 杭州：浙江人民出版社.
吴宪华. 2001. 动态联盟的分配格局研究[J]. 系统工程，19（3）：34-38.
吴晓冰. 2009. 集群企业创新网络特征、知识获取及创新绩效关系研究[D]. 浙江大学博士学位论文.
吴晓波，韦影. 2005. 制药企业技术创新战略网络中的关系性嵌入[J]. 科学学研究，23（4）：561-565.
习近平. 2022. 高举中国特色社会主义伟大旗帜 为全面建设社会主义现代化国家而团结奋斗——在中国共产党第二十次全国代表大会上的报告[R].
夏鑫，何建民，刘嘉毅. 2014. 定性比较分析的研究逻辑——兼论其对经济管理学研究的启示[J]. 财经研究，40（10）：97-107.
肖阿妮. 2011. 产业共性技术 R&D 合作组织形式及其运行机制研究[D]. 重庆大学硕士学位论文.
谢思全，张灿，贺京同. 1998. 我国的技术市场及其发育进程[J]. 科研管理，19（5）：53-61.
谢雅萍，张金连. 2014. 创业团队社会资本与新创企业绩效关系[J]. 管理评论，26（7）：104-114.
熊小奇. 2007. 构建我国开放式科技中介信息服务体系[J]. 未来与发展，（10）：23-27.
徐冠华. 2000. CAD/CIMS 应用工作报告（摘要）国家科技部副部长徐冠华在“全国 CAD/CIMS 应用工作会议”上的讲话[J]. 工程设计 CAD 与智能建筑，（1）：6-8.

徐静，冯锋，张雷勇，等. 2012. 我国产学研合作动力机制研究[J]. 中国科技论坛，（7）：74-80.
徐礼伯，施建军. 2010. 联盟动态稳定：基于互依平衡的理论研究[J]. 中国工业经济，（3）：97-107.
徐炎章，金加铜. 2004. 技术市场信用体系建设探讨[J]. 科技进步与对策，21（7）：23-25.
徐雨森，蒋杰. 2011. 技术中介在技术转移系统中的影响机理实证研究[J]. 研究与发展管理，23（5）：41-48.
许端阳，徐峰. 2010. 产业共性技术的界定及选择方法研究——基于科技计划管理的视角[J]. 中国软科学，（4）：73-79.
许鑫. 2015. 共性技术创新过程中的政府采购政策嵌入研究[D]. 哈尔滨工业大学博士学位论文.
薛敏. 2007. 技术转移效率的评价指标研究[J]. 科技进步与对策，24（3）：120-122.
杨锐，李伟娜. 2010. 网络结构、关系互动对创新活动的影响——苏州 IT 产业集群实证分析[J]. 科学学研究，28（7）：1094-1103.
杨震宁，赵红. 2020. 中国企业的开放式创新：制度环境、“竞合”关系与创新绩效[J]. 管理世界，36（2）：139-160，224.
姚先国，温伟祥，任洲麒. 2008. 企业集群环境下的公司创业研究——网络资源与创业导向对集群企业绩效的影响[J]. 中国工业经济，（3）：84-92.
应洪斌. 2010. 产业集群中关系嵌入性对企业创新绩效的影响机制研究——基于关系内容的视角[D]. 浙江大学博士学位论文.
于晓勇，尚赞娣，李金林. 2011. 基于技术预见德尔菲调查的共性技术课题选择方法研究[J]. 数学的实践与认识，41（4）：64-68.
虞锡君. 2006. 产业集群内关键共性技术的选择——以浙江为例[J]. 科研管理，27（1）：80-84.
喻明. 2001. 英国科技中介服务机构的现状及启示[J]. 中国科技产业，（7）：60-61.
袁思达. 2009. 技术预见德尔菲调查中共性技术课题识别研究[J]. 科学学与科学技术管理，30（10）：21-26.
原毅军. 2007. 科技中介机构的发展与管理[M]. 大连：大连理工大学出版社.
曾繁华，刘灿辉，董晓君. 2012. 提升东湖高新区自主创新能力的金融政策研究[J]. 科技进步与对策，29（10）：95-98.
张驰，郑晓杰，王凤彬. 2017. 定性比较分析法在管理学构型研究中的应用：述评与展望[J]. 外国经济与管理，39（4）：68-83.
张传庆. 2013. 知识密集型服务企业高绩效工作系统研究[D]. 辽宁大学博士学位论文.
张健，张威，赵宇虹. 2017. 战略性新兴产业共性技术创新中的市场失灵与政府作用研究[J]. 科技管理研究，37（10）：35-41.
张江雪. 2010. 我国技术市场发展程度的测度[J]. 科研管理，31（5）：79-86，147.
张景安. 2003. 关于我国科技中介组织发展的战略思考[J]. 中国软科学，（4）：1-5.

张锴，穆荣平，李扉南. 2003. 影响技术市场规模的关键因素研究[J]. 科学学与科学技术管理，24（4）：57-60.

张力，聂鸣. 2009. 企业孵化器分类和绩效评价模型研究综述[J]. 外国经济与管理，31（5）：60-65.

张利斌，张鹏程，王豪. 2012. 关系嵌入、结构嵌入与知识整合效能：人—环境匹配视角的分析框架[J]. 科学学与科学技术管理，33（5）：78-83.

张鹏，李全喜，张健. 2016b. 基于生态学种群视角的供应链企业知识协同演化模型[J]. 情报科学，34（11）：150-153.

张鹏，杨艳君，宋丽雪. 2016a. GPS 产业的共性技术识别、演进及其启示——基于专利分析[J]. 技术经济，35（12）：60-75，89.

张青，曹尉. 2010. 社会资本对个人网络创业绩效影响的实证研究[J]. 研究与发展管理，22（1）：34-42.

张荣祥，刘景江. 2009. 高技术企业创业社会网络嵌入：机制要素与案例分析[J]. 科学学研究，27（6）：904-909.

张世君. 2007. 基于社会知识活动系统的技术中介研究[D]. 大连理工大学博士学位论文.

张小红，逯宇铎. 2014. 政府补贴对企业 R&D 投资影响的实证研究[J]. 科技管理研究，34（15）：204-209.

张玉利，杨俊，任兵. 2008. 社会资本、先前经验与创业机会——一个交互效应模型及其启示[J]. 管理世界，（7）：91-102.

张振刚，李云健，袁斯帆，等. 2016. 企业家社会资本、产学研合作与专利产出——合作创新意愿的调节作用[J]. 科学学与科学技术管理，37（7）：54-64.

赵绮秋，李宝山. 1997. 技术市场导论[M]. 北京：中国人民大学出版社.

赵炎，冯薇雨，郑向杰. 2016. 联盟网络中派系与知识流动的耦合对企业创新能力的影响[J]. 科研管理，37（3）：51-58.

赵炎，郑向杰. 2013. 网络嵌入性与地域根植性对联盟企业创新绩效的影响——对中国高科技上市公司的实证分析[J]. 科研管理，34（11）：9-17.

赵芸. 2014. 中国科技中介发展的优化路径探析[J]. 科学管理研究，32（5）：12-15，27.

郑登攀，党兴华. 2012. 网络嵌入性对企业选择合作技术创新伙伴的影响[J]. 科研管理，33（1）：154-160.

郑月龙，周立新，张卫国. 2016. 产业共性技术研发政府支持合同[J]. 技术经济，35（11）：22-27.

郑准，唐靖，王国顺. 2014a. 基于知识守门者的超集群知识网络自主构建研究[J]. 科技进步与对策，31（14）：124-127.

郑准，王炳富，程志宇. 2014b. 知识守门者行为与产业集群升级——基于“微观异质”与“行为导向”的理论视角[J]. 科学学研究，32（4）：578-584.

钟鸣. 2000. 日本的科技中介服务机构[J]. 全球科技经济瞭望，（7）：46-47.
钟鸣. 2001. 日本科技中介机构的运营机制[J]. 全球科技经济瞭望，（11）：52-53.
周泯非，魏江. 2009. 产业集群创新能力的概念、要素与构建研究[J]. 外国经济与管理，31（9）：9-17.
朱桂龙，黄妍. 2017. 产学研合作对共性技术研发创新影响的实证检验——以生物技术领域为例[J]. 科技进步与对策，34（11）：47-54.
朱桂龙，彭有福. 2003. 发达国家构建科技中介服务体系的经验及启示[J]. 科学学与科学技术管理，24（2）：94-98.
朱建民，金祖晨. 2016. 国外关键共性技术供给体系发展的做法及启示[J]. 经济纵横，（7）：113-117.
朱远程，王磊. 2006. 论企业 R&D 支出与企业技术市场成交额的关系[J]. 科学学研究，23（B12）：141-145.
邹樵. 2008. 共性技术扩散机理与政府行为研究[D]. 华中科技大学博士学位论文.
Aghion P，Howitt P. 1992. A model of growth through creative destruction[J]. Econometrica，60（2）：323-351.
Ahsan M S，Malik K. 2015. The role of an intermediary agent in technology integration within developing countries：a film industry perspective[J]. Procedia-Social and Behavioral Sciences，195（7）：151-156.
Ahuja G. 2000. Collaboration networks，structural holes，and innovation：a longitudinal study[J]. Administrative Science Quarterly，45（3）：425-455.
Aldrich H E，von Glinow M A. 1992. Business start-ups：the HRM imperative[J]. International Perspectives on Entrepreneurial Research，18：233-253.
Al-Laham A，Souitaris V. 2008. Network embeddedness and new-venture internationalization：analyzing international linkages in the German biotech industry[J]. Journal of Business Venturing，23（5）：567-586.
Allen D N，McCluskey R. 1990. Structure，policy，services，and performance in the business incubator industry[J]. Entrepreneurship Theory and Practice，15（2）：61-77.
Ancori B，Bureth A，Cohendet P. 2000. The economics of knowledge：the debate about codification and tacit knowledge[J]. Industrial and Corporate Change，9（2）：255-287.
Andersson U，Forsgren M，Holm U. 2002. The strategic impact of external networks：subsidiary performance and competence development in the multinational corporation[J]. Strategic Management Journal，23（11）：979-996.
Ankrah S N，Burgess T F，Grimshaw P，et al. 2013. Asking both university and industry actors about their engagement in knowledge transfer：what single-group studies of motives omit[J]. Technovation，33（2/3）：50-65.

Armstrong J S, Overton T S. 1977. Estimating non response bias mail surveys[J]. Journal of Marketing Research, 14（8）: 396-402.

Arora A, Fosfuri A, Gambardella A. 2001. Markets for Technology: The Economics of Innovation and Corporate Strategy[M]. London: MIT Press.

Arrow K J. 1962. The economic implications of learning by doing[J]. The Review of Economic Studies, 29（3）: 155-173.

Arrow K J. 2003. Path dependence and competitive equilibrium[C]//Guinnane T W, Sundstrom W A, Whatley W C. History Matters: Essays on Economic Growth, Technology, and Demographic Change. Stanford: Stanford University Press: 23-35.

Autio E, Klofsten M. 1998. A comparative study of two European business incubators[J]. Journal of Small Business Management, 36（1）: 30-43.

Barney J. 1991. Firm resources and sustained competitive advantage[J]. Journal of Management, 17（1）: 99-120.

Baum J A, Mezias S J. 1992. Localized competition and organizational failure in the manhattan hotel industry 1898-1990[J]. Administrative Science Quarterly, 37（4）: 580-604.

Becker B, Gassmann O. 2006. Corporate incubators: industrial R&D and what universities can learn from them[J]. The Journal of Technology Transfer, 31（4）: 469-483.

Becker W, Dietz J. 2004. R&D cooperation and innovation activities of firms—evidence for the German manufacturing industry[J]. Research Policy, 33（2）: 209-223.

Bekkers R, Verspagen B, Smits J. 2002. Intellectual property rights and standardization: the case of GSM[J]. Telecommunications Policy, 26（3）: 171-188.

Benfratello L, Schiantarelli F, Sembenelli A. 2008. Banks and innovation: microeconometric evidence on Italian firms[J]. Journal of Financial Economics, 90（2）: 197-217.

Bengtsson M, Raza-Ullah T, Vanyushyn V. 2016. The coopetition paradox and tension: the moderating role of coopetition capability[J]. Industrial Marketing Management, 53: 19-30.

Bereznoy A, Meissner D, Scuotto V. 2021. The intertwining of knowledge sharing and creation in the digital platform based ecosystem. A conceptual study on the lens of the open innovation approach[J]. Journal of Knowledge Management, 25（8）: 2022-2042.

Bessant J, Rush H. 1995. Building bridges for innovation: the role of consultants in technology transfer[J]. Research Policy, 24（1）: 97-114.

Bettencourt L A, Ostrom A L, Brown S W, et al. 2002. Client co-production in knowledge-intensive business services[J]. California Management Review, 44（4）: 100-128.

Bidault F, Salgado M. 2001. Stability and complexity of inter-firm co-operation: the case of Multi-Point alliances[J]. European Management Journal, 19（6）: 619-628.

Bleeke J, Ernst D. 1993. Collaborating to Compete: Using Strategic Alliances and Acquisitions in the Global Marketplace[M]. New York: John Wiley&Sons.

Boschma R A, ter Wal A L J. 2007. Knowledge networks and innovative performance in an industrial district: the case of a footwear district in the south of Italy[J]. Industry and Innovation, 14 (2): 177-199.

Boudreau K J. 2017. Platform Boundary Choices & Governance: Opening-up While Still Coordinating and Orchestrating[M]. Bradford: Emerald Publishing Limited.

Bozeman B. 1994. Evaluating government technology transfer[J]. Policy Studies Journal, 22 (2): 322-337.

Braun D. 1993. Who governs intermediary agencies? Principal-agent relations in research policy-making[J]. Journal of Public Policy, 13 (2): 135-162.

Bresnahan T F, Trajtenberg M. 1995. General purpose technologies "engines of growth" ?[J]. Journal of Econometrics, 65 (1): 83-108.

Broström A. 2012. Firms' rationales for interaction with research universities and the principles for public co-funding[J]. The Journal of Technology Transfer, 37 (3): 313-329.

Buchanan J M. 1965. An economic theory of clubs[J]. Economica, 32 (125): 1-14.

Burns T E, Stalker G M. 1994. The management of innovation[J]. Administrative Science Quarterly, 8 (2): 1185-1209.

Burt R S. 2004. Structural holes and good ideas[J]. American Journal of Sociology, 110 (2): 349-399.

Callon M. 1994. Is science a public good? Fifth mullins lecture, virginia polytechnic institute, 23 March 1993[J]. Science, Technology, & Human Values, 19 (4): 395-424.

Camagni R. 1991. Innovation Networks: Spatial Perspectives[M]. London: Belhaven Press.

Candace E Y, Thomas A T. 2009. The evolution of trust in information technology alliances[J]. The Journal of High Technology Management Research, 20 (1): 62-74.

Cantwell J A, Iammarino S. 2003. Multinational Corporations and European Regional Systems of Innovation[M]. London: Routledge.

Capaldo A. 2007. Network structure and innovation: the leveraging of a dual network as a distinctive relational capability[J]. Strategic Management Journal, 28 (6): 585-608.

Carayannis E G, von Zedtwitz M. 2005. Architecting glocal (global-local), real-virtual incubator networks (G-RVINs) as catalysts and accelerators of entrepreneurship in transitioning and developing economies: lessons learned and best practices from current development and business incubation practices[J]. Technovation, 25 (2): 95-110.

Cash D W. 2001. "In order to aid in diffusing useful and practical information": agricultural extension and boundary organizations[J]. Science, Technology, & Human Values, 26 (4): 431-453.

Cassiman B, Veugelers R. 2002. R&D cooperation and spillovers: some empirical evidence from Belgium[J]. The American Economic Review, 92 (4): 1169-1184.

Cenamor J. 2021. Complementor competitive advantage: a framework for strategic decisions[J]. Journal of Business Research, 122: 335-343.

Cennamo C, Ozalp H, Kretschmer T. 2018. Platform architecture and quality trade-offs of multihoming complements[J]. Information Systems Research, 29 (2): 461-478.

Chapple W, Lockett A, Siegel D, et al. 2005. Assessing the relative performance of U.K. University Technology Transfer Offices: parametric and non-parametric evidence[J]. Research Policy, 34 (3): 369-384.

Chung S A, Singh H, Lee K. 2000. Complementarity, status similarity and social capital as drivers of alliance formation[J]. Strategic Management Journal, 21 (1): 1-22.

Churchill G A. 1979. A paradigm for developing better measures of marketing constructs[J]. Journal of Marketing Research, 16 (1): 64-73.

Ciabuschi F, Holm U, Martín O M. 2014. Dual embeddedness, influence and performance of innovating subsidiaries in the multinational corporation[J]. International Business Review, 23 (5): 897-909.

Ciccone A. 2002. Agglomeration effects in europe[J]. European Economic Review, 46 (2): 213-227.

Coleman J S. 1990. Foundations of Social Theory[M]. Cambridge: Belknap Press of Harvard University Press.

Colm G. 1956. Comments on samuelson's theory of public finance[J]. The Review of Economics and Statistics, 38 (4): 408-412.

Contractor F J, Lorange P. 1988. Why should firms cooperate? The strategy and economics basis for cooperative ventures[C]//Contractor F J, Lorange P. Cooperative Strategies in International Business. Lexington: Lexington Books: 3-30.

Coombs J E, Bierly P E. 2006. Measuring technological capability and performance[J]. R&D Management, 36 (4): 421-438.

Costantini V, Crespi F, Palma A. 2017. Characterizing the policy mix and its impact on eco-innovation: a patent analysis of energy-efficient technologies[J]. Research Policy, 46 (4): 799-819.

Cricelli L, Grimaldi M. 2010. Knowledge-based inter-organizational collaborations[J]. Journal of Knowledge Management, 14 (3): 348-358.

Cummings J L, Teng B S. 2003. Transferring R&D knowledge: the key factors affecting knowledge transfer success[J]. Journal of Engineering and Technology Management, 20 (1): 39-68.

Czarnitzki D, Hanel P, Rosa J M. 2011. Evaluating the impact of R&D tax credits on innovation: a microeconometric study on Canadian firms[J]. Research Policy, 40 (2): 217-229.

Czarnitzki D, Rammer C. 2003. Technology transfer via the internet: a way to link public science and enterprises?[J]. The Journal of Technology Transfer, 28 (2): 131-147.

Czarnitzki D, Spielkamp A. 2000. Business services in Germany: bridges for innovation[R]. ZEW Discussion Paper, No. 00-52.

Dacin M T, Ventresca M J, Beal B D. 1999. The embeddedness of organizations: dialogue & directions[J]. Journal of management, 25 (3): 317-356.

Das T K, Teng B S. 2010. Risk types and inter-firm alliance structures[J]. Journal of Management Studies, 33 (6): 827-843.

de Fuentes C, Dutrénit G. 2012. Best channels of academia-industry interaction for long-term benefit[J]. Research Policy, 41 (9): 1666-1682.

de Silva M, Howells J, Meyer M. 2018. Innovation intermediaries and collaboration: knowledge-based practices and internal value creation[J]. Research Policy, 47 (1): 70-87.

Disterer G. 2002. Management of project knowledge and experiences[J]. Journal of Knowledge Management, 6 (5): 512-520.

Dyer J H, Cho D S, Chu W. 1998. Strategic supplier segmentation: the next "best practice" in supply chain management[J]. California Management Review, 40 (2): 57-77.

Dyer J H, Nobeoka K. 2000. Creating and managing a high performance knowledge-sharing network: the Toyota case[J]. Strategic Management Journal, 21 (3): 345-367.

Dyer J H, Singh H. 1998. The relational view: cooperative strategy and sources of interorganizational competitive advantage[J]. The Academy of Management Review, 23 (4): 660-679.

Echols A, Tsai W. 2005. Niche and performance: the moderating role of network embeddedness[J]. Strategic Management Journal, 26 (3): 219-238.

Edler J, Georghiou L. 2007. Public procurement and innovation—resurrecting the demand side[J]. Research Policy, 36 (7): 949-963.

Eisingerich A B, Bell S J, Tracey P. 2010. How can clusters sustain performance? The role of network strength, network openness, and environmental uncertainty[J]. Research Policy, 39 (2): 239-253.

Esteban G C, Ana V L, Pablo S L. 2008. Technological flows and choice of joint ventures in technology alliances[J]. Research Policy, 37 (1): 97-114.

Farjoun M, Starbuck W H. 2007. Organizing at and beyond the limits[J]. Organization Studies, 28 (4): 541-566.

Farnie D A. 1979. The English Cotton Industry and the World Market, 1815—1896[M]. Oxford: Oxford University Press.

Fernández-Olmos M, Ramírez-Alesón M. 2017. How internal and external factors influence the dynamics of SME technology collaboration networks over time[J]. Technovation，64/65（6）：16-27.

Ferriani S，Cattani G，Baden-Fuller C. 2009. The relational antecedents of project-entrepreneurship：network centrality，team composition and project performance[J]. Research Policy，38（10）：1545-1558.

Fischer H M，Pollock T G. 2004. Effects of social capital and power on surviving transformational change：the case of initial public offerings[J]. The Academy of Management Journal，47（4）：463-481.

Fligstein N. 1996. Markets as politics：a political-cultural approach to market institutions[J]. American Sociological Review，61（4）：656-673.

Foerderer J，Kude T，Schuetz S W，et al. 2019. Knowledge boundaries in enterprise software platform development：antecedents and consequences for platform governance[J]. Information Systems Journal，29（1）：119-144.

Frankort H T W. 2008. Structural holes，technological resources，and innovation：a longitudinal study of an interfirm R&D network[C]. Academy of Management Annual Meeting Proceedings.

Frasquet M，Calderón H，Cervera A. 2012. University-industry collaboration from a relationship marketing perspective：an empirical analysis in a Spanish University[J]. Higher Education，64（1）：85-98.

Freeman C. 1987. Technical innovation，diffusion，and long cycles of economic development[C]//Vasko T. The Long-Wave Debate. Berlin：Springer-Verlag：295-309.

Freeman C，Soete L. 1982. The Economics of Industrial Innovation[M]. Cambrige：MIT Press.

Freitas I M B，Marques R A，Silva E M D P. 2013. University-industry collaboration and innovation in emergent and mature industries in new industrialized countries[J]. Research Policy，42（2）：443-453.

Fukugawa N. 2006. Science parks in Japan and their value-added contributions to new technology-based firms[J]. International Journal of Industrial Organization，24（2）：381-400.

Gambardella A，Giarratana M S. 2013. General technological capabilities，product market fragmentation，and markets for technology[J]. Research Policy，42（2）：315-325.

Gambardella A，McGahan A M. 2010. Business-model innovation：general purpose technologies and their implications for industry structure[J]. Long Range Planning，43（2）：262-271.

Garud R，Kumaraswamy A，Roberts A，et al. 2022. Liminal movement by digital platform-based sharing economy ventures：the case of Uber Technologies[J]. Strategic Management Journal，43（3）：447-475.

Gawer A. 2014. Bridging differing perspectives on technological platforms：toward an integrative framework[J]. Research policy，43（7）：1239-1249.

Gemici K. 2008. Karl Polanyi and the antinomies of embeddedness[J]. Socio-Economic Review, 6（1）: 5-33.

Gilsing V, Nooteboom B, Vanhaverbeke W, et al. 2008. Network embeddedness and the exploration of novel technologies: technological distance, betweenness centrality and density[J]. Research Policy, 37（10）: 1717-1731.

Giuliani E. 2002. Cluster absorptive capability: an evolutionary approach for industrial clusters in developing countries[C]. Druid Summer Conference.

Gnyawali D R, Madhavan R. 2001. Cooperative networks and competitive dynamics: a structural embeddedness perspective[J]. The Academy of Management Review, 26（3）: 431-445.

Grabher G. 1993. The Embedded Firm: on the Socio-Economics of Industrial Networks[M]. London: Routledge.

Granberg A, Stankiewicz R. 1981. The development of generic technologies-the cognitive aspects[C]// Grandstrand O, Sigurdson J. Technological and Industrial Policy in China and Europe. Lund: Research Policy Institute: 196-224.

Granovetter M. 1974. The strength of weak ties[J]. American Journal of Sociology, 78（6）: 1360-1380.

Granovetter M. 1985. Economic action and social structure: the problem of embeddedness[J]. American Journal of Sociology, 91（3）: 481-510.

Grewal R, Lilien G L, Mallapragada G. 2006. Location, location, location: how network embeddedness affects project success in open source systems[J]. Management Science, 52（7）: 1043-1056.

Grimaldi R, Grandi A. 2005. Business incubators and new venture creation: an assessment of incubating models[J]. Technovation, 25（2）: 111-121.

Guerzoni M, Raiteri E. 2015. Demand-side vs. supply-side technology policies: hidden treatment and new empirical evidence on the policy mix[J]. Research Policy, 44（3）: 726-747.

Guilhon B. 2001. Technology and Markets for Knowledge: Knowledge Creation, Diffusion and Exchange within a Growing Economy[M]. Boston: Kluwer Academic Publishers.

Gulati R. 1995. Social structure and alliance formation patterns: a longitudinal analysis[J]. Administrative Science Quarterly, 40（4）: 619-652.

Gulati R. 1998. Alliances and networks[J]. Strategic Management Journal, 19（4）: 293-317.

Gulati R. 1999. Network location and learning: the influence of network resources and firm capabilities on alliance formation[J]. Strategic Management Journal, 20（5）: 397-420.

Gulati R, Gargiulo M. 1999. Where do interorganizational networks come from?[J]. American Journal of Sociology, 104（5）: 1439-1493.

Guo Y, Chen Y, Usai A, et al. 2023. Knowledge integration for resilience among multinational

SMEs amid the COVID-19：from the view of global digital platforms[J]. Journal of Knowledge Management，27（1）：84-104.

Guston D H. 1999. Stabilizing the boundary between US politics and science：the role of the Office of Technology Transfer as a boundary organization[J]. Social Studies of Science，29（1）：87-111.

Hackett S M，Dilts D M. 2004. A systematic review of business incubation research[J]. The Journal of Technology Transfer，29（1）：55-82.

Hagedoorn J. 2006. Understanding the cross-level embeddedness of interfirm partnership formation[J]. The Academy of Management Review，31（3）：670-680.

Hagedoorn J，Duysters G. 2002. External sources of innovative capabilities：the preferences for strategic alliances or mergers and acquisitions[J]. Journal of Management Studies，39（2）：167-188.

Hall B，van Reenen J. 2000. How effective are fiscal incentives for R&D? A review of the evidence[J]. Research Policy，29（4/5）：449-469.

Hall B H，Trajtenberg M. 2004. Uncovering GPTS with patent data[C]. NBER Working Paper 10901.

Hammervoll T. 2012. Managing interaction for learning and value creation in exchange relationships[J]. Journal of Business Research，65（2）：128-136.

Hansen M T. 1999. The search-transfer problem：the role of weak ties in sharing knowledge across organization subunits[J]. Administrative Science Quarterly，44（1）：82-111.

Hansen M T，Chesbrough H W，Nohria N，et al. 2000. Networked incubators[J]. Harvard Business Review，78（5）：74-84.

Hargadon A. 1998. Firms as knowledge brokers：lessons in pursuing continuous innovation[J]. California Management Review，40（3）：209-227.

Hargadon A，Sutton R I. 1997. Technology brokering and innovation in a product development firm[J]. Administrative Science Quarterly，42（4）：716-749.

Hartnell C A，Ou A Y，Kinicki A J，et al. 2019. A meta-analytic test of organizational culture's association with elements of an organization's system and its relative predictive validity on organizational outcomes[J]. Journal of Applied Psychology，104（6）：832-850.

Hertog P. 2000. Knowledge-intensive business services as co-producers of innovation[J]. International Journal of Innovation Management，4（4）：491-528.

Hicks J R. 1969. A Theory of Economic History[M]. London：Cambridge University Press.

Hill C. 1967. Reformation to Industrial Revolution[M]. London：Weidenfeld & Nicholson.

Holtermann S E. 1972. Externalities and public goods[J]. Economica，39（153）：78-87.

Hong W，Su Y S. 2013. The effect of institutional proximity in non-local university-industry collaborations：an analysis based on Chinese patent data[J]. Research Policy，42（2）：

454-464.

Hoppe H C, Ozdenoren E. 2005. Intermediation in innovation[J]. International Journal of Industrial Organization, 23（5）: 483-503.

Hori H. 1975. Revealed preference for public goods[J]. The American Economic Review, 65（5）: 978-991.

Horng D J, Hsueh C C. 2005. How to improve efficiency in transfer of scientific knowledge from university to firms: the case of universities in Taiwan[J]. Journal of American Academy of Business, 7（2）: 187-190.

Howells J. 1999. Research and technology outsourcing and innovation systems: an exploratory analysis[J]. Industry and Innovation, 6（1）: 111-129.

Howells J. 2006. Intermediation and the role of intermediaries in innovation[J]. Research Policy, 35（5）: 715-728.

Hu M C, Mathews J A. 2005. National innovative capacity in East Asia[J]. Research Policy, 34（9）: 1322-1349.

Huang M C, Cheng H L, Tseng C Y. 2014. Reexamining the direct and interactive effects of governance mechanisms upon buyer-supplier cooperative performance[J]. Industrial Marketing Management, 43（4）: 704-716.

Hughes M, Ireland R D, Morgan R E. 2007. Stimulating dynamic value: social capital and business incubation as a pathway to competitive success[J]. Long Range Planning, 40（2）: 154-177.

Inkpen A C, Beamish P W. 1997. Knowledge, bargaining power, and the instability of international joint ventures[J]. The Academy of Management Review, 22（1）: 177-202.

Jacobson C K, Lenway S A, Ring P S. 1993. The political embeddedness of private economic transactions[J]. Journal of Management Studies, 30（3）: 453-478.

Jaffe A B. 2002. Building programme evaluation into the design of public research-support programmes[J]. Oxford Review of Economic Policy, 18（1）: 22-34.

James A. 2005. Demystifying the role of culture in innovative regional economies[J]. Regional Studies, 39（9）: 1197-1216.

Jansen J, van den Bosch F, Volberda H W. 2006. Exploratory innovation, exploitative innovation, and performance: effects of organizational antecedents and environmental moderators[J]. Management Science, 52（11）: 1661-1674.

Juttner U, Maklan S. 2011. Supply chain resilience in the global financial crisis: an empirical study[J]. Supply Chain Management: An International Journal, 16（4）: 246-259.

Kantur D, Say A. 2015. Measuring organizational resilience: a scale development[J]. Journal of Business Economics and Finance, 4（3）: 456-472.

Kapoor R. 2018. Ecosystems: broadening the locus of value creation[J]. Journal of Organization

Design，7（1）：1-16.

Katz R，Rebentisch E S，Alien T J. 1996. A study of technology transfer in a multinational cooperative joint venture[J]. IEEE Transactions on Engineering Management，43（1）：97-105.

Keenan M. 2003. Identifying emerging generic technologies at the national level：the UK experience[J]. Journal of Forecasting，22（2/3）：129-160.

Kemppilä S，Mettänen P. 2004. Innovations in knowledge-intensive services[C]. Proceedings of 5th International CINet Conference. Sydney.

Khanagha S，Ansari S，Paroutis S，et al. 2020. Mutualism and the dynamics of new platform creation：a study of Cisco and Fog Computing[J]. Strategic Management Journal，43（3）：476-506.

Kistruck G M，Beamish P W. 2010. The interplay of form，structure，and embeddedness in social intrapreneurship[J]. Entrepreneurship Theory and Practice，34（4）：735-761.

Kivimaa P. 2014. Government-affiliated intermediary organizations as actors in system-level transitions[J]. Research Policy，43（8）：1370-1380.

Kleer R. 2010. Government R&D subsidies as a signal for private investors[J]. Research Policy，39（10）：1361-1374.

Klerkx L，Leeuwis C. 2008. Matching demand and supply in the agricultural knowledge infrastructure：experiences with innovation intermediaries[J]. Food Policy，33（3）：260-276.

Klette T J，Møen J，Griliches Z. 2000. Do subsidies to commercial R&D reduce market failures? Microeconometric evaluation studies[J]. Research Policy，29（4）：471-495.

Knockaert M，Spithoven A，Clarysse B. 2014. The impact of technology intermediaries on firm cognitive capacity additionality[J]. Technological Forecasting & Social Change，81：376-387.

Knorr A，Arndt A. 2004. Alliance strategy and the fall of Swissair：a comment[J]. Journal of Air Transport Management，10（2）：119-123.

Krackhardt D，Stern R N. 1988. Informal networks and organizational crises：an experimental simulation[J]. Social Psychology Quarterly，51（2）：123-140.

Kretschmer T，Leiponen A，Schilling M，et al. 2022. Platform ecosystems as meta-organizations：implications for platform strategies[J]. Strategic Management Journal，43（3）：405-424.

Krippner G，Granovetter M，Block F，et al. 2004. Polanyi symposium：a conversation on embeddedness[J]. Socio-Economic Review，2（1）：109-135.

Lalkaka R. 1994. Business incubators as a means to small enterprise creation and growth[C]. International Small Business Congress.

Lamoreaux N R，Sokoloff K L. 1999. Inventive activity and the market for technology in the United States，1840-1920[R]. National Bureau of Economic Research Working Papers.

Laursen K，Salter A. 2006. Open for innovation：the role of openness in explaining innovation performance among U.K. manufacturing firms[J]. Strategic Management Journal，27（2）：131-150.

Lazaric N，Longhi C，Thomas C. 2008. Gatekeepers of knowledge versus platforms of knowledge：from potential to realized absorptive capacity[J]. Regional Studies，42（6）：837-852.

Lee C Y. 2011. The differential effects of public R&D support on firm R&D：theory and evidence from multi-country data[J]. Technovation，31（5/6）：256-269.

Levin D Z，Cross R. 2004. The strength of weak ties you can trust：the mediating role of trust in effective knowledge transfer[J]. Management Science，50（11）：1477-1490.

Lewin K. 1947. Frontiers in group dynamics II. channels of group life；Social planning and action research[J]. Human Relations，1（2）：143-153.

Leydesdorff L. 2008. On the normalization and visualization of author co-citation data：Salton's Cosine versus，the Jaccard index[J]. Journal of the American Society for Information Science and Technology，59（1）：77-85.

Li C，Lan T，Liu S J. 2015. Patent attorney as technology intermediary：a patent attorney-facilitated model of technology transfer in developing countries[J]. World Patent Information，43（12）：62-73.

Li W，Veliyath R，Tan J. 2013. Network characteristics and firm performance: an examination of the relationships in the context of a cluster[J]. Journal of Small Business Management，51（1）：1-22.

Li Z，Agarwal A. 2017. Platform integration and demand spillovers in complementary markets：evidence from Facebook's integration of Instagram[J]. Management Science，63（10）：3438-3458.

Lie J. 1991. Embedding Polanyi's market society[J]. Sociological Perspectives，34（2）：219-235.

Lin H. 2020. Probing two-way moderation effects：a review of software to easily plot Johnson-Neyman Figures[J]. Structural Equation Modeling：A Multidisciplinary Journal，27（3）：494-502.

Lipparini A，Lomi A. 1999. Interorganizational relations in the Modena biomedical industry：a case study in local economic development[C]//Grandori A. Interfirm Networks：Organization and Industrial Competitiveness. London：Routledge：130-160.

Loomis J，Helfand G. 2001. Environmental Policy Analysis for Decision Making[M]. New York：Springer Netherlands.

Lui S S. 2009. The roles of competence trust，formal contract，and time horizon in interorganizational learning[J]. Organization Studies，30（4）：333-353.

Lui S S，Ngo H Y. 2005. An action pattern model of inter-firm cooperation[J]. Journal of

Management Studies，42（6）：1123-1153.

Luo Y，Liu Y，Yang Q，et al. 2015. Improving performance and reducing cost in buyer-supplier relationships：the role of justice in curtailing opportunism[J]. Journal of Business Research，68（3）：607-615.

Lynn L H，Reddy N M，Aram J D. 1996. Linking technology and institutions：the innovation community framework[J]. Research Policy，25（1）：91-106.

Macdonald S，Williams C. 1993. Beyond the boundary[J]. Journal of Product Innovation Management，10（5）：417-428.

Madhavan R，Koka B R，Prescott J E. 1998. Networks in transition：how industry events（re）shape interfirm relationships[J]. Strategic Management Journal，19（5）：439-459.

Malmberg A，Maskell P. 2002. The elusive concept of localization economies：towards a knowledge-based theory of spatial clustering[J]. Environment & Planning A，34（3）：429-449.

Mantel S J，Rosegger G. 1987. The role of third-parties in the diffusion of innovations：a survey[C]// Rothwell R，Jr Bessant. Innovation：Adaptation and Growth. Amsterdam：Elsevier：123-134.

March J G. 1991. Exploration and exploitation in organizational learning[J]. Organization Science，2（1）：71-87.

Margolis J. 1955. A comment on the pure theory of public expenditure[J]. The Review of Economics and Statistics，37（4）：347-349.

McEvily B，Marcus A. 2005. Embedded ties and the acquisition of competitive capabilities[J]. Strategic Management Journal，26（11）：1033-1055.

McEvily B，Zaheer A. 1999. Bridging ties：a source of firm heterogeneity in competitive capabilities[J]. Strategic Management Journal，20（12）：1133-1156.

McGuire P，Granovetter M. 2005. Shifting boundaries and social construction in the early electricity industry[C]//Ventresea M，Porac J. Constructing Markets and Industries. Oxford：Pergamon：1878-1915.

Mcintyre D，Srinivasan A，Afuah A，et al. 2021. Multisided platforms as new organizational forms[J]. Academy of Management Perspectives，35（4）：566-583.

Melkers J，Xiao F. 2012. Boundary-spanning in emerging technology research：determinants of funding success for academic scientists[J]. The Journal of Technology Transfer，37（3）：251-270.

Meuer J，Angstmann M，Troster C. 2016. Embeddedness and the repatriation intention of company-backed and self-initiated expatriates[C]. Academy of Management Proceedings.

Mian S A. 1996. Assessing value-added contributions of university technology business incubators to tenant firms[J]. Research Policy，25（3）：325-335.

Mian S A. 1997. Assessing and managing the university technology business incubator：an integrative framework[J]. Journal of Business Venturing，12（4）：251-285.

Miles I，Kastrinos N，Flanagan K，et al. 1995. Knowledge-Intensive Business Services：Users，Carriers and Sources of Innovation[M]. Manchester：PREST.

Millar C C J M，Choi C J. 2003. Advertising and knowledge intermediaries：managing the ethical challenges of intangibles[J]. Journal of Business Ethics，48（3）：267-277.

Miyazaki K. 1994. Search，learning and accumulation of technological competences：the case of optoelectronics[J]. Industrial and Corporate Change，3（3）：631-654.

Mohr J，Spekman R. 1994. Characteristics of partnership success：partnership attributes，communication behavior，and conflict resolution techniques[J]. Strategic Management Journal，15（2）：135-152.

Moser P，Nicholas T. 2004. Was electricity a general purpose technology? Evidence from historical patent citations[J]. The American Economic Review，94（2）：388-394.

Muir A E. 1993. Technology transfer office performance index[J]. Journal of the Association of University Technology Managers，5：61-74.

Muller E，Zenker A. 2001. Business services as actors of knowledge transformation：the role of KIBS in regional and national innovation systems[J]. Research Policy，30（9）：1501-1516.

Mullins B，Crowe J. 1999. Technology transfer：a roadmap[J]. College and University Auditor，43（1）：4-17.

Nelson R R. 1987. Understanding Technical Changes as an Evolutionary Process[M]. Amsterdam：North Holland.

Nelson R R. 1988. Modelling the connections in the cross section between technical progress and R&D intensity[J]. The Rand Journal of Economics，19（3）：478-485.

Ngowi A B. 2007. The role of trustworthiness in the formation and governance of construction alliances[J]. Building & Environment，42（4）：1828-1835.

Nieto M J，Santamaría L. 2010. Technological collaboration：bridging the innovation gap between small and large firms[J]. Journal of Small Business Management，48（1）：44-69.

Nonaka I. 1994. A dynamic theory of organizational knowledge creation[J]. Organization Science，5（1）：14-37.

Ocasio W. 1997. Towards an attention-based view of the firm[J]. Strategic Management Journal，18（S1）：187-206.

Olson M. 1965. The Logic of Collective Action：Public Goods and the Theory of Groups[M]. Cambridge：Harvard University Press.

Onishi A. 2010. A new challenge to economic science：global model simulation[J]. Journal of Policy Modeling，32（1）：1-46.

Owen-Smith J，Powell W W. 2004. Knowledge networks as channels and conduits：the effects of spillovers in the Boston biotechnology community[J]. Organization Science，15（1）：5-21.

Paolillo J G P. 1982. Technological gatekeepers：a managerial perspective[J]. IEEE Transactions on Engineering Management，29（4）：169-171.

Park S H，Ungson G R. 1997. The effect of national culture，organizational complementarity，and economic motivation on joint venture dissolution[J]. The Academy of Management Journal，40（2）：279-307.

Parker G，van Alstyne M W，Jiang X. 2017. Platform ecosystems：how developers invert the firm[J]. MIS Quarterly，41（1）：255-266.

Penrose E T. 1984. The Theory of the Growth of the Firm[M]. London：Cambridge University Press.

Pilorget L. 1993. Innovation consultancy services in the European community[J]. International Journal of Technology Management，8（6-8）：687-696.

Plewa C，Korff N，Johnson C，et al. 2013. The evolution of university-industry linkages-a framework[J]. Journal of Engineering & Technology Management，30（1）：21-44.

Plosila W H，Allen D N. 1985. Small business incubators and public policy：implications for state and local development strategies[J]. Policy Studies Journal，13（4）：729-734.

Podolny J M. 1994. Market uncertainty and the social character of economic exchange[J]. Administrative Science Quarterly，39（3）：458-483.

Podolny J M，Baron J N. 1997. Resources and relationships：social networks and mobility in the workplace[J]. American Sociological Review，62（5）：673-693.

Polanyi K. 1944. The Great Transformation：The Political and Economic Origins of Our Time[M]. Boston：Beacon Press.

Porter M E. 1985. Competitive Advantage[M]. NewYork：The Free Press.

Porter M E. 1998. Clusters and the new economics of competition[J]. Harvard Business Review，76（6）：77-90.

Powell W W，Koput K W，Smith-Doerr L. 1996. Interorganizational collaboration and the locus of innovation：networks of learning in biotechnology[J]. Administrative Science Quarterly，41（1）：116-145.

Power D，Hallencreutz D. 2002. Profiting from creativity? The music industry in Stockholm，Sweden and Kingston，Jamaica[J]. Environment and Planning A，34（10）：1833-1854.

Provan K G，Huang K，Milward H B. 2009. The evolution of structural embeddedness and organizational social outcomes in a centrally governed health and human services network[J]. Journal of Public Administration Research and Theory，19（4）：873-893.

Provan K G，Human S E. 1999. Organizational learning and the role of the network broker in small-firm manufacturing networks[C]//Grandori A. Interfirm Networks：Organization and

Industrial Competitiveness. London：Routledge：185-207.

Reagans R，McEvily B. 2003. Network structure and knowledge transfer：the effects of cohesion and range[J]. Administrative Science Quarterly，48（2）：240-267.

Reagans R，Zuckerman E W. 2001. Networks，diversity，and productivity：the social capital of corporate R&D Teams[J]. Organization Science，12（4）：502-517.

Reed R，DeFillippi R J. 1990. Causal ambiguity，barriers to imitation，and sustainable competitive advantage[J]. The Academy of Management Review，15（1）：88-102.

Rice M P. 2002. Co-production of business assistance in business incubators：an exploratory study[J]. Journal of Business Venturing，17（2）：163-187.

Rietveld J，Eggers J P. 2018. Demand heterogeneity in platform markets：implications for complementors[J]. Organization Science，29（2）：304-322.

Robin S，Schubert T. 2013. Cooperation with public research institutions and success in innovation：evidence from France and Germany[J]. Research Policy，42（1）：149-166.

Robson M J，Skarmeas D，Spyropoulou S. 2006. Behavioral attributes and performance in international strategic alliances：review and future directions[J]. International Marketing Review，23（6）：585-609.

Rodan S，Galunic C. 2004. More than network structure：how knowledge heterogeneity influences managerial performance and innovativeness[J]. Strategic Management Journal，25（6）：541-562.

Rogers E M. 1962. Diffusion of Innovations[M]. New York：The Free Press.

Rogers E M，Yin J，Hoffmann J. 2000. Assessing the effectiveness of technology transfer offices at US research universities[J]. The Journal of the Association of University Technology Managers，12（1）：47-80.

Ronde P. 2001. Technological clusters with a knowledge-based principle：evidence from a Delphi investigation in the French case of the life sciences[J]. Research Policy，30（7）：1041-1057.

Rosenberg N，Trajtenberg M. 2001. A general purpose technology at work：the corliss steam engine in the late 19th century US[R]. NBER Working Paper.

Rost K. 2011. The strength of strong ties in the creation of innovation[J]. Research Policy，40（4）：588-604.

Rothaermel F T，Thursby M. 2005. Incubator firm failure or graduation? The role of university linkages[J]. Research Policy，34（7）：1076-1090.

Rothwell R，Zegveld W. 1981. Industrial Innovation and Public Policy：Preparing for the 1980's and the 1990's[M]. London：Frances Pinter.

Rowley T，Behrens D，Krackhardt D. 2000. Redundant governance structures：an analysis of structural and relational embeddedness in the steel and semiconductor industries[J]. Strategic

Management Journal，21（3）：369-386.

Rychen F，Zimmermann J B. 2008. Clusters in the global knowledge-based economy：knowledge gatekeepers and temporary proximity[J]. Regional Studies，42（6）：767-776.

Saastamoinen J，Reijonen H，Tammi T. 2018. Should SMEs pursue public procurement to improve innovative performance?[J]. Technovation，69（1）：2-14.

Saffold G S. 1988. Culture traits，strength，and organizational performance：moving beyond "strong" culture[J]. The Academy of Management Review，13（4）：546-558.

Sakakibara M，Porter M E. 2001. Competing at home to win abroad：evidence from Japanese industry[J]. The Review of Economics and Statistics，83（2）：310-322.

Samuelson P A. 1954. The pure theory of public expenditure[J]. The Review of Economics and Statistics，36（4）：387-389.

Sanchez R，Mahoney J T. 1996. Modularity，flexibility，and knowledge management in product and organization design[J]. Strategic Management Journal，17（S2）：63-76.

Sawers J L，Pretorius M W，Oerlemans L A G. 2008. Safeguarding SMEs dynamic capabilities in technology innovative SME-large company partnerships in South Africa[J]. Technovation，28（4）：171-182.

Saxenian A. 1994. Regional Advantage：Culture and Competition in Silicon Valley and Route 128[M]. Cambridge：Harvard University Press.

Schneider P H. 2005. International trade，economic growth and intellectual property rights：a panel data study of developed and developing countries[J]. Journal of Development Economics，78（2）：529-547.

Seaton R A F，Cordey-Hayes M. 1993. The development and application of interactive models of industrial technology transfer[J]. Technovation，13（1）：45-53.

Seelos C，Mair J，Battilana J，et al. 2010. The embeddedness of social entrepreneurship：understanding variation across local communities[R]. University of Navarra.

Shane S，Cable D. 2002. Network ties，reputation，and the financing of new ventures[J]. Management Science，48（3）：364-381.

Shohet S，Prevezer M. 1996. UK biotechnology：institutional linkages，technology transfer and the role of intermediaries[J]. R&D Management，26（3）：283-298.

Sim A B，Ali M Y. 2000. Determinants of stability in international joint ventures：evidence from a developing country context[J]. Asia Pacific Journal of Management，17（3）：373-397.

Simon H A. 1962. The architecture of complexity[J]. Proceedings of the American Philosophical Society，106（6）：467-482.

Simsek Z，Lubatkin M H，Floyd S W. 2003. Inter-firm networks and entrepreneurial behavior：a structural embeddedness perspective[J]. Journal of Management，29（3）：427-442.

Singh K, Mitchell W. 1996. Precarious collaboration: business survival after partners shut down or form new partnerships[J]. Strategic Management Journal, 17（S1）: 99-115.

Slavtchev V. 2013. Proximity and the transfer of academic knowledge: evidence from the spatial pattern of industry collaborations of east german professors[J]. Regional Studies, 47（5）: 686-702.

Smith C. 2002. The wholesale and retail markets of London, 1660-1840[J]. The Economic History Review, 55（1）: 31-50.

Smits R, Kuhlmann S. 2004. The rise of systemic instruments in innovation policy[J]. International Journal of Foresight and Innovation Policy, 1（1）: 4-32.

Soda G, Usai A, Zaheer A. 2004. Network memory: the influence of past and current networks on performance[J]. The Academy of Management Journal, 47（6）: 893-906.

Stankiewicz R. 1995. The role of the science and technology infrastructure in the development and diffusion of industrial automation in Sweden[C]//Carlsson B. Technological Systems and Economic Performance: The Case of Factory Automation. Dordrecht: Kluwer: 165-210.

Steensma H K, Corley K G. 2000. On the performance of technology-sourcing partnerships: the interaction between partner interdependence and technology attributes[J]. The Academy of Management Journal, 43（6）: 1045-1067.

Stuart T E, Hoang H, Hybels R C. 1999. Interorganizational endorsements and the performance of entrepreneurial ventures[J]. Administrative Science Quarterly, 44（2）: 315-349.

Sundgren N. 1999. Introducing interface management in new product family development[J]. The Journal of Product Innovation Management, 16（1）: 40-51.

Taeuscher K, Rothe H. 2021. Optimal distinctiveness in platform markets: leveraging complementors as legitimacy buffers[J]. Strategic Management Journal, 42（2）: 435-461.

Tassey G. 1992. Industry Structure and Investment in Technology Infrastructure[M]. Boston: Springer.

Tassey G. 1997. The Economics of R&D Policy[M]. Westport: Quorum Books.

Tassey G. 2000. Standardization in technology-based markets[J]. Research Policy, 29（4/5）: 587-602.

Tassey G. 2008. Modeling and measuring the economic roles of technology infrastructure[J]. Economics of Innovation and New Technology, 17（7/8）: 615-629.

Teece D J. 1986. Profiting from technological innovation: implications for integration, collaboration, licensing and public policy[J]. Research Policy, 15（6）: 285-305.

Tidd J, Bessant J, Pavitt K. 2001. Managing Innovation: Integrating Technological, Market and Organizational Change[M]. Brighton: Wiley.

Tiwana A, Konsynski B, Bush A A. 2010. Research commentary-platform evolution: coevolution of platform architecture, governance, and environmental dynamics[J]. Information Systems Research, 21（4）: 675-687.

Tomlinson M. 2000. The contribution of knowledge-intensive services to the manufacturing industry[C]//Andersen B, Howells J, Hull R, et al. Knowledge and Innovation in the New Service Economy. Bath: Elgar: 36-48.

Tomlinson P R, Fai F M. 2013. The nature of SME co-operation and innovation: a multi-scalar and multi-dimensional analysis[J]. International Journal of Production Economics, 141（1）: 316-326.

Tsai W. 2001. Knowledge transfer in intraorganizational networks: effects of network position and absorptive capacity on business unit innovation and performance[J]. The Academy of Management Journal, 44（5）: 996-1004.

Turpin T, Garrett-Jone S, Rankin N. 1996. Bricoleurs and boundary riders: managing basic research and innovation knowledge networks[J]. R&D Management, 26（3）: 267-282.

Tushman M L, O'Reilly C A. 1996. Ambidextrous organizations: managing evolutionary and revolutionary change[J]. California Management Review, 38（4）: 8-29.

Tushman M L, Smith W. 2017. Organizational technology[C]//Baum J. The Blackwell Companion to Organizations. Malden: Black-well Business: 386-414.

Ueda M. 2004. Banks versus venture capital: project evaluation, screening, and expropriation[J]. Journal of Finance, 59（2）: 601-621.

Uzzi B. 1996. The sources and consequences of embeddedness for the economic performance of organizations: the network effect[J]. American Sociological Review, 61（4）: 674-698.

Uzzi B. 1997. Social structure and competition in interfirm network: the paradox of embeddedness[J]. Administrative Science Quarterly, 42（1）: 35-67.

Uzzi B. 1999. Embeddedness in the making of financial capital: how social relations and networks benefit firms seeking financing[J]. American Sociological Review, 64（4）: 481-505.

van de Vrande V, Lemmens C, Vanhaverbeke W. 2006. Choosing governance modes for external technology sourcing[J]. R&D Management, 36（3）: 347-363.

van der Aa W, Elfring T. 2002. Realizing innovation in services[J]. Scandinavian Journal of Management, 18（2）: 155-171.

van der Meulen B, Rip A. 1998. Mediation in the Dutch science system[J]. Research Policy, 27（8）: 757-769.

van Hippel E. 1982. Appropriability of innovation benefit as a predictor of the source of innovation[J]. Research Policy, 11（2）: 95-115.

Venkatraman N, Loh L, Koh J. 1994. The adoption of corporate governance mechanisms: a test of competing diffusion models[J]. Management Science, 40（4）: 496-507.

Wang E T G，Wei H L. 2007. Interorganizational governance value creation：coordinating for information visibility and flexibility in supply chains[J]. Decision Sciences，38（4）：647-674.

Wang H，Qian C. 2011. Corporate philanthropy and corporate financial performance：the roles of stakeholder response and political access[J]. The Academy of Management Journal，54（6）：1159-1181.

Watkins A，Papaioannou T，Mugwagwa J，et al. 2015. National innovation systems and the intermediary role of industry associations in building institutional capacities for innovation in developing countries：a critical review of the literature[J]. Research Policy，44（8）：1407-1418.

Watkins D，Horley G. 1986. Transferring technology from large to small firms：the role of intermediaries[J]. Small Business Research，35（5）：715-728.

Watts D J，Strogatz S H. 1998. Collective dynamics of "small-world" networks[J]. Nature，393（6684）：440-442.

Wellman B. 1982. Studying personal communities[C]//Marsden P，Lin N. Social Structure and Network Analysis. London：Sage：61-80.

Whinston M D. 1990. Tying，foreclosure，and exclusion[J]. The American Economic Review，80（4）：837-859.

Wolpert J D. 2002. Breaking out of the innovation box[J]. Harvard Business Review，80（8）：76-83，148.

Wood P A. 2002. Knowledge-intensive services and urban innovativeness[J]. Urban Studies，39（5/6）：993-1002.

Woodside A G，Schpektor A，Xia X. 2014. Triple sense-making of findings from marketing experiments using the dominant variable-based logic，case-based logic，and isomorphic modeling[J]. International Journal of Business & Economics，12（2）：131-153.

Xin K R，Pearce J L. 1996. Guanxi：connections as substitutes for formal institutional support[J]. The Academy of Management Journal，39（6）：1641-1658.

Yang C H，Huang C H，Hou T C. 2012. Tax incentives and R&D activity：firm-level evidence from Taiwan[J]. Research Policy，41（9）：1578-1588.

Yoo Y，Boland R J，Lyytinen K，et al. 2012. Organizing for innovation in the digitized world[J]. Organization Science，23（5）：1398-1408.

Yusuf S. 2008. Intermediating knowledge exchange between universities and businesses[J]. Research Policy，37（8）：1167-1174.

Zaheer A，Bell G G. 2005. Benefiting from network position：firm capabilities，structural holes，and performance[J]. Strategic Management Journal，26（9）：809-825.

Zelizer V A. 1988. Beyond the polemics on the market：establishing a theoretical and empirical agenda[J]. Sociological Forum，3（4）：614-634.

Zhang Q，Doll W J. 2001. The fuzzy front end and success of new product development：a causal model[J]. European Journal of Innovation Management，4（2）：95-112.

Zhang Y，Li H Y. 2010. Innovation search of new venture in a technology cluster：the role of ties with service intermediaries[J]. Strategic Management Journal，31（1）：88-109.

Zhu F. 2019. Friends or foes? Examining platform owners' entry into complementors' spaces[J]. Journal of Economics & Management Strategy，28（1）：23-28.

Zhu F，Liu Q. 2018. Competing with complementors：an empirical look at Amazon. com[J]. Strategic Management Journal，39（10）：2618-2642.

Zukauskaite E. 2012. Innovation in cultural industries：the role of university links[J]. Innovation，14（3）：404-415.

Zukin S，Dimaggio P. 1990. Structures of Capital：The Social Organization of the Economy[M]. Cambridge：Cambridge Univsersiy Press.